이 정도는 알아야 할

최소한의
잡학상식

이 정도는 알아야 할
최소한의 잡학상식

초판 1쇄 발행 2025년 9월 20일
초판 2쇄 발행 2025년 11월 20일

지 은 이	편집부
펴 낸 이	한승수
펴 낸 곳	문예춘추사
편 집	구본영
디 자 인	박소윤
마 케 팅	박건원, 김홍주
등록번호	제300-1994-16
등록일자	1994년 1월 24일
주 소	서울특별시 마포구 동교로 27길 53, 309호
전 화	02 338 0084
팩 스	02 338 0087
메 일	moonchusa@naver.com
I S B N	978-89-7604-746-5 03030

* 이 책에 대한 번역 · 출판 · 판매 등의 모든 권한은 문예춘추사에 있습니다.
  간단한 서평을 제외하고는 문예춘추사의 서면 허락 없이 이 책의 내용을
  인용 · 촬영 · 녹음 · 재편집하거나 전자문서 등으로 변환할 수 없습니다.
* 책값은 뒤표지에 있습니다.
* 잘못된 책은 구입처에서 교환해 드립니다.

이 정도는 알아야 할
최소한의 잡학상식

읽고 나면 마구마구 자랑하고 싶어지는
찐 잡학상식 611

편집부 편

"아는 척이 이렇게 재밌을 줄이야!"

 사회생활
 신체의학
 세계
 동물·곤충식물
 예술스포츠
 과학수학
 음식
 역사

문예춘추사

= 머리말 =

오늘부터 '아는 척' 1일
나만의 매력을 '뽐뿌질'하는 경이의 잡학사전!

우리가 사는 세상은 생각보다 넓다. 그래서 하고자 한다면 할 일도 많고, 알고자 한다면 알 일도 많다. 다만 모든 것은 하고자 하고, 알고자 하는 나의 의지와 선택의 문제다. 박학다식해지는 길은 분명 어렵지만, '잡학다식'해지는 길은 그에 비해 훨씬 쉽다. 이 책 한 권만 읽으면 된다. 가성비가 제대로 높은 것이 '잡학다식'의 길이다.

잠이 오지 않을 때 왜 양을 세는 습관이 생겼는지, 일주일의 시작이 왜 일요일이 되었는지, 왼손잡이 비율은 왜 남성이 더 높은지, 섹스로 살이 빠진다는 말이 진실인지 거짓인지 아는 것이 중요할까? 또는 지렁이도 후진할 수 있는지, 고양이에게 개 사료를 먹이면 병에 걸리는지, 아침보다 저녁에 노을이 더 붉게 보이는 이유는 무엇인지 등의 잡학지식을 굳이 알아야 할까? 물론 이런 지식을 모르더라도 살아가는 데는 아무런 불편이 없다. 하지만 알면 재미있다. 별것 아닌 지식이 나를 돋보이게 한다. 나만 아는 지식으로 누군가와의 만남, 대화에서 나만의 매력을 뽐낼 수 있다.

이 책에는 그와 같은 매력을 만드는 잡학상식, 알아두면 마구마구 자랑하고 싶은 찐 잡학상식이 무려 611개나 들어 있다. 사회·생활, 신체·의학, 세계, 동물·곤충·식물, 예술·스포츠, 과학·수학, 음식, 역사, 총 8개 분야로 나누어, 각 분야별로 순식간에 습득할 수 있는 상식들을 총집합했다.

우리 모두의 상식 레벨을 높이고자 하는 이 책을 통해 당신의 상식이 무럭무럭 자라서 인간관계에 도움이 되거나, 뭘 좀 '아는 척'하는 사람으로 행복해지면 좋겠다. 박학다식보다 가성비 좋은 '잡학다식'으로 오늘 누군가와의 대화에서 나만의 활력을 찾을 수 있기를 바란다.

사회/생활
세상을 살아가는 데 필수는 아니지만, 알아두면 생각의 폭이 넓어지고 대화의 소재가 풍부해지는 일상생활의 지식들을 소개합니다.

신체/의학
누구나 한 번쯤은 궁금해 하지만 쉽게 알 수 없었던 신체 기관의 구조와 기능에 관한 호기심을 풀어줍니다.

세계
동서양의 다양한 문화와 세계 각국의 특징들을 살펴보고 이해하면 세상을 보는 시야를 보다 넓힐 수 있습니다.

동물/식물/곤충
우리에게 친숙한 동식물과 곤충의 특성은 물론, 이름조차 생소한 생물들의 흥미로운 이야기가 담겨 있습니다.

예술/스포츠
세계적 유산을 남긴 저명한 예술가들의 작품에 담긴 비하인드 스토리와 우리가 일상에서 즐기는 스포츠의 기원에 관해 소개합니다.

과학/수학
어렵고 멀게만 느껴지는 과학과 수학에 관련된 신기하고 재미있는 상식들을 쉽고 흥미롭게 습득해보세요.

음식
우리가 늘 먹고 마시는 음식은 어떻게 탄생했고, 우리의 식문화는 어떻게 형성되었을까요? 음식과 재료의 문화적·역사적 사실을 살펴봅니다.

역사
역사적 사건과 인물들의 숨겨진 이야기와, 현재까지 이어져 오는 관습·문화의 역사를 두루 살펴봅니다.

알면 도움이 되는 사회·생활 상식

사회
생활

신체
의학

세계

동물·곤충
식물

예술
스포츠

과학
수학

음식

역사

001 | 크리스마스를 'Xmas'로 표기하는 이유

연말이면 거리는 'Xmas'라고 쓰인 간판이나 포스터가 넘쳐나고, 이는 크리스마스 분위기를 고조시킨다. 그런데 왜 'Christmas'를 'Xmas'라고 할까?

본래 'Christ'는 기독교, 'mas'는 예배나 축제일을 의미하며 그리스어에서는 기독교를 'Χριστό'라고 표기한다. 즉 영어의 Christ를 그리스어의 첫 글자 X로 바꾼 것이 'Xmas'인 것이다. 하지만 현재 유럽에서는 'Xmas'라는 표기는 잘 쓰지 않는다고 한다. X가 단순히 영어의 알파벳 중 하나로 인식되어 본래의 종교적인 의미가 퇴색되었다는 점과 상업적인 인상이 강해진 점을 걱정하며 공식적인 자리에서는 사용하지 않는다고 한다.

002 | 츄파춥스 로고는 유명 화가가 고안했다

츄파춥스는 1958년 에스파냐에서 탄생한 이래로 지금까지 160개가 넘는 나라에서 100종류 이상이 판매되고 있다.

그런데 이 츄파춥스의 포장지 중앙에 있는 데이지 모양의 원형은 1969년 에스파냐의 화가인 살바도르 달리가 디자인했다고 한다. 달리는 위쪽으로 솟은 콧수염으로 유명한 초현실주의를 대표하는 화가이다.

츄파춥스사의 창업주인 엔리케 베르나트는 세계 시장으로 진출하기 위해 환상적이면서 현대적이고 특이한 세계관을 지닌 화가에게 로고를 부탁하고자 1968년 달리의 집을 방문해서 그에게 제작을 의뢰했다. 그리고 다음 해 식사 자리에서 달리가 그곳에 있는 냅킨에 데이지를 그려서 보여주자 마음에 들었던 엔리케가 그 디자인을 로고로 결정했다고 한다. 그 뒤 달리가 고안한 로고는 조금씩 변화를 거쳐 1988년에 현재의 모양이 됐다.

003 | 대형 검색 포털 '구글'은 잘못 쓴 철자에서 태어났다?

인터넷 대형 검색 포털 '구글'은 1998년 미국의 캘리포니아주에서 설립되었다. 창업자는 당시 스탠포드대학교의 대학원생이었던 세르게이 브린과 래리 페이지다.

그런데 이 '구글(google)'이라는 이름은, 사실 숫자의 단위인 'googol(구골, 10의 100제곱)'의 철자를 잘못 쓴 데서 태어났다고 한다. 창업자 두 사람은 검색 엔진에 10의 구골 제곱인 '구골플렉스(googolplex)'라는 이름을 붙이려 했으나 '구글플렉스(googleplex)'라고 철자를 잘못 쓰고 말았다.

'goolgol'은 이미 도메인으로 사용되고 있었기에 결국은 잘못 쓴 철자인 'google'을 사용하게 되었다.

004 | 세계에서 가장 많은 성씨는?

영어권에서 가장 많은 성씨는 '스미스(Smith)'인데 그 수는 명확하지 않다. 스미스는 '대장장이'란 뜻인데 이처럼 서양인의 성씨는 직업에서 유래하는 경우가 많다. 가령 '테일러(Taylor)'는 재단사, '밀러(Miller)'는 제분업자 혹은 방앗간 주인, '부처(Butcher)'는 푸줏간 주인 등이다.

그럼 세계에서 가장 많은 성씨는 무엇일까? 그것은 바로 중국의 '장(張)'씨이다. 중국에는 500개가 넘는 성씨가 있는데 이 중 가장 많이 사용하는 '장(張)', '왕(王)', '이(李)', '조(趙)'를 '4대 성씨'라고 한다.

장씨는 중국 총인구의 10% 정도, 즉 1억 3천 명 이상의 사람이 '장씨' 성을 사용하고 있다고 한다.

005 | 맥도날드 로고인 'M'은 맥도날드의 첫 글자가 아니다

맥도날드의 창립자 레이 크록은 맥도날드 형제가 경영하던 레스토랑의 프랜차이즈 권리를 사들여서 1955년 미국의 시카

고 근교 디플레인스에 1호점을 열었다.

맥도날드의 상징은 'M' 로고인데 사실 이 로고는 맥도날드의 첫 글자 'M'에서 따온 것이 아니다. 맥도날드 시카고 1호점에는 건물 양쪽 지면에서 지붕을 향해 설치되어 있던 2개의 금색 아치가 있었는데, 이것을 옆에서 볼 때 'M'으로 보였다고 한다. 맥도날드 로고 'M'의 원형은 바로 이 2개의 금색 아치인 것이다.

006 | 부동산 광고의 '역에서 도보 O분'이라는 말의 진실은?

부동산 물건 정보에서 '역에서 도보 O분'이라는 광고를 자주 볼 수 있는데, 사실 이는 물건에서 가장 가까운 역 출구에서 1분간 80m 속도로 걸었을 때 걸리는 시간을 나타낸다.

이 표시는 부동산 업계의 자율규약으로 정해져 있는데, 힐이나 굽이 높은 샌들을 신은 건강한 여성이 걸을 수 있는 평균 속도이다.

단, 물건으로 가는 도중에 있는 언덕 등은 고려하지 않고 신호와 건널목에서 기다리는 시간도 포함되어 있지 않기 때문에 실제로는 표시된 시간보다 시간이 더 걸린다고 생각하는 편이 무난하다.

007 | 형사 재판과 민사 재판의 차이

재판은 크게 두 종류로 구분된다. 하나는 형사 사건을 다루는 '형사 재판'으로 국가를 대리하는 검찰에 의해 기소된 피고인이 범죄를 범했는가 하는 유무죄를 판단하는 재판이다.

'민사 재판'은 개인과 개인(법인도 포함) 사이에 일어난 분쟁(민사 사건)을 법적으로 해결하기 위한 것이다.

형사 재판에서는 범죄로 인해 피해자가 잃어버린 것에 대한 보상은 심리하지 않지만 민사 재판에서는 실제로 불이익을 당한 사람이 불이익을 강제한 사람에게 어떤 형태의 보상을 받는 것을 결정하는 경우도 있다.

008 | '데님'과 '진'은 어떻게 다를까?

'데님(Denim)'은 흔히 진(Jean 혹은 Jeans)을 가리키는데, 본래 데님은 바지가 아닌 천의 명칭이다. 어원은 프랑스어 '세르주 드 님(serge de Nîmes)'으로 프랑스 남부에 있는 님 지방의 'Serge(짜임이 튼튼한 모직물)'라는 의미에서 유래한다.

그리고 '진'도 본래는 천의 명칭으로, 어원은 개척 시대 미국에서 중시한 튼튼한 면직물의 산지인 이탈리아 북부 항구 '제노바'에서 유래한다는 설이 유력하다.

009 | 영국의 스파이 기관이 어머니 스파이를 모집?

영화 〈007〉 시리즈의 주인공 제임스 본드가 소속되어 있는 영국의 스파이 기관 MI6가 2015년, 영국의 육아 정보 사이트에 광고를 게재하여 어머니 스파이를 모집한 일이 세계적으로 화제가 되었다.

모집한 이유로는 i) 어머니들의 네트워크를 이용한 정보의 확산 ii) 검색을 하기 위한 네트워크 공작원 iii) 미인계를 쓰기 위한 요원으로 모집한 것이라는 등의 여러 가지 억측이 난무했다.

또한 여성을 적극적으로 채용함으로써 정보기관에 대한 국민의 신뢰를 회복시키기 위한 의도도 있었던 듯하다.

010 | 지폐 속의 초상화가 나이를 먹는다?

세계에서 발행되는 지폐의 약 70% 정도에 초상화가 사용되고 있는데, 가장 많은 지폐에 등장하는 인물로 알려진 사람은 영국의 20파운드 지폐에도 사용되고 있는 엘리자베스 2세다. 1952년에 즉위한 이후, 94세가 되는 지금(2020년 8월 현재)까지도 영국을 포함한 16개 영연방 왕국의 군주다. 과거 대영제국이라 불렸던 영국은 세계 곳곳에 영토를 가지고 있었다. 때문에 캐나다와 오스트레일리아, 뉴질랜드 등의 연방 가맹국, 케

이맨 제도(영국의 해외 영토) 등 영국과 관계가 깊은 나라들의 지폐에는 엘리자베스 여왕이 그려져 있다.

그런데 이 엘리자베스 여왕이 그려진 지폐는 본인의 나이에 따라서 초상화가 변하는(개정되는) 것으로도 유명하다. 예를 들어 1960년, 처음 1파운드 지폐에 등장했을 때에 그려진 초상화는 34세 무렵의 모습. 1990년 이후의 지폐에는 60세 무렵의 모습이 그려져 있다.

011 | 모기향은 원래 막대 모양이었다

모기를 퇴치해주는 믿음직한 존재 '모기향'이 탄생한 것은 지금으로부터 무려 130년 전인 1890년의 일이다. 그러나 불단에 올리는 향의 노하우로 만들어졌던 당초의 모기향은 막대 모양이었다. 길이 20cm 정도로 40분쯤 지나면 전부 타버렸으며, 두께가 얇기 때문에 몇 개를 한꺼번에 태워야만 했다.

그래서 개발된 것이 현재까지 널리 알려져 있는 소용돌이 모양의 모기향인데, 그 모양의 힌트가 된 것은 똬리를 틀고 있는 뱀의 모습이었다고 한다. 그리고 개발을 해나가던 중에 우동 모양의 소재 2개를 겹쳐서 마는 '더블 코일' 방식이 탄생하게 되었다.

현재 일반적인 모기향의 길이는 75cm 정도다. 이것 하나로 7

시간 반 정도는 피울 수 있는 모양이다.

012 | 단 1%의 부자가 세계의 부 절반을 소유하고 있다?

빈부 격차의 확대가 세계적인 문제로 떠오른 건 오래전 일이다. 현재 세계 최고 부유층 80명의 총자산이 하층인 35억 명 분(세계 인구의 약 절반)에 상당한다는 충격적인 보고가 발표됐다. 엄밀히 말하면 세계 인구의 1%밖에 되지 않는 초부유층이 세계의 부 48%, 나머지 52% 중 46%를 상위 20%의 부유층이 차지하고 있으며, 그 외의 층이 차지하는 비율은 세계 전체 총자산의 5.5%에 불과하다.

실제로 하루에 2달러 미만으로 생활하는 사람들이 수십억 명에 이른다는 데이터도 나와 있다.

013 | '진'은 왜 감색일까?

세계 최초의 진은 1850년대 골드러시에 환호하던 미국의 캘리포니아주에서 재단사로 일하던 리바이 스트라우스가 만들었다.

스트라우스는 당시 노동자가 입고 있던 뻣뻣한 천으로 만든 바지를 인디고를 사용해서 소변 얼룩이 가장 눈에 띄지 않는 짙은 감색(紺色)으로 염색해서 팔았다. 광부들이 가장 무서워했던 방울뱀을 쫓는 효과가 있다는 인도산 감색 염료인 인디고에 방충 효과도 더해 팔자 큰 인기를 얻었다고 한다.

014 | 최초의 진공청소기 크기

진공청소기를 처음 발명한 사람은 영국의 설계 기사인 휴버트 세실 부스이다.

19세기 말 어느 날, 부스는 열차의 객실용 신형 청소기 공개 실험이 런던 모처에서 열리고 있는 것을 발견했다. 공개 실험용 청소기는 공기를 뿜어서 먼지나 쓰레기를 상자 속으로 불어 넣는 구조였다. 그것을 본 부스가 흡입식이 더 효과적이지 않은가 하고 질문하자, 시험을 해봤지만 잘 되지 않았다는 답변이 돌아왔다.

집으로 돌아온 부스가 시험을 위해 바닥에 엎드려 입을 손수건으로 감싼 후 힘껏 숨을 들이쉬자 손수건에 먼지가 들러붙었다. 부스는 여기에 힌트를 얻어 여과용 천을 이용한 흡입식 청소기를 발명해서 1901년에 특허를 냈다.

참고로 당시 청소기는 지금의 냉장고 크기와 비슷했기 때문에 청소를 하는데 2명(기계를 움직이는 1명과 긴 호스를 드는 1명)이 필요했다고 한다.

015 | 펄 매니큐어 광택의 정체

진주와 같은 광택을 내는 '펄'이라는 색의 매니큐어가 있다. 이 매니큐어에는 광택을 내기 위해 무언가가 첨가되어 있는데 그 원료가 무엇일까?

바로 갈치의 비늘이다. 갈치는 표면이 반짝반짝 빛이 난다. 갈치 비늘은 구아닌이라고 하는 아미노산의 미세한 결정으로 덮여 있는데 이것이 빛을 반사해서 빛이 나는 것이다.

갈치의 비늘을 녹여서 다시 결정시킨 것을 천연 펄 에센스라고 하는데 옛날부터 펄 광택의 재료로 사용되어 왔다.

016 | 트위터의 '새'는 겨우 6000원짜리 그림?

사용자가 '트윗'이라 불리는 140자 이내(한국 기준)의 짧은 글을 쓰면 그것을 다른 사용자가 읽기도 하고 답하기도 하며 커뮤니케이션을 할 수 있는 '트위터(Twitter)'. 한국인은 세계적으로 봐도 이상할 만큼 트위터를 많이 이용하는 국민이라고 한다. 트위터는 새 마크로도 유명한데, 사실 이 새 그림을 처음 만든 디자이너에게는 적은 사용료밖에 지불되지 않았다고 한다.
왜냐하면 이 새의 그림은 원래 디자이너가 인터넷 그림 판매 사이트에 등록한 것이고, 트위터사는 그 사이트에 라이선스료를 지불했기에 디자이너가 받은 금액은 겨우 6달러 이하(약 6000원 정도)였다고 한다.

017 | 전기면도기는 어떻게 탄생했을까?

'필요는 발명의 어머니'라고 한다. 많은 발명품이 필요에 의해 탄생했는데 전기면도기 역시 그중 하나다.
전기면도기는 1931년 미국의 제이콥 쉬크가 발명했다(쉬크는 1928년 전기면도기 특허를 취득했다). 그는 알래스카 육군기지에 있을 때, 질레트의 안전면도기로 수염을 깎고 있었는데 성능에는 아무런 불만이 없었다고 한다.
단지 안전면도기로 수염을 깎는 데에는 물이 필요했고 겨울이면 물이 얼어서 두꺼운 얼음을 깨고 면도기를 물에 담가야 하는 불편함 있었다. 그래서 생각해낸 것이 전기 모터를 이용한 면도기였다. 하지만 이 아이디어의 최대 약점은 모터였다.

성능 좋고 힘이 좋은 모터는 모두 크고 무거웠다.
쉬크는 5년에 걸쳐 소형 모터를 개발했고 1931년에 최초로 전기면도기를 완성했다.

018 | 플리마켓의 '플리'는 무엇?

오래된 물건이나 쓰지 않는 물건을 공원 등에 가지고 가서 판매하거나 교환하는 시장을 흔히 '플리마켓'이라고 한다. 흔히 자유롭게 물건을 팔거나 교환할 수 있어서 '플리'를 'Free'라고 생각하는 사람이 있는데 이는 잘못이다.

플리마켓은 영어로 'flea market'이며 'flea(플리)'란 '벼룩'을 의미한다. 즉 '벼룩시장'이라는 말이다.

벼룩시장이라는 말은 프랑스어의 '마르세 오 푸세(Marche' Aux Puces)에서 온 것으로 프랑스 파리의 중고시장이 언제부터인가 '벼룩시장'으로 불리게 되었는데, 이것을 영어로 번역한 것이 바로 '플리마켓'이다.

019 | 수정액에 관한 에피소드

미국 텍사스의 은행에서 비서로 근무하던 베티 그레이엄은 다른 일에 유능했던 반면 타이핑이 서툴렀다고 한다. 그래서 그녀는 1951년 화가가 사용하던 미술용 수정액에서 힌트를 얻어 타이프용 수정액을 개발한 뒤 판매해서 큰 성공을 거뒀다.

그녀가 죽은 뒤, 2500만 달러의 막대한 유산은 아들인 마이클이 물려받았는데 사실 그는 바로 인기 록 밴드인 '더 몽키스'의 멤버였다. 마이클은 이 막대한 유산을 가지고 후일 MTV의 선구인 뮤직비디오를 방송하는 TV프로그램을 제작했다고 한다.

020 | 이메일의 '@'는 '항아리(壺)'에서 유래했다?

메일 주소에 반드시 들어가는 '@'의 유래에 대해 여러 가지 설이 있는데, 그중 고대 그리스에서 사용하던 '항아리(壺)'에서 유래했다는 설이 가장 유력하다.

고대 그리스에서는 올리브유나 포도주, 곡물 등을 양쪽에 손잡이가 달린 '암포라(amphora)'라고 하는 항아리에 저장했는데 '@'의 'a'가 이 문자에서 유래했다고 한다.

그런데 이 기호를 '앳 마크'라고 하는 나라는 한국과 일본뿐이고 영어에서는 '앳 사인(at sign)' 또는 그 형태를 따라 '사이클론', '스네일(달팽이)'이라고 부른다.

021 | 스위트룸은 '달콤한 방'이 아니다?

호텔에서 최고급 방을 '스위트룸'이라고 하는데 이것은 '달콤한 방'이라는 의미가 아니다. 스위트룸의 스위트란 '단, 달콤한'을 의미하는 'sweet'가 아닌 '한 벌'이라는 의미의 'suite'이다. 따라서 스위트룸이란 '침실과 거실과 욕실이 하나로 연결된 방', 즉 넓고 호화로운 방이라는 뜻이다.

022 | '블루투스'는 왜 '파란 이'일까?

여러 가지 전자제품을 무선 LAN으로 상호 접속하는 'Bluetooth'.

직역하자면 '파란 이'가 되는 이 명칭은 노르웨이와 덴마크를 무혈 통합한 10세기의 덴마크 왕 헤럴드 1세에서 유래했다고 한다.

헤럴드 1세는 옛 덴마크어로 'Blatand(거뭇한 피부의 영웅)'라는 별명을 가지고 있었는데 이것을 영어로 번역한 것이 'Bluetooth(파란 이의 왕)'다. 통신과 컴퓨터를 통합한 기술의 확립을 목표로 한 스웨덴의 에릭슨사가 왕의 업적을 기리기 위해 코드네임으로 채용한 것이 그 시작이다.

023 | 강수확률 0%인데도 비가 오는 이유

우산을 가지고 나갈지, 말지의 기준이 되는 일기예보의 '강수확률'. 이 강수확률을 결정할 때 중요한 것은 과거의 대기 상황이다. 온도와 습도, 바람의 방향, 풍속이 어떤 상황이었을 때 비가 내렸는지를 조사해 대기 상황을 예측하여 비가 내릴 확률을 결정하는 것이다.

강수확률이란 '그 지역의 예보 시간 내에 1mm 이상의 강수가 있을 확률'을 조사한 것이다. 예를 들어 강수확률 70%라고 한다면, 강수확률 70%의 예보가 100회 있을 시 70번은 1mm 이상의 비가 내린다는 말이다. 이는 어디까지나 확률이지 내리는 양이나 시간을 나타내지는 않는다.

강수확률은 0~100%까지 10% 단위로 발표되는데 1% 단위는 반올림을 한다. 즉 강수확률이 4%일 경우에도 예보에서는 0%라고 발표되기 때문에 강수확률이 0%라고 해서 절대로 비가 내리지 않는 것은 아니다.

024 | 보석과 금의 '캐럿'은 다르다?

보석의 '캐럿'과 금의 '캐럿'은 전혀 다른 단위이다. 보석의 캐럿(carat)은 질량의 단위로 1캐럿은 200mg, 기호는 'ct'로 표기한다.

한편 금의 캐럿(karat)은 순도를 24분율에 따라 나타내는 단위로 24캐럿은 순금, 18캐럿은 24분의 18의 비율(75%)인데 이처럼 숫자가 줄어들수록 금의 함유량이 줄어든다.

단위기호는 K로, 18K나 24K라고 표시하는 경우와 18금(金)이나 24금이라고 한자로 표시하는 경우가 있는데 두 개 모두 같은 의미이다.

025 | 비행기 기내에서 일어난 범죄는 어느 나라 법률로 처벌될까?

국경을 넘나들며 하늘을 나는 비행기 안에서는 어느 나라의 법률이 적용될까? 가령 한국의 항공 회사가 운행하는 프랑스행 비행기가 중국 상공을 날고 있는 경우에는 한국 법률이 적용된다. 이는 비행 중 기내에서 일어난 범죄는 그 항공기가 등록되어 있는 나라의 법률에 따른다고 정해져 있기 때문이다. 하지만 이것은 항공기의 동력이 이륙하기 위해 작동한 때부터 착륙하기 위해 활주가 종료할 때까지의 경우이다. 비행기가 착륙한 뒤에는 착륙한 나라, 이 경우에는 프랑스의 법률에 따르게 된다.

026 | 보석금 금액은 누가 결정할까?

'보석'이란 피고인이 공판이나 형의 집행을 위해 틀림없이 출두하겠다는 사실을 보증한 뒤 신병을 해방하는 일을 말한다. 이때 피고인이 납부하는 것이 '보석금'으로, 도망이나 증거 인멸을 하지 않겠다는 사실을 약속하고 재판소에 맡기는 보증금이라고도 할 수 있다.

보석금 금액은 변호인과 재판관이 면담을 통해 죄의 종류나 피고인의 재산을 고려해서 결정한다. 교섭을 통해서 금액을 낮추는 경우도 있다고 하지만, 일단 결정되면 현금, 혹은 수표로 한 번에 납부해야 한다.

또한 보석 중에 피고인이 달아난 경우 보석금은 몰수당한다.

027 | 컴퓨터 키보드의 알파벳이 복잡한 배열이 된 이유

컴퓨터 키보드의 알파벳이 불규칙적이고 이상한 배열로 되어 있다는 사실은 잘 알고 있을 것이다.

알파벳의 배열은 100년도 더 전, 타자기가 발명되었을 때 결정되었다. 상단에 늘어서 있는 글자를 왼쪽에서부터 읽어 '쿼티 배열'이라고 부른다.

타자기는 활자가 잉크리본을 두드려 종이에 인쇄하는 구조이기 때문에 사용 빈도가 높은 문자가 나란히 붙어 있으면 활자끼리 엉겨버리고 만다. 쿼티 배열은 이 문제를 피하기 위해 고안되었고 이것이 워드프로세서, 그리고 컴퓨터로 이어져 온 것이다.

028 | 막내가 어리광을 부리는 이유는?

'막내는 어리광쟁이'라는 말을 흔히 들을 수 있는데, 사실 형제자매의 출생 순서가 질투심과 관계한다는 데이터가 있다.

네덜란드 호로닝언대학교의 한 심리학자가 964명을 샘플로 출생 순서와 질투심을 지표화했더니 첫째가 11.8포인트인데 비해 막내는 13.77포인트로 막내가 질투심이 더 강한 경향이 있다고 밝혔다.

틀림없이 첫째는 부모의 애정을 듬뿍 받기 때문에 불안이나 질투심을 느끼는 경우가 적다. 한편 막내는 부모가 자녀의 양육에 익숙해져서 방임하는 경우가 많기 때문에 어리광을 부리거나 질투심을 느끼는 경우가 많다. 단, 부모가 차별 없이 애정을 기울이는 환경에서 자라면 질투심이 커지지는 않는다고 한다.

---

029 | 세계 최초의 전자메일 메시지는 'QWERTYUIOP'

전자메일이 탄생한 것은 1971년의 일이었다. 이전까지 동일 호스트 안에서만 보낼 수 있었던 전자메일은, 그 후 네트워크

경유로 누구에게나 보낼 수 있게 되었다.

전자메일을 개발한 사람은 미국의 IT 기술자인 레이 톰린슨. 키보드상의 '@'키를 유저명과 호스트명의 구분에 사용하는 것을 우연히 고안해냈다. 세상에서 처음으로 메일을 송신한 사람도 당연히 그였다.

처음으로 보낸 메일의 메시지는 키보드를 왼쪽에서부터 누른 'QWERTYUIOP'처럼 적당히 친 문자열이었다고 그는 나중에 말했다.

030 | 교회의 '신부'와 '목사'의 차이는?

절에 스님이 있는 것처럼 교회에도 신부나 목사라 불리는 사람이 있다.

'신부'는 가톨릭교회의 사제에 대한 경칭으로 영어로는 'father(아버지)'라고 부른다. 이들은 신자의 영혼을 인도하는 아버지와도 같은 존재로서 신자의 고민을 들어주거나 상담을 하는 외에도 미사나 세례식, 장례식 등을 집행한다. 신부는 베드로를 시조로 하는 사도에서부터 대대로 내려온 성직이라는 위치를 차지하고 있는데 지금도 로마 교황을 정점으로 하는 조직의 일원이다.

한편 '목사'는 프로테스탄트교회에서 교구·교회의 관리, 신자를 지도하는 직을 말한다. 예수의 "나의 양을 기르라"는 말에서 태어났다. 신자의 상담에 응하는 것은 신부와 다를 바 없지만, 어디까지나 교회의 일을 돌보는 역할이다. 또한 신부처럼 대대로 내려온 성직이라는 개념도 없다.

한편 신을 칭송하는 노래인 '성가'와 '찬송가'가 있는데 주로 전자는 가톨릭계, 후자는 프로테스탄트계에서 관용적으로 사용되고 있다.

031 | '블레이저'의 어원은?

정중한 인상을 주면서도 경쾌한 분위기를 함께 가지고 있는 재킷 '블레이저'. 이 옷의 기원에는 여러 가지 설이 있다.

가장 잘 알려져 있는 것은 보트 경기에서 태어났다는 설이다. 영국 케임브리지대학교의 보트 팀은 라이벌인 옥스퍼드대학교와의 대항전 때면 심홍색 재킷을 착용했다. 그 선명한 색상에 관객이 '오, 블레이저!(오, 불타고 있는 듯하다!)'라고 외친 것이 계기가 되었다고 한다.

다른 하나는 영국의 군함인 '블레이저호'에 여왕이 승선할 때 승무원들이 경의를 표하기 위해서 금속 단추가 달린 감색 재킷을 착용했다는 설이다.

어느 쪽에서 유래했는지는 모르겠으나 영국에 기원을 두고 있는 제복에서 태어난 것만은 틀림없는 사실인 듯하다.

032 | 왜 트럼프의 '스페이드 에이스'만 그림이 클까?

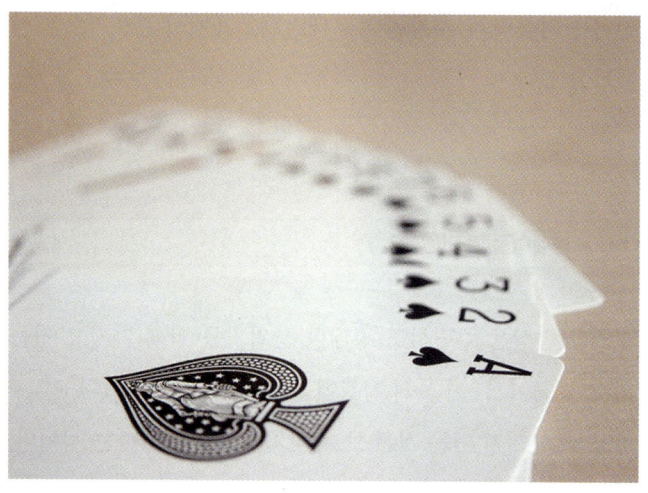

외국에서는 '트럼프'를 '플레잉 카드'라고 부른다. 어쨌든 이 트럼프 카드는 다이아몬드, 스페이드, 클로버, 하트 4종류가 각각 13장씩, 총 52장(조커 제외)인데, 각각의 에이스를 늘어놓고 보면 무슨 이유에서인지 스페이드의 그림만이 크고 복잡하게 그려져 있다.

이는 17세기 영국에서 트럼프에 세금이 부과되고 있었다는 사실에서 유래한다. 정부는 세금을 받았다는 증거로 어떤 한 장의 카드에 그려진 디자인을 복잡하게 만들어서 위조품을 막으려 했다. 마침 그때 선택한 것이 스페이드 에이스였다고 한다.

033 | 천수관음의 손은 42개인데 왜 '천수'일까?

육관음 중 하나인 '천수관음(千手觀音)'은 천 개의 자비로운 눈과 손을 지니며 모든 중생을 구제한다는 보살로 본래의 이름은 '천수천안관세음보살(千手千眼觀世音菩薩)'이다.

실제 관음상을 보면 손은 좌우 각각 21개로 합하면 42개인 불상이 많지만, 가슴 앞에서 합장을 하고 있는 손과 허리 부근의 보발수(寶鉢手)를 한 쌍으로 보면 40개가 된다.

그럼에도 '천수'라고 하는 것은 이 40개의 손이 이십오유계(二十五有界=불교에서 중생이 나고 죽는 일체의 세계)의 중생을 구제한다고 여겨지기 때문이다. 40×25=1000, 즉 '천수'인 것이다.

034 | 경찰과 형사를 왜 '캅(cop)'이라고 할까?

영어로 경찰은 폴리스맨(policeman)이라고 하는데 다른 표현도 있다. 가령 미국에서는 '캅'이라고 부르는데 이는 일종의 속어로 본래 경찰에 대한 경멸적인 의미로 사용되다가 현재는 일반적으로 사용되고 있다.

왜 '캅'이라고 하는지에 대해서는 몇 가지 유래가 있다. 예전 경찰 제복의 버튼을 구리(copper)로 만들어서 '캅(cop)'으로 불렸다는 설, 또는 '순찰을 도는 경찰(constable on patrol)'의 첫 글자를 따서 캅이라고 부르게 됐다는 설도 있다.

참고로 영국에서는 경찰을 바비(bobby)라고 한다. 이것은 1829년 런던 경찰청을 설립한 로버트 필의 이름에서 유래한다. 로버트의 애칭인 바비를 따서 경찰관을 바비라고 부르게 된 것이다.

035 | 굿바이의 '굿'은 '신'을 의미한다?

영어로 아침에는 '굿 모닝(Good morning)', 낮에는 '굿 애프터눈(Good afternoon)', 저녁에는 '굿 이브닝(Good evening)'이라고 인사를 한다. 하나같이 시간을 나타내는 단위에 '굿'이 붙은 말이다. 헤어질 때 하는 인사인 '굿바이(Good-bye)'에는 시간을 나타내는 말이 아닌 '바이(bye)'가 들어 있다.

사실 굿바이는 '신이 당신과 함께 있으며, 신께서 당신을 지켜주기를'이라는 의미인 'God be with ye'를 줄인 것으로 상대방의 안전을 기원하는 말이다.

17세기에는 이미 'be with ye'가 'bye'로 축약되어 있었지만

'God'이 'Good'으로 바뀐 것은 18세기다. 신의 이름을 입에 직접 담는 것을 피하기 위해 인사에 쓰이던 'Good'으로 바꾸게 되었다고 한다.

036 | 미용 티슈는 왜 변기에 버리지 않는 게 좋을까?

미용 티슈와 화장실용 티슈는 펄프의 용해부터 건조까지 거의 같은 조건에서 만들어지는데, 전자는 물을 머금어도 섬유가 잘 풀리지(녹지) 않는 반면 후자는 물에 잘 풀린다(녹는다). 그 이유는 미용 티슈에는 습윤 지력증강제라는 약제를 배합해서 내수 강도를 높인 데 비해 화장실용 티슈에는 전분을 배합해서 물에 잘 풀리도록 했기 때문이다. 화장실 변기가 막히는 일을 피하기 위해서라도 각각의 용도에 맞게 사용하는 편이 바람직하다.

037 | 아카데미 시상식의 오스카상에는 모델이 있었다

세계에서 가장 유명한 영화제인 아카데미 시상식은 그 해 1년 동안 공개되었던 영화를 대상으로 미국영화예술과학아카데미가 선출한 우수 작품에 상을 수여한다. 이때 수상자에게 오

스카상이 보내지는데 이 '오스카'라는 이름을 가진 상의 모델이 누구인지는 수수께끼다.

일설에 의하면 멕시코의 배우이자 영화감독인 에밀리오 페르난데스의 누드에서 영감을 얻어 디자인했다고 한다.

그리고 오스카라는 이름의 유래에도 여러 설이 있는데, 가장 유명한 것은 이 상을 처음 본 여성이 "오스카 삼촌하고 똑같아요"라고 말한 데서 유래했다는 설이다.

038 | 스님이 목탁을 두드리는 이유는 졸음을 쫓기 위해서다?

스님이 불경을 욀 때 목탁을 사용하게 된 이유에는 여러 가지 설이 있는데 가장 유력한 설은 졸음을 쫓기 위해서라고 한다. 예전에 목탁은 진짜 물고기를 본뜬 평평한 형태로 무언가를 알릴 때 소리를 내는 도구로 사용되었다. 여기에는 '밤이나 낮이나 눈을 뜨고 있는 물고기처럼 수행을 게을리하지 말고 정진하라'는 의미가 담겨져 있다고 한다.

그 외에도 옛날 게으른 중이 축생도에 떨어져서 물고기가 되었는데 이를 경계하기 위해 물고기(목탁)를 두드리게 되었다는 설도 있다.

039 | 인기 브랜드 '코치'는 야구 글러브가 기원이었다?

코치(COACH)는 'C'를 모티프로 한 모노그램 무늬의 핸드백을 중심으로 가죽 제품과 액세서리 등을 제조하는 미국의 인기 고급 브랜드다.

코치의 역사는 1941년, 칸 부부가 뉴욕의 맨해튼에서 창업한 가죽 공방에서 시작되었다. 부부는 야구 글러브에서 힌트를 얻어 아주 두꺼운 가죽으로 만든 핸드백을 1962년에 개발했는데, 사용할수록 부드러움을 더하는 백이 남성들로부터 뜨거운 지지를 얻었다고 한다.

현재 '레트로 글로브 탄 레더'로 친숙한 가죽 소재는 조 디마지오를 비롯하여 당시의 대표적인 메이저리거들이 애용하던 글러브와 같은 소가죽 소재를 사용하여 개발한 '글로브 탄 레더'를 진화시킨 것이다.

040 | 배수관 파이프가 S자로 되어 있는 이유는?

세면대 아래에 있는 S자로 굽은 파이프 배수관을 '트랩(trap)'이라고 한다. 세면대에 중요한 물건 등을 빠뜨렸을 때 S자에 걸리게 해서 찾을 수 있도록 하기 위함인데 단지 그런 역할만 하는 것은 아니다.

트랩은 S자 부분에 물이 고이게 함으로써 해충과 쥐, 악취를 방지하기 위해 설치한 것이다. 수세식 변기에 항상 일정한 양의 물이 고여 있는 것도 같은 원리이다. 외부에서 해충이나 쥐가 침입하는 것을 막으면서 배설물의 냄새가 퍼지는 것 또한 막아준다.

041 | '유행색'은 누가 결정할까?

텔레비전이나 잡지 등에서 발표하는 유행색은 1963년에 발족한 '인터컬러(국제유행색위원회)'라는 국제적 단체에서 결정한다. 각 계절의 약 2년 전에 봄여름 컬러, 가을겨울 컬러를 선정해서 1년 반 전에 트렌드로 발표하고 있다.

2년이나 전에 선택된 유행색이 정말 유행할까 의심스럽게 여길지도 모르겠으나, 유행색은 원래 의류업계를 중심으로 한 경제 활동을 활성화시키기 위해서 인위적으로 만들어진 것이다.

042 | 버스 안에서 가장 승차감이 좋은 곳은?

버스가 좌우로 회전할 때면 승객들의 몸은 좌우로 기울어지고, 울퉁불퉁한 도로에서는 차체가 위아래로 흔들린다. 그렇다면 버스의 어떤 곳에 있어야 이런 흔들림이 적을까?

버스가 한쪽 방향으로 회전할 때 차체의 기울기가 가장 큰 곳은 제일 앞쪽이며 가장 적은 곳은 뒷바퀴 위쪽이다. 이는 버스가 회전을 할 때 2개의 뒷바퀴 중앙을 지점으로 회전하기 때문이다. 차체의 가장 뒤쪽도 방향 전환 지점(뒷바퀴)에서 멀어지기 때문에 흔들림이 커진다.

한편 울퉁불퉁한 도로에서는 앞바퀴와 뒷바퀴가 그 지점이 되기 때문에 위아래 흔들림이 가장 크다. 즉 바퀴 바로 위쪽의 장소는 지면의 진동이 그대로 전해진다는 뜻이다.

위아래 흔들림이 가장 적은 곳은 앞바퀴와 뒷바퀴의 중간이다. 중간 부분은 양옆으로 기울어지는 현상도 적어서 버스 안에서 가장 승차감이 좋은 곳이다.

043 | '불가리'의 철자가 'BULGARI'가 아닌 'BVLGARI'인 이유?

인기 고급 브랜드인 '불가리'의 로고는 'BVLGARI'인데 'U'로 써야 할 곳이 어떤 이유에서인지 'V'로 되어 있다. 사실 이는 고대 유럽의 철자법에서 유래했다고 한다.

고대 그리스의 전통을 잇는 은세공업자였던 불가리의 창업자 소티리오스 불가리스는 19세기 말에 이탈리아로 이주하여 1905년에 로마에서 가게를 열었다. 그는 가게의 로고를 생각할 때, 그리스 문자에 'U'가 없다는 점과 고대 로마에서 사용되었던 라틴어에서는 '우'의 발음 표기를 'V'로 했다는 점에 착안하여 'BVLGARI'라고 표기했다. 단, 회사 이름이나 일족의 성은 어디까지나 'U'를 사용한 'BULGARI'다.

044 | 비행기에서 몸집이 큰 승객은 요금도 두 배일까?

비행기 좌석은 항공사나 퍼스트, 비즈니스, 이코노미 클래스에 따라 다르지만 기본적으로 '표준' 체형을 상정해서 설계되어 있다.

그런데 씨름 선수나 레슬링 선수처럼 몸집이 큰 사람이 좌석에 앉을 때는 보통 체형의 사람이 이용하는 좌석에는 앉을 수 없어서 두세 명분의 좌석을 확보하는 경우가 있다. 그렇다면

통상 2배, 3배의 요금을 지불해야 할까?

이런 경우에는 확보한 좌석만큼 비용을 지불하지 않는데, 일반적으로 여분으로 남겨놓은 좌석의 반액을 가산한다. 가령 좌석 2개라면 1.5배, 좌석 3개라면 2배 정도의 비용을 지불하게 된다.

045 | 자동차 운전석은 왜 왼쪽일까?

세계 대다수의 나라가 자동차의 운전석이 왼쪽인데 비해 영국과 일본만 자동차 운전석이 오른쪽에 있다.

자동차가 탄생할 당시, 대부분 차의 핸들은 차체의 오른쪽 혹은 중앙에 있었다. 1908년 뉴욕과 시카고의 모터쇼에 83대의 미국차가 전시되었는데 모두 핸들이 오른쪽에 있었다고 한다. 그런데 얼마 후 대중용 차 중에서 핸들이 왼쪽에 있는 차가 등장했다. 바로 포드의 T형인데, 포드가 차의 핸들을 오른쪽에서 왼쪽으로 바꾼 이유는 명확하지 않다고 한다.

하지만 이 포드 T형으로 인해 차의 핸들이 왼쪽으로 바뀌기 시작한 것은 분명하다. 포드 T형이 유럽과 미국에서 큰 인기를 얻자 다른 차들도 왼쪽 핸들 방식을 채택하게 되었다.

046 | 국제선 승무원의 여권

여권의 페이지 수, 즉 면수는 48면과 24면, 2종류가 있다. 그런데 일반 여권을 똑같이 사용하면서 해외를 자주 오가는 국제선 승무원은 여권을 자주 갱신해야 하는 걸까?

실은 이런 문제를 고려해서 국제선 승무원의 경우 출입국 사증은 대부분 생략하고 있다고 한다.

047 | 자판기의 동전 투입구에는 가로형과 세로형이 있다?

자동판매기의 동전 투입구에는 가로와 세로 2종류가 있다. 주스 등의 판매기는 투입구가 가로형인 것이 많고, 역의 승차권 판매기는 세로형이 대부분이다. 이는 내부 공간의 넓이를 중요시하느냐, 판매 속도를 우선시하느냐의 차이다.

가로형의 경우 투입구에 동전을 넣으면 내부의 동전 식별장치에 연결되어 있는 판을 따라서 내려가야 하기 때문에 식별장치에 이르기까지 시간이 걸린다. 그러나 식별장치 자체의 부피는 작기 때문에 판매기 안의 공간에 여유가 생긴다.

세로형 투입구의 경우는 동전을 연속해서 넣기 쉽고 동전이 굴러서 식별장치에 도달한다. 따라서 동전 투입에서부터 판매까지의 시간을 단축할 수 있지만 식별장치를 크게 할 필요가 있기 때문에 내부 공간은 필연적으로 좁아진다.

048 | '라이벌'은 원래 서로를 향상시키는 존재가 아니다?

우리나라에서는 '라이벌'이라는 단어를 '적이지만 서로를 향상시키는 존재'라는 의미로 사용하고 있다. 라이벌은 좋은 친구일 가능성도 있는 셈이다. 그러나 영어의 'rival(라이벌)'은 경쟁 상대, 혹은 대항자라는 의미로 우리말에서처럼 '좋은 친구'라는 뉘앙스는 전혀 포함되어 있지 않다.

원래 영어 'rival'의 어원은 라틴어인 'rivus(시내)'에서 파생된 'rivalis(강을 공동으로 쓰는 자)'이다. 중세까지는 동료나 친구 등,

원래의 뜻에 가까운 의미도 함축되어 있었으나 점차 '대항자'라는 의미로만 한정해서 쓰게 되었다.

강은 예로부터 인간의 생활과 밀접한 관계가 있다. 과거에는 사이좋게 강을 공유하던 인간이 언제부터 수리와 어획 등을 둘러싸고 싸우는 '적'이 되었을까?

049 | 결혼반지는 왜 왼손 약지에 낄까?

결혼반지를 왼손 약지에 끼는 기원은 고대 그리스에서 연유한다.

당시에는 마음은 심장에 있으며 왼손 약지에는 심장과 연결된 굵은 혈관이 있다고 믿었기 때문에 왼손 약지에 결혼반지를 끼는 것은 영원한 사랑을 상징한다고 생각했다.

그러나 11세기 무렵, 가톨릭교회가 결혼반지에 축복을 주는 의식을 시작했던 당초에는 반지를 끼는 손가락에 대한 엄격한 규율은 없었다고 한다. 또 독일이나 동유럽과 북유럽의 일부 나라에서는 결혼반지를 오른손 약지에 끼는 것이 일반적이라고 한다.

050 | 타이어 회사가 음식점 등급을 매기게 된 이유

음식점의 맛과 서비스, 시설 등을 별의 개수에 따라 종합적으로 평가해서 등급을 매기는 책인 〈미쉐린 가이드〉. 프랑스의 타이어 회사인 미쉐린이 왜 '음식점 등급'을 매기게 된 것일까? 〈미쉐린 가이드〉가 프랑스에서 발행된 1900년은 부유층을 중심으로 드라이브가 여가활동으로 부상하기 시작할 무렵이다. 그런데 당시는 도로 사정이 불편했기 때문에 자동차의 고장이 잦았다. 안심하고 드라이브를 즐기기 위해서는 주유소는 물론이고 자동차 수리 공장의 위치를 파악해두는 게 필수였다.

그래서 타이어 수요를 예상하기 위해 미쉐린이 생각해낸 방법이 자동차 수리 공장과 주유소를 게재한 지도를 만드는 것이었다. 거기에 호텔과 레스토랑 등의 소개를 싣고 무료로 배포하기 시작했는데 이것이 바로 〈미쉐린 가이드〉의 기원이다.

---

051 | '두 번째'를 의미하는 '세컨드'가 어째서 '초'를 나타낼까?

시간의 '분'을 나타내는 영어인 '미닛(minute)'은 라틴어에서 '첫 번째의 작은 부분'을 의미하는 'pars minuta'에서 유래했다. 또한 '초'를 나타내는 '세컨드(second)'는 '두 번째의 작은 부분'을 의미하는 'pars minuta secunda'에서 유래했다. 이를 현대의 상식으로 생각하면 반대가 아닐까 여겨지지만…….
시간의 단위는 1시간이 60분, 1분이 60초로 고대 바빌로니아인이 발명한 60진법을 따르고 있다. 1시간을 분할해서 첫 번째로 태어난 것이 분, 두 번째로 태어난 것이 초가 되는 셈이다. 즉 두 번째로 분할한 'pars minuta secunda'의 생략형인 '세컨드'를 시간의 단위로 사용하게 된 것이다.

---

052 | '브랜드'의 기원은 '낙인'이다?

고급 브랜드, 브랜드 파워 등 다양한 용도로 사용되는 '브랜드'라는 말은 본래 상표를 뜻한다.
이 '브랜드(brand)'라는 단어는 원래 영어에서 낙인을 찍는다는 뜻의 'burned'에서 파생한 것으로 목동이 자신의 소와 타인의 소를 혼동하지 않도록 소에게 낙인을 찍어서 구분하던 관습에서 유래한다고 한다. 즉 이 낙인이 후일 브랜드의 기원이 된 것이다.

053 | 1년 중 절반에 해당하는 날은 몇 월 며칠일까?

1년의 시작은 1월 1일, 마지막 날은 12월 31일이다. 따라서 '1년의 절반에 해당하는 날은 언제?'라는 질문을 받으면 12개월을 절반으로 나눈 '6월 중순쯤'이라고 답하는 사람도 있을지 모르겠다.

그러나 1년 중 절반에 해당하는 날은 '7월 2일'이다. 이 날은 새해가 시작된 날부터 헤아리면 183일, 즉 1년 365일의 한가운데에 해당하며, 1월 1일부터 7월 1일까지가 182일, 7월 3일부터 12월 31일까지도 역시 182일이 된다.

054 | 가솔린의 레귤러와 하이옥탄은 무엇이 다를까?

가솔린에는 '레귤러(일반 휘발유)'와 '하이옥탄(고급 휘발유)'이 있는데 이 둘은 '옥탄가'로 차이가 난다. 옥탄가란 연료의 노킹(이상연소) 현상이 얼마나 잘 생기지 않는가를 나타내는 척도인데, 이것이 높을수록 노킹이 잘 일어나지 않는다. 하이옥탄에는 엔진 내부의 오물을 제거하는 청정제가 첨가되어 있는 것도 특징 중 하나이다.

또한 하이옥탄 차에 레귤러를 넣으면 성능을 충분히 이끌어 낼 수 없기 때문에 권장하기 어렵지만, 레귤러 차에 하이옥탄을 사용하면 아무런 문제도 없으며 오히려 레귤러보다 뛰어난 효과를 기대할 수도 있다고 한다.

055 | 고속도로 터널의 조명은 왜 주황색일까?

고속도로의 터널 조명은 주로 주황색 불빛이 사용되고 있다. 주황색 빛을 발하는 것은 나트륨등이라고 하는 램프인데, 왜 주황색 조명을 사용하는 것일까?

고속도로에서 자동차는 빠른 속도로 달리기 때문에 전방의 차와 사물이 명확하게 보이지 않는 위험성이 있다. 또한 조명이 백색광이라면 사물의 형태를 명확하게 파악하기 어렵다.

백색광은 여러 가지 색의 불빛이 섞여 있는데 빨강, 파랑, 노랑 등과 같이 한 종류의 불빛으로 이루어진 단색광은 사물의 형태를 명확하게 파악할 수 있다.

빛은 파장(전자파)인데 빨강에서 보라까지 7가지 색의 빛 중에서 파장이 가장 긴 색은 빨강이며, 다음이 주황색이다. 파장이 길수록 빛은 멀리까지 다다르기 때문에 잘 보인다.

주황색은 파장이 길어서 멀리까지 이르고 사람의 주의를 끄는 색이어서 터널 조명으로 사용되는 것이다.

056 | '베지테리언'이란 '채식주의자'가 아니다

고기나 생선과 같은 동물성 식품을 피하고 야채나 과일과 같은 식물성 식품을 먹는 사람을 보통 '베지테리언(Vegetarian)'이라고 부른다.

그런데 '베지테리언'이라는 단어를 흔히 '채식주의자'라고 번역하니 야채를 의미하는 '베지터블(vegetable)'이 어원이라고 생각하기 쉽지만 실은 '활발한, 건강한'이라는 의미의 라틴어 '베게투스(vegetus)'에서 온 것이다.
즉 베지테리언이란 본래 채식주의자가 아니라 '건강하고 생기에 찬 사람'이라는 의미다.

057 | '볼쇼이 서커스'라는 이름의 서커스단은 존재하지 않는다

옛 소비에트연방(지금의 러시아)의 서커스단으로 2004년에 내한 공연을 한 서커스의 대명사 '볼쇼이 서커스'. 그러나 러시아에 '볼쇼이 서커스'라는 이름의 서커스단은 존재하지 않는다.
정식 명칭은 '러시아연방서커스공단'인데 구소련에는 유명한 볼쇼이 극장과 볼쇼이 발레가 있었기에 이런 명칭이 고안되었다.
참고로 '볼쇼이'란 러시아어로 '커다랗다'라는 뜻의 형용사이니 우리말로 하자면 '커다란 서커스단'이라는 의미가 된다.

058 | 비행기 기장과 부기장의 식사 메뉴가 다른 이유

비행기에는 2명의 조종사가 타도록 규정되어 있다. 한 명은 기내에서 일체의 권한을 지닌 '기장'이고 또 한 명은 기장의 조종을 지원하는 '부기장'이다.

현재의 항공기 조종은 대부분 자동화되어 있어서 조종사 1명으로 운행이 충분히 가능하지만, 갑자기 기장이 의식 불명에 빠지는 등의 예측 불가능한 상황에 대비하기 위해 2명이 운행하는 것을 원칙으로 한다.

이 예측 불가능한 상황 속에는 기내식으로 식중독에 걸릴 가능성도 포함되어 있다. 조종사는 조종석을 벗어나면 안 되기 때문에 기장과 부기장은 번갈아 식사를 하게 되어 있고 식사 메뉴도 반드시 달라야 한다. 이는 같은 메뉴의 음식을 먹고 두 명이 동시에 쓰러지는 사태를 방지하기 위해서다.

059 | 이발소의 심벌인 삼색(적백청)의 정체는?

이발소 앞의 빙글빙글 도는 삼색(빨강, 하양, 파랑) 회전등을 '사인볼'이라고 한다.

사인볼의 기원은 중세 유럽으로 거슬러 올라간다. 당시에는 이발을 비롯해서 치아와 상처의 치료에 종사하던 이발외과의(Barber Surgeons)라고 하는 직업이 있었다.

이발외과의의 치료법 중에는 당시 성행하던 침으로 피를 뽑아내는 '사혈(瀉血)'도 있었는데 사혈 치료에 사용한 봉이 빨강

게 칠해져 있었다. 그리고 치료 뒤에 감는 하얀 붕대가 봉에 감겨져 있던 모습에서 빨간색과 하얀색이 이발외과의의 간판으로 사용됐다.

그 뒤, 치료의 전문성이 높아져서 외과와 이발이 나누어지자 이발사 간판에는 파란색이 더해지고 현재의 세 가지 색이 된 것이다.

060 | 잠이 오지 않을 때는 왜 양을 셀까?

잠이 오지 않을 때에 '양이 한 마리, 양이 두 마리……'라고 양을 세면 잠이 온다는 말이 있다. 이는 영국의 습관이 동화 속에 실리는 방법 등으로 한국에 전해진 듯하다.

양을 선택한 이유에 대해서는 여러 가지 설이 있다.

우선 양을 의미하는 '십(sheep)'이라는 단어의 음이 잠을 의미하는 '슬립(sleep)'과 비슷하기 때문이라는 설과, 양을 헤아리는 동안 호흡이 복식호흡에 가까운 리듬으로 바뀌어 안정되기 때문에 잠이 잘 오기 때문이라는 설도 있다. 또한 유럽에서는 양을 많이 기르는 것이 부의 상징이었기 때문에 양을 헤아리면서 안심하고 잠을 잘 수 있었던 것이라는 설도 있다.
하지만 이것은 전부 유럽의 이야기이며 우리나라 사람이 양을 헤아려 봐야 잠과는 아무런 상관이 없다.

061 | 맨홀 뚜껑은 왜 둥근 모양일까?

지하 하수도의 맨홀은 수천 년 전에 만들어졌는데, 고대 로마 시대 유적에서 대리석으로 만든 맨홀 뚜껑이 발견되기도 했다. 그런데 맨홀 뚜껑은 왜 둥근 모양일까? 그 이유에는 몇 가지가 있는데 가장 큰 이유는 어떻게 닫아도 구멍에 떨어질 염려가 없기 때문이라고 한다. 사각형이나 삼각형, 타원형 뚜껑은 대각선으로 놓았을 때 구멍 속으로 떨어질 가능성이 있다.
또한 둥글면 무거워도 굴려서 움직일 수 있고 각이 없으니 부러질 일도 없다. 여기에 뚜껑을 닫기 위해서 굳이 구멍의 형태에 맞출 필요가 없는 이점도 있다.

062 | 티셔츠는 'T셔츠'인데 와이셔츠는 'Y셔츠'가 아니다

'T셔츠'의 이름은 소매를 펼친 모양이 알파벳 'T'를 닮은 것에서 유래한다. 그런데 '와이셔츠'라는 이름의 유래는 'Y'를 닮았기 때문이 아니다.

와이셔츠란 이름은 사실 일본이 만들어낸 명칭으로 하얀 셔츠를 의미하는 영어의 'White shirt'가 변화한 말이다.

063 | 달력에 실린 시곗바늘이 10시 10분을 가리키는 이유

시계 회사에서는 달력이나 포스터 등과 같은 광고를 하거나 진열을 할 때 아날로그시계의 바늘을 대체로 10시 10분 부근, 초침은 35초에 맞춘다고 한다.

이는 보통 문자판의 12시 바로 아래에 표기되어 있는 상표명을 가리지 않고 사람들이 잘 볼 수 있도록 하기 위해서라고 한다. 또 시계마다 다른 바늘의 디자인과 개수를 보여주고 전체적으로 아름답게 보이려는 의도라고 한다.

064 | 티슈는 왜 두 겹일까?

다양한 용도로 사용되는 티슈는 부드러우면서도 일정한 강도가 필요하다. 그래서 1장을 2장분의 두께로 만드는 것보다 두 겹으로 만드는 것이 훨씬 부드럽고 튼튼하며 중간에 있는 공기층으로 인해 흡수성도 높일 수 있다.

또 티슈에는 앞면과 뒷면이 있는데 매끈매끈한 면이 앞, 거친 면이 뒷면이다. 즉 뒷면을 안쪽으로 해서 두 겹으로 만들면 피부에 닿는 바깥쪽 면을 매끈매끈하게 만들 수 있다.

---

065 | '불쾌지수'는 무엇을 기준으로 정할까?

여름철 일기예보에서 자주 듣는 '불쾌지수'는 기온이 높을 때 느끼는 후텁지근함을 나타내는 지수로 1995년 미국에서 탄생했다.

불쾌지수를 산출하는 방식은 '0.72×(기온+습구 온도)+40.6=불쾌지수'이다. 참고로 습구 온도란 구(球) 부분을 젖은 천으로 감싼 온도계의 온도를 말한다. 불쾌지수의 정도에도 기준이 있는데 70~75는 다소 불쾌, 75~80은 반 이상의 사람이 불쾌, 80 이상은 모든 사람이 불쾌하다고 느끼는 것이다.

---

066 | 연필의 'B', 'H', 'F'는 대체 무엇을 의미하는 것일까?

연필의 심은 흑연과 점토의 비율에 따라 딱딱한 것에서부터 부드러운 것까지 여러 가지다. 연필의 진한 정도와 단단한 정도를 나타내는 경도 기호(농도 기호)는 짙은 순서대로 6B, 5B……HB, H, F, H……8H, 9H로 전부 17종류다. 심은 짙을수록 부드럽고 옅을수록 딱딱하다. 그렇다면 이 'B', 'H', 'F'는 대체 무엇을 나타내는 것일까?

짙은 색을 나타내는 'B'는 영어로 검은색을 의미하는 '블랙(black)'의 머리글자이고 옅은 색을 나타내는 'H'는 딱딱하다는 의미인 '하드(hard)'의 머리글자다. 즉 'HB'는 진하기와 딱딱함을 함께 가지고 있는 심인 셈이다. 한편 'F'는 견고하다는 의미인 '펌(firm)'의 머리글자다.

067 | 색연필은 왜 깎아서 팔까?

똑같은 연필인데 색연필은 보통 연필과 여러 가지 점에서 다르다. 가령 판매할 때, 색연필은 깎은 것을 팔지만 연필은 그렇지 않은데 이유는 단순하다.

연필심이 검은색이라는 사실은 누구나 알고 있는데 비해 색연필은 깎지 않으면 심의 색깔을 알 수 없어서 번거롭기 때문이다. 또 색연필은 보통 12색, 24색 세트로 파는 경우가 많아서 깎는 시간을 절약하는 이유도 있다고 한다.

068 | 웨딩드레스는 왜 흰색일까?

'웨딩드레스'라는 말을 들으면 떠오르는 색은 흰색. 신부는 하나같이 모두 흰색 웨딩드레스를 입는데 그 이유는 과연 무엇일까?

1840년, 영국의 빅토리아 여왕은 앨버트 공과 결혼식을 올릴 때 흰색 공단으로 지은 드레스를 입고 레이스가 달린 베일을 썼다. 그 이전까지 결혼식 의상에 정해진 색은 없었으나, 여러 자녀에 둘러싸여 이상적인 가정을 꾸린 여왕을 닮고 싶다는 마음에서 중상류 계급 여성들이 하나같이 여왕의 흉내를 내기 위해 흰색 웨딩드레스를 입기 시작했다. 이렇게 해서 흰색 웨딩드레스는 '순결'의 상징이 되었고, 19세기 후반에는 영국의 서민들에게까지 퍼져 나갔다.

069 | 10% 할인과 10% 포인트 적립 가운데 어떤 것이 더 득일까?

'포인트 카드'는 전자제품 판매점이나 슈퍼마켓 등에서 도입하고 있는데 과연 10% 포인트 적립과 10% 현금 할인 중 어느 쪽의 할인율이 더 높을까?

예를 들어 10만 원짜리 상품이 있다고 하자. '현금 10% 할인'의 경우 가격은 9만 원이 된다. 한편 '10% 포인트 적립'의 경우는 다시 말해서 10만 원으로 11만 원어치 물건을 살 수 있다는 뜻이다. 즉 차액인 1만 원을 11만 원으로 나눈 수치가 할인되는 셈이다. 이 경우의 할인율은 9.1%. 10% 할인하는 쪽이 약 1% 정도 할인율이 높다.

포인트 적립은 계열 점포에서만 사용할 수 있으며 사용할 때까지 할인을 받을 수 없다는 단점도 있다. 그런 점을 생각해보면 사실은 그렇게 득이 되는 편이 아닐지도 모른다.

070 | '진도'와 '매그니튜드'의 차이는?

진도(震度)란 지진이 일어났을 때 얼마나 강하게 흔들렸는가를 측정하는 강도를 말한다. 우리나라는 2000년까지 일본과 같이 진도의 강도를 10계급으로 나타냈지만, 2001년부터는 미국에서 만들어진 12계급을 사용하고 있다.

한편 '매그니튜드(Magnitude)'란 지진 자체의 규모를 뜻하는 말인데, 지진이 지닌 에너지 규모로 수치가 결정되며 매그니튜드 1이 증가하면 에너지는 1.6배, 2가 증가하면 1000배 증가한다. 일반적으로 매그니튜드가 커도 진원에서 떨어져 있으면 흔들림은 작아지고 진도도 감소한다.

071 | 세븐일레븐 로고는 왜 마지막 글자만 소문자일까?

편의점 세븐일레븐의 로고를 보면 '7-ELEVEn'으로 'n'만이 소문자라는 사실을 알 수 있다.

세븐일레븐의 뿌리는 미국에 있던 제빙 회사다. 1927년 텍사스주의 제빙 회사 사우스랜드 아이스사는 고객의 요청에 응해 간단한 식품 등을 취급하기 시작했으며, 아침 7시에서 밤 11시까지 영업을 했기 때문에 가게의 이름을 '7-ELEVEn'이라고 명명했다.

로고의 마지막 글자만 소문자가 된 이유는, 세븐일레븐 측도 모른다고 한다. 당시의 미국 상표등록 기준에서는 단순한 숫자의 나열이나, 대문자 혹은 소문자만으로 숫자를 영어 표기한 것은 받아줄 수 없었기 때문이라는 설 외에도, 마지막 글자를 소문자로 표기함으로써 부드러운 이미지를 띠게 해 친근감을 주기 위한 것이었다는 설도 있다.

072 | 비행기 사고의 생존율은 이코노미 클래스가 높다

비행기 사고가 일어날 확률은 극히 드물며 1회 비행으로 승객이 죽을 확률은 약 800만 분의 1이다. 이것은 하루에 1회 비행기를 탔다고 가정할 경우 통계상 2만 1000년 이상이나 걸리는 확률이다.

그러나 만일의 사고에 대비해서 생존을 위한 최선의 선택을 한다면 이코노미 클래스에 앉기를 권장한다. 1971년부터 2009년까지 일어난 20건의 민간항공기 추락 사고를 조사한 결과, 승객의 생존율은 퍼스트 클래스가 49%, 비즈니스 클래스가 56%, 이코노미 클래스가 69%라고 하니 티켓 비용이 비쌀수록 안전한 것은 아닌 듯하다.

073 | '사란 랩' 탄생은 발명가의 아내 덕분?

주방용품으로 친숙한 '사란 랩(Saran Wrap)'은 본래 제2차 세계대전 중 미국에서 총과 총알을 습기로부터 보호하기 위해 사용했다고 한다. 그러나 종전과 더불어 랩의 수요가 급감하자 제조 회사인 다우케미컬의 기술자였던 루드윅과 아이언스는 다른 사용처를 모색했다.

어느 날, 두 사람은 아내와 함께 근교로 소풍을 갔는데 아내가 남편이 개발한 필름(랩)에 넣어둔 양상추가 아주 신선했다고 한다. 이것이 계기가 되어 식품 보존에 사용할 수 있는 새로운 주방용품을 개발하게 되었고 두 사람의 아내의 이름인 '사라'와 '앤'을 따서 '사란'이라고 명명하게 되었다고 한다.

074 | 어버이날에 왜 카네이션을 선물할까?

미국에서 5월 둘째 주 일요일이 '어머니의 날'로 제정된 것은 1914년이다. 기원은 1908년 5월, 웨스트버지니아주의 한 교회에서 일요 학교의 여성 교사인 애나가 자신의 어머니 기일에 감사를 표하는 예배를 하면서부터였다.

애나는 예배를 할 때, 생전에 어머니가 좋아하던 카네이션을 헌화하고 이웃에게 나누어주었다고 한다.

어머니의 날이 정식 기념일로 지정된 이후 어머니가 돌아가신 사람은 하얀 카네이션, 어머니가 살아 계신 사람은 빨간 카네이션을 가슴에 달고 꽃다발을 선물하는 풍습이 생겼다고 한다.

075 | 토트백은 원래 얼음을 옮기기 위한 것이었다?

튼튼해서 오래 쓸 수 있고 심플하면서도 멋스러운 아이템으로 인기가 많은 '토트백'. '토트(tote)'란 '옮기다'라는 의미의 단어로, 토트백은 그 이름 그대로 쓸데없는 것은 배제하고 물건을 옮기기에 특화된 것이 최대 특징이다.

이 토트백을 낳은 회사는 미국 북동부 끝자락에 위치한 메인주에 본사를 두고 있는 아웃도어 브랜드 'L. L. Bean'이다. 1944년에 'Ice Carrier(얼음을 옮기는 백)'로 출시한 것이 시초였다. 전기냉장고가 없었던 당시, 메인주에서는 겨울에 언 호수에서 잘라낸 얼음을 저빙고에 넣어 보존했다가 여름이면 빙식 냉장고용 얼음으로 팔았다고 한다. 이 얼음을 나르기 위해 만들어진 것이 바로 튼튼한 캔버스 천을 사용한 토트백이다. 토트백의 모양이 일반적으로 사각형인 이유는 당시의 얼음이 사각형으로 잘려 팔렸기 때문이다.

076 | 세일러복의 목깃은 왜 그렇게 커다랄까?

교복의 대명사이기도 한 '세일러복'은 지금으로부터 150년쯤 전에 제정된 영국의 해군복에서 온 것이다. 그렇다면 세일러복에 붙어 있는 그 커다란 목깃은 대체 무엇 때문에 있는 걸까? 과거의 해군들은 머리를 자라는 대로 길러 뒤로 묶었다. 배에서 물은 귀중했고 거의 샤워를 할 수 없었기 때문이었다. 따라서 지저분한 장발 때문에 옷이 더러워지는 것을 막기 위해 스카프를 댄 것이 마침내 커다란 목깃으로 발전하게 되었다.
그런데 커다란 목깃의 또 다른 용도가 있었다. 두 손으로 목깃을 쥐고 머리 뒤에 대면 강풍 속에서도 호령이 잘 들렸다. 또한 바다에 빠진 해군이 있을 때 목깃을 잡아 보트로 끌어올릴 수도 있었다고 한다.

077 | 가장 긴 영어 단어는 몇 자일까?

영어에서 가장 긴 단어는 정의에 따라 여러 개가 존재한다. 일반적인 사전에 실려 있는 자의적인 조어가 아닌 가장 긴 단어는 '진폐증'이라는 의미의 'pneumonoultramicroscopicsilicovolca noconiosis'로 45자이다. 병명이나 전문 용어, 지명은 제외하고 조어가 아닌 보통명사로 한정하면 '무가치하게 여김'이라는 뜻의 'floccinaucinihilipilification'으로 29자이다. 과학 용어까지 범위를 넓히면 더 길어진다. DNA(deoxyribonucleic acid)는 무려 27만 7000자에 이르는 긴 단어라고 한다.

---

078 | 세계에서 가장 많이 불리는 노래는?

세계에서 가장 오래된 노래는 이집트의 '셰도프(shadoof)'라고 한다. 이 노래는 고대 이집트인이 관개용으로 나일강의 물을 퍼 올릴 때, '셰도프'라고 하는 방아두레박을 이용하면서 흥얼거리던 것으로 지금까지도 불리고 있다고 한다.

그럼 세계에서 사람들이 가장 많이 부르는 노래는 무엇일까? 이것을 규명하는 일은 매우 어렵고 조사할 방법도 없지만 일설에 의하면 'Happy birthday to you(생일 축하곡)'라고 한다. 이 노래의 본래 이름은 'Good morning to all'인데, 미국 켄터키주에 사는 밀드레드 힐이 작사하고 그의 동생인 유치원 교사 패티 힐이 작사하여 1893년에 발표한 노래이다.

이 노래는 '세상에서 가장 많이 불리는 노래'로 기네스북에도 올랐으며 미국 작곡가와 작사가, 음반제작자협회가 선정한

20세기 최고의 히트곡에 선정되기도 했다.
한편 이 곡의 저작권을 놓고 워너채플뮤직과 거기에 반대하는 단체 사이에 다툼이 있었는데 법원은 2015년에 정식으로 이 노래에 대한 저작권은 존재하지 않는다고 판결했다.

079 | 10명이서 하는 가위바위보는 몇 번 만에 끝날까?

가위바위보는 두어 명이서 하면 간단히 승부가 나지만, 5명이나 10명처럼 많은 사람들이 하면 쉽게 승부가 나지 않는다.
이와 같은 가위바위보에서 마지막 한 사람의 승자가 결정될 때까지의 횟수는 다음과 같다. 2명 → 1.5회, 3명 → 2.3회, 4명

→3.2회, 5명 →4.5회, 6명 →6.2회, 7명 →8.6회, 8명 →12.1회, 9명 →17.1회, 10명 →24.35회, 그 이상인 경우는 20명 →1142.9회, 30명 →64201.2회로 계산상 어마어마한 횟수가 된다. 하지만 이는 어디까지나 확률의 문제이니 인수가 많은 경우에는 몇 개의 그룹으로 나누어 가위바위보를 하는 편이 현명할 것이다.

080 | 복권에 당첨되기보다 운석에 맞아 죽을 확률이 더 높다

누구나 일생에 한 번은 당첨되길 바라는 '복권'의 1등. 2014년, 미국 툴레인대학교 지구과학부 교수 스티븐 A. 넬슨 씨는 충격적인 논문을 발표했다.

그에 따르면 사람이 평생 동안 자동차 사고를 당할 확률은 90분의 1, 화재 사고를 당할 확률은 250분의 1, 회오리바람으로 인해 피해를 입을 확률은 6만분의 1, 벼락으로 인해 피해를 입을 확률은 13만 5천분의 1, 상어의 습격을 받을 확률은 800만분의 1이고, 미국의 복권인 파워볼에 당첨될 확률은 1억 9천 5백만분의 1이라고 한다.

그리고 국지적인 운석, 소행성, 혜성의 충돌로 죽을 확률은 160만분의 1. 복권에 당첨될 확률보다 운석에 맞아 죽을 확률이 100배 이상 높다는 결과가 나왔다고 한다.

081 | '전미 넘버원' 영화가 여럿 있는 이유

영화의 선전 문구 가운데서 흔히 볼 수 있는 '전미 넘버원'이라는 말은 어딘가 미심쩍다는 느낌이 들지만, 실제로는 사실이다.

일주일 단위로 집계한 전미 흥행 수입에서는 일주일 동안만이라도 1위를 차지하면 '전미 넘버원'이 되기 때문에 많은 경우에는 연간 52편의 넘버원이 탄생할 수 있다는 계산이 나온다. 또한 '개봉일 흥행 수입 1위', '10대 동원 수 1위' 등과 같은 경우나 인기작과의 동시 개봉을 피해 일부러 공개 시기를 늦추는 경우 등 치밀한 계산하에 태어난 전미 넘버원도 당연히 존재한다.

따라서 전미 넘버원이 곧 올해 최대 히트작인 것은 아니다.

082 | 정복(征服)은 옳은 행위?

한자의 '正(정)'은 '올바른, 옳은'이라는 의미로 쓰이고 있다. '正'은 '一(일)'과 '止(지)'로 이루어진 한자인데, 본래 무엇을 뜻하는 한자였을까? '正'은 처음부터 '올바른, 옳은'이라는 의미가 아니었다. 처음에는 '口(구)'+'止'라고 썼는데 '口'는 성곽으로 둘러싸인 마을을 나타냈고, 후일 '口'는 '一'로 쓰이게 됐다.

'止'는 족적을 나타내는 상형문자로 당시에는 걸어가는 뜻을 의미했다고 한다. 즉 '正'='口'+'止'는 성곽에 둘러싸인 마을을 향해 걸어서(진격해서) 그 마을을 정복한다는 것을 나타낸다. '正'은 본래 이런 의미의 한자였는데 어째서 '올바른, 옳은'이라는 뜻이 되었는가 하면, 정복에 의한 지배는 정당시되었기 때문이다. 따라서 본래 정복을 의미하던 '正'이 훗날 '올바른, 옳은'이라는 의미가 된 것이다.

083 | '상(賞)'으로 주어진 물건, '패(貝)'

'상(賞)'이라는 한자는 '상(尙)'과 '패(貝)'의 형성문자인데 애초에는 '패(貝)' 위에 '상(商)' 자를 썼다. '商'이 '尙'이 된 것은 자형을 간략화하기 위해서라고 한다.

후한의 허신이 편찬한《설문해자(說文解字)》는 한자의 어원을 설명한 중국에서 가장 오래된 문자학 저서이다.《설문해자》에서는 '賞'의 의미를 "상(賞)은 공이 있는 사람한테 주는 것(賞, 賜有功也)"이라고 설명하고 있다. 과거 중국에서는 상을 내릴 때 보패(寶貝=보배의 원래 말)가 많이 사용되었다.

한편 '商'에는 '주시다', '내리시다'라는 의미도 있어서 '賞'에 '貝'를 더해 '주시다', '칭찬하다'라는 의미의 '賞'의 본래 한자인 '商'+'貝'가 되었고 이것이 간략화되어 '賞'이 되었다.

084 | 바깥 '외(外)'는 점술에서 생겼다

외국(外國), 해외(海外)의 '외(外)' 자는 '바깥, 밖, 겉'을 의미하는데 본래는 점(占)과 관계가 있는 단어였다.

'外'는 '夕(석)'과 'ㅏ(복)'으로 이루어진 한자로 'ㅏ'은 점을 치는 것을 말한다.

예전 중국에서는 짐승의 뼈와 거북이의 등껍질을 이용해서 점을 쳤다. 짐승의 뼈나 거북의 등껍질에 세로로 긴 구멍과 원형의 구멍을 판 후 그것을 강한 불로 구우면 각각의 부분에 가로세로의 선, 즉 금이 생기는데 이 선의 형태로 길흉을 점친 것이다. 이 선의 형태를 나타낸 한자가 바로 'ㅏ'이다.

'外'의 왼쪽에 있는 '夕'은 고기를 나타내는데 거북이 등껍질로 점을 치기 위해 고기를 잘라내는 것을 나타낸 한자가 '外'이다. 거북이 등껍질로 길흉을 점치는 것을 귀복(龜卜)이라고 하고 배의 등껍질을 이용했는데 바로 바깥쪽의 뼈를 이용한 데에서 '外'가 '바깥'이라는 의미가 되었다.

085 | 범할 '범(犯)'은 사람이 동물을 범하고 있는 모습

범인(犯人), 범죄(犯罪)의 범(犯) 자는 사람이 규칙이나 법률 등을 어기는 의미로 사용되는데 본래는 무엇을 의미하는 한자였을까?

'犯'의 어원에 대한 일설 중에 다음과 같은 것이 있다.

개사슴록변인 '견(犭)'은 '개(犬)'나 '짐승(獸)'을 의미하는데 '犯'의 '犭'은 '개'가 아닌 '짐승'의 의미이다. '犯'의 우측 한자 (㔾)는 사람이 앞에 쪼그리고 있는 모습, 또는 꿇어앉아 있는 모습을 나타낸다. 즉 '犯'은 짐승 앞에 사람이 쪼그리고 앉아 있는 것이다.

이는 구체적으로 사람과 짐승의 교접을 의미한다. 짐승과 교접을 하는 것은 예전부터 금기시되었다.

그래서 '犯'은 금기를 어기는 의미가 되고, 이것이 다시 변해서 사람이 해서는 안 될 일을 하는 것, 즉 규칙 등을 어기는 의미가 되었다.

086 | '주(住)'의 '주(主)'는 촛대의 타오르는 불꽃

'주(住)'는 '인(人)'과 '주(主)'로 이루어진 한자이다. '人'은 인간인데 '主'는 무엇을 의미하는 것일까?

'주(主)'는 주인, 주인공 등 '중심이 되는', '주된'이라는 의미로 사용되는데 이는 본래 촛대에서 타오르는 불꽃을 의미한다.

'主' 위의 ' ' '가 불을 나타내고 아래의 '왕(王)'은 기름을 넣은 촛대를 나타낸다. 즉 '主'는 기름을 넣은 촛대에서 불이 타오르는 모습을 나타내는 상형문자이다.

이것이 '주인'이라는 의미로 사용된 이유는 고대에서 불을 지배하는 사람은 한 가정의 권력자(가장)였기 때문이다. 그리고 촛대가 흔들림 없이 곧게 서 있는 형태에서 '主'는 '멈춰 있다'라는 의미를 지니게 되었고, '人'과 '主'에서 '住'라는 한자가 탄생했으며, 사람(人)이 가만히 서 있는 → 멈춰 있는 → 살다, 라는 의미가 된 것이다.

087 | 얼굴 '안(顔)'은 무엇을 나타낸 것일까?

사물의 형태를 본떠서 만든 글자를 상형문자라고 하는데 '목(目)', '이(耳)', '구(口)' 등이 모두 상형문자이다. 한자에는 상형문자가 많은데 그럼 '얼굴 안(顔)'도 상형문자일까?

'顔'은 사람의 얼굴 형태를 그대로 본뜬 문자가 아니다. '顔'은 '선비 언(彦)'과 '머리 혈(頁)'의 합성어인 회의문자이다.

과거에는 성인이 되어 성인식을 올릴 때, 이마에 문신을 했는데 이것을 나타낸 것이 '彦'이며, '頁'은 머리에 장식을 한 모습을 나타낸다.

즉 '顔'은 본래 성인식에서 이마에 문신을 한 모습을 의미하는 한자였는데, 후일 얼굴 전체를 의미하게 되었다.

088 | '세(洗)'는 무엇을 씻는 것일까?

'세(洗)' 자는 씻는다는 의미이다. 가령 세수(洗手)나 세면(洗面)은 얼굴을 씻는다는 뜻이다. 그렇다면 '세(洗)'는 본래 무엇을 씻는 것을 의미하는 한자였을까?

'洗'는 삼수변(氵)과 '선(先)' 자로 되어 있다. 삼수변은 물을 뜻하고 '선'은 '지(之)'와 '인(人)'의 합성어이다.

사람(人)위에 '지(之)'를 더한 것이 '선(先)'이며 '지(之)'는 발을 뜻하는 상형문자이고, '선(先)'은 선두에서 가는 것, 즉 길의 안전 등을 확인하기 위해 선행한다는 의미이다.

예전 중국에서는 군대가 진군할 때, 병사를 먼저 보내 도로의 안전을 확인했는데 '선(先)'은 바로 이를 뜻하는 한자이다. 그리고 먼저 간 병사가 목적지에 도착하면 발을 씻었는데 이것이

'洗'이다. 즉 '洗'는 본래 발을 씻는 것을 의미하는 한자였다.

089 | 옥 '옥(獄)'의 가운데 있는 동물은?

불교에서는 이승에서 나쁜 짓을 한 사람은 저승에서 지옥으로 떨어진다고 한다. 그런데 이 지옥(地獄)의 '옥(獄)' 자는 '견(犭)'과 '언(言)'과 '견(犬)'을 합친 한자이고 '犭'은 개를 의미한다. 다시 말해 '獄'은 '言'의 양옆에 '犬'을 둔 형태인데, 이 2마리의 개는 대체 무엇을 의미하는 것일까?

일설에 의하면 '獄'의 어원은 '소송(訴訟)'을 의미하는 데에서 왔다고 한다. '獄'의 '言'은 신에게 하는 맹세, 맹세와 약속을 의미하며 양옆의 2마리의 개는 희생을 의미한다. 소송에서 원고와 피고가 신에게 맹세하고 개 1마리씩을 제물(희생)로 제공했는데 '獄' 자는 바로 이를 나타낸 것이다.

090 | 이름 '명(名)' 자의 본래 의미는?

이름 '명(名)' 자는 저녁 '석(夕)'과 입 '구(口)'로 이루어졌다. '夕'은 저녁 무렵이며 'ㅁ'는 단어를 나타낸다는 설이 있다.

저녁 무렵은 어둡기 때문에 상대가 잘 보이지 않는다. 그래서 자신이 누구인지 상대에게 고한다. 이것이 '名'의 본래 의미라고 하는데 이는 거짓이다.

그렇다면 '名'의 진짜 의미는 무엇일까? '夕'은 저녁 무렵이 아니라 고기(肉)를 의미하고, '口'는 축문을 담는 그릇의 형태를 딴 한자이다.

고대 중국에서는 아이가 태어난 지 3개월이 되면 조상의 신주를 모신 사당인 조묘(祖廟)에 고기를 바치고 그 앞에서 조상에게 고하는 의식을 했다. '名'은 그 의식을 나타낸 것으로 그때 아이의 이름을 짓고 비로소 가족의 일원이 되는 것이다. 여기에서 '名'이 이름이라는 의미가 되었다.

091 | 익힐 습(習)에는 왜 '날개(羽)'가 있을까?

학습(學習), 습관(習慣) 등의 '습(習)'에는 '익히다'라는 뜻이 있다. 이 '습(習)'이라는 한자는 본래 무엇을 나타내는 한자였을까? '습(習)'은 '우(羽)'와 '백(白)' 자로 이루어져 있는데, 이 한자의 어원에 대해서는 다음과 같은 일설이 있다.

'羽'는 새의 날개이고, '白'은 본래 '공자가 이르시길(孔子曰)' 과 같이 '왈(曰)'이라고 한다. 이 '曰'이라는 한자는 축문(祝文)을 담는 그릇인데, 이 그릇의 뚜껑을 조금 열어서 안의 축문을 보려고 하는 모습을 나타내고 있다. '習'이라는 한자는 축문을 담은 그릇 위에 날개를 두고 날개로 그릇을 쓰다듬는 것을 의미한다. 날개로 쓰다듬는 이유는 축문을 자극해서 그 효험을 높이기 위해서다. 그와 같은 행위를 반복하면 축문의 효험이 더 높아진다. 그렇게 반복하여 쓰다듬는 데에서 '習'은 '익히다'라는 의미가 되었다.

092 │ '형(兄)'과 '제(弟)'는 본래 아무 관계도 아니다?

'형(兄)'이라는 한자는 'ㅁ'와 '人'으로 이루어진 한자다. 'ㅁ'는 신에게 바치는 축문을 담는 그릇을 나타내고, '형(兄)'은 '형제(兄弟)'의 연장자이면서 조상에게 올리는 제사를 주관하는 자이기도 하다. 그래서 제사에서 신에게 올리는 축문을 담은 그릇을 나타내는 'ㅁ'와 '人'에서 '兄'이라는 한자가 탄생했다. 또 제사와 관련한 '시(示)' 자와 '兄' 자에서 '축(祝)'이라는 한자가 나왔다.

한편 아우 '제(弟)'라는 한자는 본래 인간과 직접 관계있는 한자가 아니다. '弟' 자는 무두질한 가죽으로 무언가를 감싼 형태를 나타낸다. 그런데 왜 이것이 '아우'라는 의미가 되었을까?

무두질한 가죽으로 무언가를 솜씨 좋게 감싸서 묶는 것처럼 일정한 형식과 순서에 따라 묶는 것에서 순서라는 의미를 지니게 되었고, '형'의 '동생, 아우'라는 의미가 되었다.

알면
도움이 되는
신체·의학
상식

사회
생활

신체
의학

세계

동물·곤충
식물

예술
스포츠

과학
수학

음식

역사

093 | 비아그라는 연구 실패에서 탄생했다?

1996년 영국의 켄트주에 있는 미국의 제약 회사인 파이저의 연구 시설에서 'PDE-5(phosphodiesterase5) 억제제'라고 불리는 시약이 개발되었다. 이것은 협심증 치료약 개발에 매진한 결과 탄생한 약이었는데 임상 시험 결과 심장 동맥 협착에 눈에 띄는 치료 효과는 없다고 판명되었다.

그런데 우연히 이 약이 '남성의 고민'에 획기적인 효과가 있다는 사실을 발견했다. 신약은 혈류를 높이는 효과가 있었는데 그 혈관의 장소는 연구자가 기대했던 부위가 아닌 남성의 성기 부분이었던 것이다.

연구자는 이 효과를 임포텐스 연구 전문 학회지에 발표했고 1998년 '비아그라'라는 이름으로 판매되기 시작했다. 그 뒤 작고 파란 알약은 순식간에 파이저사의 효자 상품이 됐다.

094 | 외과 수술에 개미가 이용됐다?

부지런한 곤충이라고 알려진 개미가 예전에는 외과 수술에 이용되었다는 사실을 알고 있는 사람은 거의 없을 것이다.

몸(피부)에 상처가 났을 때는 그 상처를 봉합하는 수술을 한다. 서구에서는 오래전부터 봉합 수술에 개미를 이용했다고 한다. 상처가 난 부위를 개미가 물도록 해서 봉합하는 것이다. 개미 중에서도 힘이 센 턱을 가진 큰 검은 개미를 사용한다. 방법을 자세히 설명하면, 개미의 턱을 크게 벌릴 경우 개미는 본능적으로 물려고 하는데 이때, 상처가 난 부위에 갖다 댄다. 그리고 개미가 상처 부위를 물면 개미의 몸만 그대로 떼어낸다. 개미는 결국 죽지만 머리 부분은 그대로 상처 부위를 문 상태이다. 이렇게 상처가 다 나을 때까지 두면 꽤 큰 상처도 봉합할 수 있었다고 한다.

095 | 사진은 얼굴 왼쪽이 나오게 찍어라

사진을 찍을 때 얼굴의 오른쪽과 왼쪽 중 어느 쪽이 좋을까? 성별이나 나이에 상관없이 얼굴의 오른쪽이 나오게 찍은 사진보다 왼쪽이 나오도록 찍은 사진이 다른 사람에게 좋은 인상을 준다고 한다.

몸의 왼쪽 절반은 우뇌, 오른쪽 절반은 좌뇌가 제어하고 있다. 우뇌는 '예술 뇌'라고 불리는데 이미지나 패턴 인지를 관장하며, 좌뇌는 '이론 뇌'라고 해서 계산이나 분석을 관장한다. 그래서 우뇌가 제어하는 왼쪽 얼굴이 감정을 표현할 수 있다고 한다. 즉 좋은 인상을 주고 싶다면 왼쪽을, 냉정한 인상을 주고 싶다면 오른쪽 얼굴을 보여주면 효과적이다.

서양의 초상화가 정면이 아닌 왼쪽 얼굴을 그린 경우가 많은 것과 연예인들이 왼쪽 얼굴이 보이도록 사진을 찍는 경우가 많은 것도 이런 이유 때문일지 모른다.

096 | 택시 기사가 차멀미를 하지 않는 이유

자동차나 배를 타고 있을 때 독서나 게임 등을 하면 기분이 나빠지는 경우가 있는데 이것은 소위 '멀미' 상태이기 때문이다. 인간은 귓속에 있는 삼반규관(전골규반, 후골규관, 외측반규관)의 이석기(耳石器) 등의 작용으로 몸의 균형을 잡는다. 차멀미나 뱃멀미는 눈으로 들어오는 시각 정보와 삼반규관이 느끼는 평형감각에 차이가 생겨서 일어난다고 알려져 있다. 머리의 기울기와 눈의 작용에 차이가 생기면 뇌가 '불쾌'를 느끼고 자율신경이 불안정해져서 구역질이 나거나 기분이 나빠지는 것이다.

참고로 차를 운전하는 사람이 멀미를 잘 하지 않는 이유는 차의 움직임을 예측하고 몸을 그쪽으로 기울이거나 움직여서 눈(시각)과의 어긋남이 잘 생기지 않기 때문이다.

097 | 소변을 참다 죽은 천문학자

16세기 스웨덴 출생의 유명한 천문학자인 티코 브라헤(1546~1601)는 방광 파열로 목숨을 잃었다. 브라헤는 왜 방광이 파열됐을까?

말콤 포브스의 《They went That-a-Way》라는 책에 의하면 경위는 다음과 같다. 1601년 10월 13일, 브라헤는 한 남작에게 식사 초대를 받았다. 그는 이전부터 방광 때문에 고생을 하고 있었는데도 식사 전에 화장실에 가지 않고 꽤 많은 술을 마셨다. 당시에는 식사 중에 자리를 뜨는 행위를 대단한 실례라고 여겼기 때문에 브라헤는 소변을 참으면서 계속 자리에 앉아 있다 마침내 방광이 파열되고 말았다. 이 방광 파열로 인해 브라헤는 11일 후에 세상을 떠났다.

098 | 섹스로 살이 빠진다는 말은 진실, 거짓?

18~35살까지의 커플을 대상으로 주 1회 1개월에 걸쳐 섹스를 하게 해서 그 에너지 소비량을 계측한 결과, 30분 미만의 섹스로 남성은 평균 101kcal, 여성은 평균 69.1kcal를 소비했다고 한다.

이 수치는 같은 실험자가 1시간 조깅을 했을 때의 에너지 소비량과 같다. 또 대사당량(METs)이라고 하는 단위로 환산하면 테니스 복식과 언덕 걷기와 거의 같은 수치라는 사실이 판명되었다. 즉 피트니스에서 운동하는 것보다 섹스를 하는 편이 살이 더 빠질 수도 있다는 것이다.

099 | 눈물의 맛으로 우는 이유를 알 수 있다?

우리 눈물의 98%는 수분이고 그 속에 나트륨 같은 전해질이 녹아 있다. 식염은 염화나트륨이라고도 하는데 이 나트륨 때문에 눈물 맛이 짜게 느껴지는 것이다. 단, 언제나 같은 맛은 아니며 눈물을 흘리는 이유에 따라서 미묘하게 차이가 난다고 한다.

슬플 때나 기쁠 때는 묽어서 물맛이 강하고, 억울하거나 화가 날 때는 짠맛이 강해진다.

그 이유는 눈물을 만드는 눈물샘에 있다. 눈물샘은 삼차신경 (三叉神經), 교감신경, 부교감신경 3가지의 지배를 받고 있는데 그 역할의 변화에 따라서 나트륨의 양이 달라지기 때문이다.

100 | 하얀 이보다 누런 이가 건강하다?

보통 인간의 치아는 하얀색보다 누런색이 건강하다고 하는데 왜 그럴까? 또 치아는 왜 점점 누런색으로 변할까?

치아 표면은 에나멜질(사기질), 속은 상아질로 되어 있다. 에나멜은 신체에서 가장 딱딱하고 반투명한 우윳빛을 띠고 있으며, 상아질은 에나멜질보다 다소 부드럽고 누런색을 띠고 있다. 그리고 치아의 색은 대체로 에나멜질의 투명도 차이로 결정된다.

에나멜질의 투명도가 높은 치아는 안쪽 상아질의 누런색이 투명하게 보이며, 투명도가 낮아서 우윳빛이 강하면 상아질의 누런색이 투명하게 보이지 않고 에나멜질의 하얀색이 보인다.

그런데 에나멜질의 투명도는 칼슘염에 의한 석회화 정도로 좌우되기 때문에 석회화 정도가 높으면 투명도가 올라간다. 석회화 정도가 높다는 것은 그만큼 건강하다는 뜻으로, 석회화 정도가 높은 치아, 즉 누런 치아는 딱딱하고 건강하다는 말이다.

101 | 왜 맥주는 물보다 많이 마실 수 있을까?

같은 수분(물)인데 왜 맥주는 물보다 훨씬 더 많이 마실 수 있을까? 그것은 몸이 맥주와 물을 받아들이는 방식이 다르기 때문이다.

물을 마시면 식도를 통해 위로 가서 잠시 저장된 후에 십이지장을 지나 조금씩 소장과 대장으로 보내진다. 수분은 소장에서 처음으로 흡수되는데 소장은 수분의 약 80%를 흡수하고 나머지는 대장이 흡수한다.

맥주에는 6~7%의 알코올이 포함되어 있는데 알코올은 위와 장에서 흡수된다. 따라서 알코올 일부가 위에서 흡수되는 과정에서 수분의 일부도 흡수된다. 그래서 맥주는 위에 큰 부담을 주지 않는다.

한편 물만 마신 경우, 물은 위에서 거의 흡수되지 않고 대부분 장에서 흡수된다. 그래서 물은 위에서 오랜 시간 저장된 채로 남아 있기 때문에 많이 마실 수 없다.

102 | 술을 마시면 얼굴이 왜 빨갛게 변할까?

술을 조금만 마셔도 얼굴이 새빨개지는 사람이 있는가 하면 아무리 마셔도 얼굴색이 조금도 변하지 않는 사람이 있다.

위장에서 흡수되는 알코올은 간장에 모이고 간장에 있는 알코올 탈수소효소로 인해 산화되어 아세트알데히드라는 물질로 변한다. 또한 아세트알데히드는 알데히드 탈수소효소를 통해 산화되어 초산(아세트산)으로 바뀌고 마지막으로 탄산가스와 물로 분해된다.

술을 마시면 얼굴이 빨개지는 이유는 아세트알데히드가 원인이다. 알데히드 탈수소효소는 아세트알데히드의 혈중 농도가 낮을 때 작용하는 것과 높을 때 작용하는 것이 있다. 그런데 알데히드 탈수소효소가 없는 사람의 경우 아세트알데히드의 혈중 농도가 금방 높아져버린다. 그래서 술을 조금만 마셔도 금방 술에 취하고 말초혈관이 쉽게 열려서 얼굴이 빨개지는 것이다.

103 | 연고는 몇 분 안에 몸속으로 스며들까?

우리는 몸에 상처가 나면 연고를 바르고, 세수를 한 후에는 로션이나 크림을 바른다. 이러한 연고나 로션 등이 몸속에 스며드는 데는 시간이 얼마나 걸릴까?

도쿄대학 연구 그룹이 화상용 연고를 팔의 피부에 바르고 연고가 피부에 스며드는 상태를 조사했다. 피부 표면에 바른 연고가 시간이 경과할수록 얼마나 줄어드는지, 즉 피부 속으로 스며드는 양을 측정한 것이다.

이 실험에 의하면 연고는 처음에는 천천히 흡수되다가 22분 정도부터 흡수되는 양이 급격히 많아져서 1시간 후에는 99%가 흡수된다고 한다. 만약 핸드크림을 발랐을 경우라면 적어도 1시간은 손을 씻지 않는 편이 좋을 듯하다.

104 | 눈물과 콧물이 함께 나는 이유

인간이 하루에 흘리는 눈물의 양은 대략 안약 스무 방울 정도이다. 안구가 먼지와 같은 오물로 상처를 입지 않는 이유도 눈물이 끊임없이 먼지를 씻어내기 때문이다.

보통 상태라면 눈물은 눈물샘에서 분비되는데 이 중 10~25%가 증발하고 나머지는 코로 배출된다. 눈과 코가 연결된 부분에는 비루관(鼻淚管)이라고 하는 가는 관이 있어서 보통 눈물샘에서 분비된 남은 눈물은 비루관을 통과하는 사이에 말라 버린다.

그런데 슬플 때처럼 감정이 복받쳐서 눈물이 대량으로 나오면 비루관으로 많은 양의 눈물이 흘러들어서 잘 마르지 않기 때문에 그대로 콧물로 흘러나온다.

105 | 공포를 느낄 때 등골이 오싹해지는 이유

공포를 느낄 때, 등골이 오싹해지는 경우가 있다. 그럼 왜 가슴이나 배가 아니라 등이 느끼는 것일까?

뇌의 명령을 받지 않고 독립해서 움직이는 신경을 자율신경이라고 한다. 자율신경에는 교감신경과 부교감신경이 있으며 서로 상반된 작용을 한다. 충격을 받으면 교감신경이 긴장해서 아드레날린이라는 호르몬이 대량 분비되고 혈관이 수축하기 때문에 얼굴이 파래지거나 한기를 느낀다. 이 경우는 등뿐 아니라 배, 가슴, 손, 발 등의 모든 피부혈관이 수축한다.

그런데 등이 특별히 더 한기를 느끼는 이유는 무방비 상태이기 때문이다. 가슴이나 배 등은 손으로 누를 수 있지만 등은 그럴 수가 없다. 등은 자극에 가장 약하기 때문에 공포를 느끼거나 놀랄 때 등이 오싹해지는 것이다.

106 | 닭의 볏에 있는 성분

아기의 피부가 반들반들하고 매끈매끈한 이유는 히알루론산(Hyaluronic acid)이라는 물질을 많이 함유하고 있기 때문이다. 성인이 되면 히알루론산이 줄어들기 때문에 피부가 푸석푸석해진다. 히알루론산은 인간의 체내에서 세포를 연결하는 풀과 같은 역할을 하고 있다. 또 히알루론산은 관절 윤활액의 주성분이자 관절연골을 보호하고 관절의 움직임을 부드럽게 하는 작용을 한다.

그런데 이 히알루론산은 닭의 볏에 많이 함유되어 있다. 닭의 품종 중 하나인 흰색 레그혼(Leghorn)의 볏 하나(19g)에서는 4g의 히알루론산을 얻을 수 있다. 히알루론산은 화장품의 첨가

물, 관절염 치료나 백내장과 녹내장 등의 수술에도 사용된다.

107 | 신체 중 가장 더러운 곳은 어디?

신체 중에서 가장 더러운 곳은 어디일까? 아마 많은 사람들이 항문, 콧구멍, 머리카락, 배꼽을 꼽지 않을까?

더러운 곳을 세균이 많은 곳이라는 의미로 해석하면 인간의 신체 중 가장 더러운 곳은 사실 발이다. 신발을 신는 부분, 특히 발가락 사이다. 여기에 대한 흥미로운 실험 결과가 있다.

한 박사가 병원 직원의 신체 각 부분에 멸균한 거즈를 붙이게 하고 8시간 일을 한 후에 거즈에 세균이 얼마나 부착했는가를 조사했다. 실험에 따르면 거즈에 부착한 세균은 어깨와 아래팔이 가장 적었다. 이것을 1이라고 하면 신발 속의 발가락 사이가 가장 많은 140이었다고 한다. 실제로 어깨와 아래팔에 있는 세균의 700배 정도라고 한다.

108 | 긴장하면 왜 소변이 마려울까?

무엇 때문인지 긴장을 하면 소변이 마려워지는데 막상 화장실에 가면 소변의 양이 많지 않다. 실제로 소변은 별로 쌓이지 않앉는데 긴장을 하면 소변이 마려운 경우가 많다. 왜 그럴까? 방광은 고무공처럼 늘어나는데 최대 600~800ml의 소변을 저장할 수 있다. 이것이 참을 수 있는 한계이며, 300ml 정도 쌓이면 요의를 느낀다. 방광에 소변이 쌓이면 방광의 벽이 소변의 압력을 느끼면서 요의가 생긴다. 또 방광에 다량의 소변이 차서 팽창하기 시작하면 수축 작용이 생겨서 소변의 압력이 증가하고 요의가 한층 강해진다.

방광은 교감신경의 작용으로도 수축한다. 긴장을 하면 교감신경이 작용해서 방광이 수축하는데 소변이 전혀 쌓이지 않았음에도 압력이 강해져서 요의를 느끼게 된다. 긴장하면 소변이 마려운 것은 바로 이 때문이다.

109 | 인간에겐 왜 발정기가 없을까?

모든 동물에겐 각각 정해진 교미의 계절이 있다. 즉 동물에게는 발정기가 있어서 특정한 계절에 발정하여 교미를 한다.

그런데 인간에게는 발정기가 없다. 일 년 내내 발정 상태이자 언제라도 섹스를 할 수 있다. 게다가 인간의 섹스는 생식과는 관계없이 쾌락만을 위해 행해지는 경우도 적지 않다. 왜 인간은 발정기 없이 언제라도 섹스를 할 수 있게 된 것일까?

그 이유에 대해서는 다음과 같은 설이 있다. 인간의 임신 기간은 길고 보통 한 번에 한 명밖에 임신을 하지 못하며 육아에도 긴 시간이 소요된다. 또한 아이가 태어나더라도 사고나 병, 또는 기아로 사망할 수도 있다. 이런 상태라면 자손이 끊길 가능성이 높다.

이 같은 위험을 피하기 위해서는 언제라도 섹스를 해서 임신의 기회를 많이 갖는 것이 좋다. 그러나 발정기가 제한되어 있으면 원할 때 섹스를 할 수 없다. 그래서 인간은 발정기를 없애고 일 년 내내 발정 상태를 유지할 수 있도록 진화했다고 한다.

110 | 인간의 한계고도는?

높은 산에 오를수록 기압은 내려가고 공기는 희박해진다. 그래서 고산 등산가들은 산허리의 고지에서 적응기를 갖고 산 정상까지 오를 때에는 산소통을 지참한다. 그럼 인간은 과연 어느 정도의 높이까지 오를 수 있을까?

세계에서 가장 높은 산인 에베레스트산의 높이는 약 8000m, 기압은 약 300hPa(헥토파스칼, 지상의 기압은 1000hPa 전후)이다. 공기 밀도는 지상의 약 3분의 1로 산소통을 가지고 있으면 더 높이 올라갈 수 있다.

그러나 여기에도 한계가 있다. 인간이 기밀복(Pressure Suit)과 방한복 없이 산소만 가지고 오를 수 있는 한계는 약 12km라고 한다. 15km 정도가 되면 기압은 120hPa로 떨어지고 공기가 폐에 잘 들어오지 않아 숨을 쉬기 곤란하며, 그 이상인 18km 정도가 되면 혈액이 비등하기 시작한다.

111 | 인간의 몸 중에 가장 땀을 많이 흘리는 부위는?

인간은 보통 하루에 500~700ml 정도의 땀을 흘리는데 인간만큼 이렇게 땀을 많이 흘리는 동물은 없다.

땀의 성분은 99%가 수분이며 나머지는 염화나트륨, 암모니아, 요소 및 요산, 젖산 등으로 이루어져 있다. 땀은 에크린선과 아포크린선이라고 하는 2종류의 땀샘에서 분비되는데 에크린선은 전신에 있고 아포크린선은 겨드랑이 아래와 음부 등의 한정된 부분에만 있다.

그럼 인간의 몸 중 가장 땀을 많이 흘리는 곳은 어디일까?

성인의 에크린선 수는 300만 개 전후인데 가장 밀도가 높은 곳은 발바닥이며 가장 낮은 곳은 엉덩이다.

그러나 땀의 양은 땀샘의 수와 반드시 비례하지 않는다. 한여름 뜨거운 태양 아래에서 걸으면 등이 땀으로 흠뻑 밴다. 등도 땀을 흘리기 쉬운 곳이지만 가장 땀을 많이 흘리는 곳은 이마이다. 이마는 바깥 공기와 접하고 있어서 땀이 증발하기 쉽고 바로 흘러내리기 때문에 땀을 많이 흘려도 잘 느끼지 못한다.

다음으로 땀을 많이 흘리는 곳은 손과 발등이고 차례로 팔, 허리, 배, 등, 가슴 등이다.

112 | 단식을 해도 똥이 나올까?

똥의 정체가 소화된 음식물 찌꺼기라는 건 누구나 알고 있다. 그럼 단식을 해서 며칠 동안 아무것도 먹지 않으면 똥은 나오지 않을까?

사실 똥으로 체내에 배출되는 것은 음식물 찌꺼기만이 아니다. 장내의 세균이나 장벽에서 떨어진 점막, 미생물 잔해, 분비된 점액 등도 포함되어 있다. 음식물을 흡수하는 장의 점막은 매일 대체되고 있으며, 필요 없어진 낡은 점막이 쓰레기, 즉 똥이 되어 체내로 배출된다.

따라서 단식이나 절식을 해도 횟수나 양은 줄지만 똥은 나온다. 우유밖에 먹지 않는 아기가 똥을 싸는 것도 같은 이유다.

113 | 몸은 밤이 되면 쪼그라든다?

사람의 몸은 아침과 밤이 다르다는 사실을 알고 있는가?
신장은 늘어나거나 줄어든다. 보통 사람의 경우, 신장은 아침에 가장 크다. 머리부터 차례대로 살펴보면, 머리는 전체가 하나의 뼈로 이루어져 있어서 아침과 밤에 길이의 차이는 없다. 목은 7개의 뼈로 이루어져 있고 뼈 사이는 연골판으로 이어져 있다. 목뼈는 전체적으로 조금 휘어져 있고 무거운 머리를 하루 종일 지탱하기 때문에 조금씩 줄어든다.

등의 상반신은 앞쪽에 늑골과 흉골이 있어서 그다지 변화가 없다. 허리 부분은 척추가 휘어져 있어서 목뼈와 마찬가지로 조금씩 줄어든다. 그 외에 무릎과 발 등의 관절연골도 힘을 받아 줄어든다. 신장은 이런 연유로 밤이 되면 조금 줄어드는데 아침과 밤은 1~2cm 정도 차이가 난다.

114 | 인간의 체내에서 비타민C를 만들지 못하는 이유

대부분의 동물은 체내에서 비타민C를 만드는 데 비해 인간은 체내에서 비타민C를 만들지 못한다. 단, 같은 비타민이지만 비타민D는 체내에서 생성된다.

성인의 경우, 하루에 필요한 비타민C의 양은 50mg으로 레몬 1개 분량이다. 양적으로 그리 많지 않음에도 인간은 스스로 비타민C를 만들지 못하는 것이다. 왜 그럴까?

여기에는 몇 가지 이론이 있다. 하나는 바이러스 이론인데, 본래 인간은 비타민C를 생성하는 유전자를 가지고 있었지만 바이러스로 인해 이 유전자가 소멸했다는 것이다.

인간은 열대에서 진화했기 때문에 체내에 비타민C를 생성할 필요가 없었다는 이론도 있다. 열대에는 비타민C를 다량으로 함유한 과실이 자생하고 있어서 거기서 비타민C를 얻을 수 있기 때문에 체내에서 만들어낼 필요가 없었다는 것이다.

115 | 목젖은 어떤 역할을 할까?

인간의 신체 중에서 맹장과 목젖은 별 도움이 되지 않는 부위라고 알려져 있다. 인간은 누구나 목젖을 가지고 있지만 평소에 목젖의 존재를 거의 의식하지 않는다.

목젖은 의학적으로 구개수(口蓋垂)라고 하는데 식도와 비강이 나뉘는 부분에 붙어 있다. 목젖이 아무런 도움이 되지 않는다는 견해가 있는 반면 도움이 된다는 견해도 있다. 그럼 어떤 도움, 어떤 기능을 할까?

먼저 음식물의 흐름을 제어한다고 한다. 목의 안쪽은 식도와 비강으로 나눠져 있는데 음식물이 코(비강)로 들어가면 큰일이다. 목젖은 먹은 음식물이 코로 들어가는 것을 막아준다고 한다.

다시 말해 음식물을 삼키려 할 때 목젖이 올라가서 비강을 막아 식도로 흘러가도록 제어한다는 것이다. 또 목젖은 소리를 낼 때, 공명기 역할도 한다고 한다.

116 | 어두운 곳에서 책을 보면 정말 눈이 나빠질까?

어린 시절 부모님에게 종종 "어두운 곳에서 책을 보면 눈이 나빠진다"라는 말을 듣곤 했는데 정말 어두운 곳에서 책을 보면 시력에 나쁜 영향을 줄까?

사실 어두운 곳에서 독서를 하면 눈에 일시적인 부담이 되기도 하지만 시간이 흐르면 시력을 회복하기 때문에 시력 저하로 이어진다는 의학적 근거는 없다.

그렇지만 눈의 피로가 두통이나 어깨 통증을 일으키는 경우도 있기 때문에 어두운 곳에서 하는 독서는 피하는 편이 현명하다.

117 | 컴퓨터 자판은 화장실 변좌보다 더럽다?

2008년 영국의 소비자를 독자로 하는 잡지가 컴퓨터 키보드에 관한 놀라운 조사 결과를 발표했다.
이 잡지는 런던 시내의 사무실에 있는 키보드와 화장실 변좌에 있는 미생물 조사를 의뢰했다. 조사 결과, 조사 대상이 된 33개의 키보드 중 약 10분의 1에 해당하는 4개가 건강에 피해를 줄 위험성이 있을 만큼 더럽고, 그중 1개에서는 깨끗하게 닦고 청소를 한 화장실 변좌의 5배에 달하는 박테리아가 발견되었다고 한다.
극단적인 예일지 모르지만 분명 키보드는 손때가 묻기 쉽고 먼지도 쌓이기 쉬운 구조다. 때문에 정기적으로 깨끗하게 청소를 하는 편이 좋을 듯하다.

118 | 남성의 목소리가 저음인 이유

남성과 여성은 많은 점에서 다른데 예를 들어 목소리의 질이 그렇다. 남성의 목소리는 낮고 여성의 목소리는 높은데 이는 울대뼈와 성대의 차이에서 기인한다.

후두 주위에는 9개의 크고 작은 연골이 있는데 이 중 가장 큰 것이 갑상연골이다. 사춘기가 되면 갑상연골은 가운데가 현저하게 앞으로 돌기해서 후두가 된다. 여성의 경우도 갑상연골이 성장하지만 남성만큼 변화하지는 않는다.

목소리는 성대의 진동으로 생기는데 갑상연골(후두)은 성대의 앞쪽에 붙어 있기 때문에 갑상연골이 커지면 성대도 길어진다. 참고로 성대의 길이는 성인 남성의 경우 평균 2cm 전후, 성인 여성의 경우는 평균 1.5cm 전후다.

성대는 흡사 현악기와 같다. 가령 기타 줄이 길수록 음은 낮아지고 길면 높아지는데 남성의 목소리가 낮은 것도 이와 같은 원리이다.

119 | 수염에 대한 잘못된 인식

인간의 수염은 하루에 0.2~0.5mm가 자라는데 온도와 영양 등에 따라 차이가 난다.

수염은 밤보다는 낮에 더 많이 자라며, 가장 많이 자라는 시간대는 오전 10시 전후로 밤중의 3배나 자란다. 또 온도가 높을수록 잘 자라서 여름(7~9월)에 가장 많이 자라는데 이는 겨울의 약 1.8배다.

수염이 자라는 것은 영양(식사)과도 관계가 있다. 영양가가 높은 식사, 즉 고칼로리 식사를 하면 수염이 잘 자란다고 생각하기 쉽지만 실제는 반대다. 저칼로리 식사를 하면 오히려 수염이 잘 자란다.

또 수염은 운동량에 따라 자라는 정도가 달라지는데 운동량이 적은 편이 수염이 잘 자란다. 반대로 말해 몸을 많이 움직이면 수염은 잘 자라지 않는다. 또한 수염은 깎을수록 굵어진다는 말은 미신에 지나지 않는다.

120 | 왜 남성에게 왼손잡이가 많을까?

왼손잡이는 여성보다 남성에게 많다. 왜 남성에게 왼손잡이가 많을까? 그것은 뇌의 성분화(性分化)와 관계가 있다고 한다. 인간의 뇌는 남성과 여성이 서로 다른데 태아 때부터 이미 차이가 발생한다. 태아의 원형은 여성인데 여기에 남성호르몬이 작용하면 남성이 된다. 즉 남성은 여성에게서 갈라져 나온 것이다.

태아가 남성인 경우, 남성호르몬에 의해 '남자 뇌'가 되며 여성의 경우는 그대로 성장해서 '여성 뇌'가 된다.

그런데 남성호르몬에는 좌뇌의 발육을 억제하는 작용이 있다. 인간의 우뇌는 좌반신(左半身)의 운동과 감각을 관장하고 좌뇌는 우반신(右半身)을 관장한다. 뇌와 몸은 서로 교차하고 있는 것이다. 좌뇌의 발육이 억제되면 좌뇌와 연결된 오른손의 발육도 늦어져서 남성에게 왼손잡이가 많은 것이다.

121 | 조깅 중에 죽은 조깅 창시자

아무런 도구 없이 가볍게 할 수 있는 운동인 조깅. 하지만 그런 조깅도 무리를 하면 안 될 듯하다. '조깅의 창시자'라고 불리는 미국의 제임스 픽스는 16년간 조깅을 계속해서 30대에 100kg이나 나갔던 체중을 60kg 정도로 감량하는 데 성공했다.

그러나 1984년 52살 때, 조깅을 하다 심근경색으로 돌연사하고 말았다.

조깅을 널리 알린 조깅 선구자가 조깅 때문에 목숨을 잃은 웃지 못할 비극은 당시에도 많은 화제를 불러왔다.

122 | 체온이 42도 이상 올라가지 않는 이유

건강할 때, 인간의 체온은 대체로 36~37도를 유지한다. 이것은 뇌에 있는 체온 조절 중추작용에 의한 것으로, 추울 때는 발열량을 늘리고 더울 때는 줄여서 체온을 조절하기 때문이다.

그런데 병에 걸리면 체온은 2~3도 상승한다. 바이러스나 세균이 체내에 들어오면 프로스타글란딘이라는 물질이 생겨서 체온 조절 중추를 자극하기 때문이다.

그러나 체온이 높아진다고 해서 무한정 상승하지는 않는다. 체온 상승에는 일정한 한도가 있다. 감기에 걸렸을 때, 체온이 39도까지 상승하기도 하는데 40도가 되면 뇌의 활동은 정상적이지 않고, 42도가 되면 인간은 죽는다.

42도는 인체를 구성하는 '세포=단백질'이 딱딱해지면서 본래의 상태로 되돌아가지 않는 온도이기 때문이다. 따라서 체온이 42도 이상 올라가는 경우는 없으며 체온계의 최고 눈금이 42도까지인 것도 바로 이 때문이다.

123 | 시판되는 약에서는 왜 15세부터 성인이라고 하는 걸까?

'성인은 몇 세부터?'라는 질문을 받으면 당연히 '20세'라고 대답할 것이다. 그러나 시판되는 약에서 '성인으로 취급'하는 나이는 원칙적으로 15세부터다. 이는 몸 '내부'의 성장과 관계가 있다.

나이가 어릴 때는 약의 성분을 분해해서 몸 밖으로 배출하기 위해 작용하는 간장이나 신장의 기능이 충분하지 않고, 약의 영향을 받기 쉬운 뇌도 미발달된 상태다. 그렇기 때문에 부작용의 위험성이 높다. 이들 장기가 어른 수준으로 성장하는 나이의 기준이 바로 15세다.

시판되는 약의 용법·복용량의 기준은 나이다. 기본적으로 0~6세는 영유아, 7~14세는 어린이, 15세 이상은 성인으로 구분되어 있다.

124 | 인간 수명의 한계

포유류의 최대 수명은 성성숙연령(性成熟年齡)의 약 6배라는 설이 있다. 인간의 성성숙연령은 약 15세, 따라서 최대 수명은 90세 정도이다. 인간은 오래 살아도 120세까지인데 왜 그 이상 살 수 없는 것일까?

신체의 기능 관점에서 인간의 수명을 유추한 데이터가 있다. 먼저 심장박출 계수(심장의 혈액 박출량)로 보면 25세의 1분간 박출량은 약 4L이다. 이것이 1.5L로 떨어지면 심부전인데, 125세가 되면 심부전과 같은 상태까지 기능이 저하한다고 한다.
뇌세포 수는 정상적인 젊은 사람의 경우, 약 150억 개이며 하루에 10만 개씩 줄어든다. 이것이 약 3분의 2까지 줄어들면 인간은 살 수 없는데, 3분의 2가 되는 시기가 130세 전후이다.
또 인간의 몸이 산소를 혈중에 받아들이는 기능은 나이를 먹을수록 저하해서 125세 전후로 생존의 한계에 가까워진다고 한다. 따라서 신체의 기능 저하와 변화를 멈추지 못하는 한 인간의 수명은 육체적으로 120세 전후가 한계이다.

125 | 68년 동안 딸꾹질이 멈추지 않은 사람이 있다

딸꾹질은 폐의 아래에 있는 횡격막과 늑골을 둘러싼 늑간절 등의 경련으로 일어나는 증상인데, 갑자기 들이쉰 숨(공기)이 닫힌 성대를 무리하게 통과할 때 '딸꾹' 하고 소리가 난다.
딸꾹질을 하는 원인은 뇌 아래의 숨뇌(연수)에 있는 호흡중추와 횡격막과 늑간절을 연결하는 신경 경로가 자극을 받기 때문이라고 알려져 있다.
그런데 이런 딸꾹질을 무려 68년 동안이나 계속한 사람이 있는데 미국의 찰스 오스본(1894~1991)이 그 장본인이다. 그의 딸꾹질은 젊었을 때는 1분에 40회, 나이가 들어서는 1분에 20회로 줄었지만 28살부터 96살까지 계속 딸꾹질을 해서 딸꾹질 세계최장기록 보유자로 기네스북에 올라 있다.

126 | 사후경직은 왜 일어날까?

인간의 몸은 죽으면 딱딱하게 굳는데 이를 사후경직이라고 한다. 사후경직은 죽은 지 1시간 정도 지나면 일어나는데, 먼저 목과 턱 부분부터 경직이 시작되며 17~18시간 후에는 전신에 이른다.

사체가 딱딱해지는 이유는 근육이 변화하기 때문인데 죽으면 근육에 어떤 변화가 일어날까?

근육은 근섬유라고 하는 세포들로 이루어져 있다. 근섬유 1개 속에는 몇 천 개의 근원섬유가 모여 있고, 근원섬유는 수축을 일으키는 두 종류의 단백질, 액틴과 미오신 다발로 이루어져 있다.

근육의 수축은 바로 이 물질들의 작용으로 일어난다. 즉 액틴과 미오신의 결합과 분리 작용으로 근육의 수축이 발생하여 몸을 움직일 수 있는 것이다.

인간이 죽으면 액틴과 미오신은 결합한 상태(근육이 수축한 상태)가 되는데 이것이 바로 사후경직이 발생하는 원인이다.

127 | 위액은 어떻게 위 자신은 녹여버리지 않을까?

위액에는 음식물을 분해, 소화하는 중요한 성분이 포함되어 있는데 그 대부분은 염산과 펩신 등의 효소로 pH1~2 정도 되는 매우 강력한 산이다.

그런데 위는 위액에 녹지 않는다. 거기에는 크게 두 가지 이유가 있는데 하나는 위의 내벽이 놀라울 만큼 저항력이 강한 점막층으로 둘러싸여 있기 때문이고 다른 하나는, 위의 안쪽에 있는 세포는 신진대사를 되풀이해서 손상된 세포가 끊임없이 새로운 세포로 교체되기 때문이다. 이러한 이유 때문에 위는 위액에 의해 소화가 되지 않는 것이다.

128 | 인간 세포 중 가장 수명이 짧은 것은?

인간의 몸을 구성하는 최소단위는 세포이다. 인간의 몸은 다양한 기능을 지닌 약 60조의 세포로 이루어져 있다. 세포의 크기는 평균 약 300분의 1밀리이며 세포도 생명체이기 때문에 당연히 수명이 있다.

예를 들어 혈액 속 적혈구의 수명은 약 4개월밖에 되지 않는데 비해 뼈세포의 수명은 10년 이상이다. 신체 대부분의 부위에서는 항상 새로운 세포가 태어나서 사라지는 오래된 세포의 자리를 대신한다.

그럼 세포 중에서 가장 수명이 짧은 것은 무엇일까? 그것은 소장의 융모를 구성하는 세포이다. 소장의 내벽 표면은 융모라고 하는 무수한 소돌기(小突起)로 덮여 있다. 융모의 형태를 결정하는 세포는 에스컬레이터식으로 차례로 돌기의 정상까지 올라가서 정상에 도달하면 벗겨지고 소멸하는데, 여기에 소요되는 시간은 24시간 정도에 불과하다. 즉 융모세포의 수명은 단 하루인 것이다.

129 | 관절에서 나는 '똑똑' 소리는 무엇일까?

관절에서 소리가 나는 이유에 대해서는 예전부터 여러 가지 설이 있다. 1940년대에는 관절이 갑자기 늘어나면 활액(관절을 부드럽게 움직이게 하는 액체)의 압력이 저하하고 기포와 같은 공동(空洞) 부분이 생긴다고 하는 가설이 있었다.

또 1970년대 초에는 관절강 내에 있던 공기가 빠르게 움직여서 소리가 난다는 설이 있었지만 두 가지 모두 실증된 예가 없어서 결론이 나지 않은 상태였다.

그런 와중에 캐나다 앨버타대학교의 연구 그룹이 2015년 오랜 논쟁에 종지부를 찍기 위해 최신 기술을 구사해서 이 수수께끼 풀기에 도전했다.

그들은 '뚝뚝' 하는 소리가 난 순간, 관절 내에서 일어나는 현상을 영상으로 기록했다. 관절이 급격히 늘어나면 활액의 압력이 줄어들어 탄산음료처럼 가스가 생기고 그 압력을 본래대로 되돌리려고 하는 힘에 의해 활액이 빈틈에 흘러들어 '뚝뚝' 하는 소리가 난다는 사실을 알게 되었다. 즉 1940년대의 가설이 대체로 옳았다는 사실이 실제로 증명된 것이다.

130 | 하품을 하면 왜 눈물이 날까?

슬프면 눈물이 나오는데 울지 않을 때도 눈물이 나는 경우가 있다. 이것은 하루에 0.6ml의 아주 적은 양이지만 이로 인해 눈의 건조를 막고 눈에 들어온 먼지나 오물 등을 씻어낸다.

눈물은 하품을 할 때도 난다. 슬플 때 눈물이 나는 이유는 자율신경이 눈물샘을 자극하기 때문이지만 하품을 할 때 나는 눈물은 이와는 다른 원리가 작용한다.

하품을 하면 얼굴 근육이 움직여서 눈물샘을 자극하고 눈물주머니도 압박을 받는다. 즉 자극을 통해 눈물샘에서 눈물이 흘러나오고, 압박을 받음으로써 눈물주머니의 통로가 막혀

그 눈물이 밖으로 흘러나오는 것이다.

131 | 인간의 생체시계의 하루는 25시간?

닭은 아침이 되면 울고, 바퀴벌레는 밤이 되면 활동을 시작한다. 또 인간은 보통 낮에 활동하고 밤에 잠을 잔다. 이런 생물의 행동은 흡사 명암에 반응해서 일어나고 있는 것 같지만, 실은 생물의 활동과 휴식 등 하루의 리듬은 명암과 관계없이 나타난다.

가령 인간을 비롯하여 생물을 하루 종일 캄캄한 곳(또는 밝은 곳)에 넣고 외부와 완전히 차단해도 몸은 평소와 똑같은 리듬으로 활동한다. 이 사실은 생물이 체내에 시계를 가지고 있다는 것을 의미하는데 이것을 생체시계(체내시계)라고 한다.

인간의 생체시계는 하루가 약 25시간이다. 캄캄한 곳(또는 밝은 곳)에 인간을 넣어두면 하루를 25시간 리듬으로 보낸다. 이것을 하루의 리듬인 일주기 리듬(Circadian Rhythm)이라고 한다. 그런데 실제 하루는 24시간이므로 인간은 약 1시간의 시차 속에서 살아가고 있는 것이다.

132 | 뇌는 대식가?

인간의 뇌는 체중의 2~3%밖에 나가지 않는 1300~1500g 정도의 무게에 비해 엄청나게 먹는 대식가 기관이다.

어느 정도의 대식가인가 하면 뇌는 전체 혈량의 15%를 소비하고 있다. 산소는 혈액을 통해 온몸으로 이동하는데 뇌는 신체 산소량의 20~25%를 소비하는 것이다.

에너지로 말하면 뇌는 하루에 약 500kcal를 사용하는데 이것은 전체가 필요로 하는 에너지의 약 20%에 해당하며 심장의 약 2배에 해당하는 소비량이다.

뇌는 이처럼 대식가인 동시에 편식가여서 포도당밖에 먹지 않는다. 신체의 다른 부위는 대부분 3대 영양소인 단백질, 지방, 탄수화물을 에너지로 하는 데 비해 뇌는 포도당 외의 영양소는 에너지로 사용할 수 없다.

따라서 아침을 먹지 않고 학교나 회사에 가면 뇌가 필요로 하는 포도당이 부족해서 오전 중에 머리가 멍해지는 경우가 많다.

133 | 머리에 혹이 생기는 메커니즘

머리를 부딪히면 부딪힌 부분에 혹이 볼록하게 생긴다. 인간의 몸은 어딘가에 부딪히면 피부 아래의 혈관이 찢어져서 혈액이 쌓이는 경우가 있다. 엉덩이와 같이 부드러운 부분은 외부로 잘 부풀어 오르지 않지만 머리와 같이 딱딱한 부분을 부딪혀서 내출혈이 생기면 혈액 덩어리는 바로 아래에 있는 딱딱한 뼈에 막히게 되고, 내부로 나가지 못하기 때문에 외부로 부풀어 올라 혹이 생긴다. 그래서 머리 이외에도 무릎처럼 딱딱한 뼈가 있는 곳에는 혹이 생긴다.

134 | 술을 섞어 마시면 정말 더 취할까?

술의 종류를 여러 가지로 바꿔가며 마시는 이른바 '짬뽕'을 하면 심하게 취한다고 말하지만 과학적으로는 잘못된 지식이다.

'취한다'는 현상은 술에 포함되어 있는 에탄올(알코올)이 체내의 신경계에 작용하여 그 기능을 상실시킴으로 인해 발생한다. 다시 말해서 취한다는 것은 섭취한 에탄올의 총량에 의해 결정되기 때문에 술의 종류를 바꾼다고 더 잘 취하는 일은 없다. 술의 종류를 바꾸게 되면 기분도 바뀌기 때문에 술을 더욱 많이 마시게 되어 결과적으로 에탄올의 섭취량이 늘어나는 것이 취하는 원인이라 생각된다.

135 | 인간의 기억력에 대해서

종이에 1행부터 10행까지 숫자를 썼다고 가정하자. 가령 1행의 숫자는 5, 2행의 숫자는 85, 3행의 숫자는 315, 이런 식으로 숫자가 종이에 쓰여 있다. 인간은 순간적으로 이 중에 몇 행의 숫자까지 기억할 수 있을까?

인간의 지각과 기억에는 어떤 규칙성이 있고, 인간이 순간적으로 지각하고 단시간에 기억할 수 있는 것은 7가지(±2)가 한계라고 한다. 이것은 미국의 심리학자 밀러의 이론으로 이 7가지 한계설은 내용과는 관계가 없다고 한다.

여기에서는 1행부터 10행까지의 숫자를 예로 들었지만 그것이 책이건 연필이건 관계없다. 전화번호 역시 마찬가지인데 7~8행 이상이면 순간적으로 기억할 수 없다.

136 | 기억은 하룻밤이 지나면 70%가 사라진다

시험을 며칠 앞두고 열심히 공부해서 무언가를 암기했는데 시험 당일에는 까맣게 잊어버렸던 기억이 있을 것이다. 인간의 뇌는 많은 것을 기억할 수 있지만 동시에 잊어버리게 되어 있다. 그럼 기억은 얼마나 지속될까?

기억은 크게 단기기억과 장기기억으로 나뉜다. 시험 전날 밤의 밤샘 공부는 단기기억에 해당하며 기억의 수명은 의외로 짧다.

독일의 심리학자 헤르만 에빙하우스가 기억의 지속시간을 실험으로 산출한 데이터가 있다. 여기에 따르면 하나를 기억하면 그 기억은 20분 후에는 50%, 다음날에는 67%, 3일 후에는 75%, 한 달 후에는 80%가 사라진다고 한다. 즉 전날 밤의 기억은 다음 날 70% 가까이 잊어버리게 된다.

단 이것은 무작정 암기한 기억이기 때문에 밤샘 공부라고 해도 암기 방법을 개선하면 기억의 지속률은 높아진다.

137 | 아기의 충치는 대부분 엄마와의 뽀뽀가 원인?

충치는 뮤탄스균과 소브리누스균이라는 세균 때문에 생긴다. 하지만 갓 태어난 아기의 입안에는 이런 충치균이 없다.

충치균이 입에서 발생하기 시작하는 때는 2~3세 무렵부터라고 알려져 있는데 그 원인은 대부분 엄마와 한 뽀뽀에 있다고 한다.

타액 1cc 속에 들어 있는 세균의 수는 1억~100억 마리라고 한다. 뽀뽀뿐 아니라 음식을 씹어서 먹이거나 숟가락을 함께 쓰는 습관 역시 마찬가지다. 치아를 생각한다면 아기와의 스킨십은 적당히 하는 편이 좋을 듯하다.

138 | 냄새에 관한 기억이 오래가는 이유는?

코는 공기 중에 떠다니는 냄새의 분자를 맡는다. 인간은 보고

들은 것은 한동안 기억하는데 냄새의 경우는 어떨까?

사실 후각은 오감 중에서 가장 오래 지속되는 감각이다. 즉 냄새의 기억은 오래 남는다. 시각 정보 기억과 후각 정보 기억에 대해 한 심리학자가 실험을 했다. 그에 따르면 피험자에게 인간의 얼굴 그림을 보여주고 몇 분 후에 다른 그림과 섞어서 보여줄 경우 90% 이상의 사람이 처음의 그림을 기억했는데, 냄새 테스트에서는 70% 이상의 사람밖에 처음의 냄새를 맞추지 못했다고 한다.

실험은 그 후에도 계속 이어졌는데, 한 달이 지나자 시각 기억은 급속하게 저하하고 냄새 기억은 70%에서 거의 저하하지 않았다.

즉 냄새에 관한 기억은 잘 사라지지 않는 것이 후각의 큰 특징 중 하나이다.

139 | 왜 꿈을 꾸는 날과 꾸지 않는 날이 있을까?

꿈을 꾸는 날과 전혀 꿈을 꾸지 않는 날이 있다. 왜 그럴까?

수면에는 '렘수면'이라고 하는 얕은 잠과 '논렘수면'이라고 하는 깊은 잠이 있다.

수면은 먼저 깊은 잠인 논렘수면 상태부터 시작되는데 시간은 90~120분이다.

다음으로 얕은 잠인 렘수면 상태에 빠지는데 시간은 약 20분이다. 이후에는 논렘과 렘수면이 반복되다 보통 렘수면일 때 눈을 뜬다.

인간은 렘수면일 때 꿈을 꾸는데 렘수면 중에는 모든 사람이 꿈을 꾼다. 그런데 꿈을 전혀 꾸지 않는 날이 있다. 이것은 실제로 꿈을 꾸지 않는 것이 아니라 꿈을 꾸고 있지만 기억하지 못하는 것이다.

꿈을 꾸지 않는 날이 있다는 것은 실제로 꿈을 꾸지 않은 게 아니라 꿈을 꾸고 있을 때, 혹은 꿈을 꾼 직후에 잠에서 깨지 않기 때문이다.

140 | 꿈은 흑백일까, 컬러일까?

컬러로 된 꿈을 자주 꾸는 사람이 있다. 그러나 그런 사람은 소수이고 대부분의 사람은 색이 없는 꿈을 꾼다. 왜 꿈은 컬러가 아닐까?

여기에는 두 가지 이유가 있다. 실제는 컬러인데 그것을 기억할 때 잊어버린 경우와 또 하나는 처음부터 흑백의 꿈을 꾼 경우이다. 이 두 가지 이유 중에 후자가 타당한 듯하다.

꿈은 뇌가 기억한 것의 재현이다. 기억한 것, 즉 눈을 떴을 때 본 것, 가령 책상이나 전차, 무엇이든 상관없이 어떤 꿈이었는지에 대해서는 보통 기억하지 못한다.

꿈에서 본 것이 특별히 색이 있거나 인상적이지 않다면 그것의 색은 기억하지 못하는 것이다. 기억한 것이 색이 없는 것이라면 꿈은 기억의 재현이기 때문에 꿈에는 색이 나타나지 않는다.

---

141 | 피곤하면 눈이 충혈되는 이유

작은 글자를 오랜 시간 계속 보면 눈이 피곤해지고 흰자위가 빨갛게 충혈된다. 이 빨간 부분은 혈액인데, 눈이 충혈되는 이유는 흰자위에 있는 모세혈관이 두꺼워져서 혈액량이 증가하기 때문이다. 그럼 왜 이런 현상이 일어날까?

흰자위에 있는 모세혈관을 관장하는 것은 자율신경(교감신경, 부교감신경)이다. 자율신경은 정상일 때 모세혈관을 수축시키는 방향으로 작용한다. 즉 정상일 때 혈관은 가늘기 때문에 흰자위는 하얗게 보인다.

그런데 눈을 혹사하면 눈이 많은 산소를 소비해서 이산화탄소 등의 노폐물이 증가한다. 그럼 자율신경은 산소와 이산화탄소의 운반을 맡고 있는 혈액의 운반능률을 높이기 위해 혈관을 확장시켜 혈액의 흐름을 더 좋게 하려고 한다. 이 때문에 모세혈관이 빨갛게 변해서 흰자위가 충혈되는 것이다.

142 | 벼락치기 공부는 정말로 효과가 없을까?

시험 직전이 되어서 허둥지둥 공부를 하면 "벼락치기 공부는 효과가 없다"라는 말을 자주 듣곤 한다. 사실 이는 과학적으로도 증명이 된 사실이다.

학습 직후에 수면을 취한 경우, 처음 2시간 만에 기억량의 절반 정도는 잊어버리지만 그 이상 잊어버리는 일은 없다고 한다. 한편 학습한 뒤 계속 깨어 있는 경우는, 처음 2시간 동안 기억량의 30% 정도를 잊어버리고 8시간이 지난 시점에는 기억량의 10% 정도까지 떨어져버린다. 공부한 내용을 뇌에 잘 저장해놓기 위해서는 벼락치기 공부를 하지 말고 외운 직후에 충분한 수면을 취하는 편이 좋다.

143 | 바나나와 인간의 DNA는 50%가 일치한다?

인간은 지구에서 가장 진화한 생물 중 하나인데 그런 인간의 DNA와 바나나의 DNA가 50%나 일치한다는 사실을 알고 있는가? 또한 돼지와는 80%, 쥐와는 97%, 침팬지와는 DNA가 99% 일치한다고 한다.

DNA는 세포핵 속의 염색체에 있으며 A(아데닌), T(티민), G(구아신), C(시토신)이라는 4가지 종류로 구성되어 있다. A와 T, G와 C는 서로 결합해서 염기대를 형성하는데 인간은 32억 개의 염기대를 지니며 방대한 양의 유전 정보를 가지고 있다.

하지만 모든 염기대가 기능을 하는 것은 아니다. 본래 많은 생물이 수정 과정이나 세포 구조에서 기본 부분은 똑같다. 즉 최고급 맨션과 판잣집이 기둥과 벽, 천장과 같은 기본 구조가 동일한 것과 마찬가지로 바나나와 인간의 DNA가 50% 같다고 해서 '절반은 같은 생물'이라고 할 수 없는 이치다.

144 | 식물도 혈액형이 있다?

A·B·O식 혈액형에서 A·B·O식이란 체내 면역 시스템의 일부로 A·B·O형이라고 하는 혈액형 물질(당의 종류) 중 무엇을 갖고 있는가로 구분하는 방식이다. 이 물질은 적혈구뿐

아니라 내장, 신경, 근육, 체액 등 전신에 분포한다.

이 A·B·O식 혈액형은 인간에게만 있는 것이 아니다. 개와 고양이는 A·B·O형, 양은 B·O형, 악어와 거북이는 B형, 토끼에게서는 A형 물질을 발견할 수 있다.

식물에도 혈액형이 존재한다. 가령 포도와 우엉, 무, 토란 등은 O형, 다시마와 자두는 AB형이라고 한다.

어쨌든 인간과 동식물의 혈액형 궁합을 알 수 있게 된다면 정말 재미있을 듯하다.

145 | O형이 모기에 잘 물린다는 말은 미신?

O형인 사람이 모기에 잘 물린다는 말이 있는데 이는 어디까지나 뜬소문에 불과하다. 혈액형별로 그룹을 만들어 어떤 그룹이 모기에 가장 많이 물리는지 실험했을 때 O형이 가장 많이 물렸다는 결과가 있다. 때문에 모기가 O형의 피를 좋아한다는 사실은 알게 되었지만 '잘 물리는가'의 문제는 또 다른 얘기인 듯하다. 오히려 모기는 사람의 땀 냄새나 체온, 내뱉는 숨 등에 따라 몰려들기 때문에 뚱뚱한 사람, 땀을 많이 흘리는 사람, 술을 자주 마시는 사람이 더 잘 물린다고 한다. 또한 입고 있는 옷의 색깔 등도 영향을 주는데 특히 검은 옷을 입으면 잘 물린다고 한다.

146 | 설사약과 변비약을 같이 먹으면 어떻게 될까?

배가 아프고 설사 기미가 있을 때는 '설사약'을, 변비가 심할 때는 변통을 일으키는 '변비약'을 먹는다. 이는 상식 중의 상식이지만 조그만 의문이 솟아오른다. 상반되는 효과를 가진 이 약들을 동시에 먹으면 어떻게 될까?

결론은 변비약이 더욱 강하게 작용해서 설사를 한다고 한다. 물론 개개인의 몸 상태에 따라서 달라지기도 하지만, 변은 어디까지나 쌓아 놓기보다는 배출하는 쪽이 자연스럽기 때문에 변비약이 이기는 것이다.

참고로 설사와 변비가 반복되는 사람은 설사약이나 변비약이 아닌 정장제를 먹는 편이 좋을 듯하다.

147 | 사진을 찍을 때 눈이 빨갛게 빛나는 이유

인물 사진을 찍을 때 플래시를 터뜨리면 사람의 눈이 빨갛게 찍히는데, 이것을 '적목현상'이라고 한다.

망막에는 수많은 모세혈관이 모여 있는데 플래시의 강력한 빛이 이 혈관을 비춘 순간에 사진이 찍히기 때문에 이와 같은 현상이 일어나는 것이다. 다시 말해서 눈이 빨갛게 찍히는 것은 혈액의 색깔이 원인인 셈이다.

적목현상은 눈의 동공이 크게 열리는 어두운 장소에서 촬영하면 빈번하게 일어난다. 또한 수정체가 맑은 어린아이나 눈바닥의 색소가 원래부터 적어서 동공의 색이 파란색이나 녹색인 백인을 촬영한 경우에도 발생하기 쉽다고 한다.

148 | 이를 가는 힘은 100kg이나 된다?

이를 가는 것은 흔히 치아가 잘 맞지 않기 때문이라고 알려져 있지만, 현재는(근본적인 원인은 불분명한 부분도 많지만) 정신적인 스트레스를 해소하기 위해 이를 간다는 설이 유력하다.

식사를 할 때, 딱딱한 음식을 씹는 경우, 치아 하나당 치아에 가해지는 힘은 10~20kg이다. 그에 비해 심하게 이를 가는 경우는 100kg에 달한다고 한다.

또한 정도의 차이는 있지만 성인의 80%는 이를 간다고 하는 연구 데이터도 있다. 그러나 자신이 이를 가는 것을 자각하고 있는 사람은 10%도 되지 않는다고 한다.

149 | 비행기에 탔을 때, 귀가 '윙' 하는 것은 왜?

고층 건물에서 엘리베이터를 타거나 비행기를 탔을 때, 귀에서 '웡' 하는 소리가 날 때가 있다. 귀는 바깥쪽부터 겉귀, 가운데귀, 속귀로 이루어져 있으며 바깥귀와 가운데귀 사이에는 고막이 있다. 귀가 '웡' 하는 것은 고막과 기압에 관계가 있다. 기압이 급격하게 상승하면 귓속의 압력(내압)은 기압(외압)보다 높아지고 고막 안(고실(鼓室))의 공기가 팽창해서 고막이 바깥쪽으로 당겨진다. 하품을 하거나 침을 삼키면 '웡' 하는 현상이 없어지는 것은 바깥 공기가 이관(耳管)을 통해 가운데귀로 들어와서 고막의 바깥과 안이 균형을 이루기 때문이다.
또 하강 시에는 반대로 내압보다 외압이 높아져서 고막이 안쪽으로 당겨진다. 내압이 낮을 때는 이관이 열리기 어렵기 때문에 하강 시에 통증을 동반하는 경우가 많다고 한다.

150 | 식초를 먹으면 정말로 몸이 부드러워질까?

옛날부터 '식초를 먹으면 몸이 부드러워진다'라는 말이 있지만, 이는 완전히 미신에 불과하다. 과학적 근거는 전혀 없다. 식초의 주성분인 초산이 뼈의 칼슘을 녹여 뼈를 부드럽게 한다는 점을 근거로 드는 경우도 있으나 그것은 어디까지나 조리상의 이야기다. 몸의 부드러움은 뼈가 아니라 관절이나 근육의 유연함에 의해서 결정될 뿐만 아니라 음식으로 섭취된 식초는 내장에서 분해되기 때문에 애초부터 뼈에는 작용하지 않는다.

단, 식초에 함유되어 있는 구연산에는 피로 물질인 젖산을 분해하는 작용이 있다. 그렇기 때문에 식사를 할 때 식초를 먹으면 뭉친 몸이나 피로를 풀어줄 것이라는 기대 정도는 할 수 있다.

151 │ '다리 떨기'의 의외의 효능

앉아 있을 때 다리를 떠는 행동은 경망스러워 보여 좋지 않게 생각한다. 그런데 이 나쁜 습관이 건강에 좋다는 사실을 알게 된다면 고정관념이 바뀔지도 모른다.

앉아 있는 시간이 길면 당뇨병이나 심장병, 동맥경화 등에 걸리기 쉽고 사망 위험도 높아진다고 하는데, 2015년 영국 런던대학교의 연구자가 놀라운 연구 결과를 발표했다. 하루에 7시간 이상 앉아 있는 사람은 5시간 이하의 사람과 비교해서 사망 위험이 1.3배였는데, 다리를 떠는 빈도가 중(中)에서 고(高)인 사람은 7시간 이상 앉아 있어도 사망 위험이 증가하지 않았다. 또 5~6시간 앉아 있는 사람이 다리를 떠는 경우에도 사망 위험은 저하했다.

다리를 떠는 행동은 다리의 혈류 개선을 촉진하고 냉증이나 붓기를 해소하는 효과 외에도 고관절을 자극해서 연골을 재생하는 등 많은 장점이 있다고 한다.

152 | 흰머리를 뽑으면 더 늘어날까?

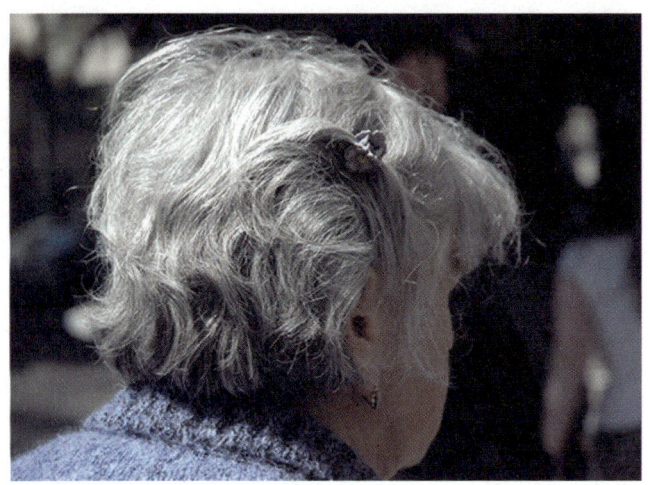

흰머리를 뽑으면 그 수가 늘어난다는 것은 과학적 근거가 없는 헛소문이다.

원래 머리카락의 색깔은 검은색, 혹은 갈색 색소인 멜라닌의 양에 따라서 달라진다. 그리고 흰머리는 모근에 있는 멜라닌 색소를 만드는 세포(멜라노사이트)의 작용이 저하되면서 생기는 일종의 노화 현상이다. 그런데 멜라노사이트 작용의 저하는 모근 하나하나에 대해서 일어나는 현상이기 때문에 흰머리를 한 가닥 뽑았다고 해서 주변의 머리카락이 영향을 받지는 않는다.

그러나 일단 흰머리가 되어버린 모근에서는 다음에도 흰머리밖에 나지 않기 때문에 흰머리를 뽑으면 수가 늘어났다고 착각하게 되는 것이다.

153 | 자신을 간질이면 간지럽지 않은 이유는?

간지러움을 잘 느끼는 곳은 목과 겨드랑이, 발바닥 등의 굵은 동맥이 지나는 부분이다. 여기에는 자율신경이 아주 촘촘하게 분포되어 있기 때문에 민감하다. 그런데 이런 부위를 다른 사람이 간질이면 자신도 모르게 웃음을 터뜨리고 말지만, 자신이 간질이면 별다른 느낌이 없다. 어째서일까?

여기에는 뇌의 예측 시스템이 크게 관계하고 있다. 자신이 자신을 간질이면 가려운 부위나 손가락의 움직임 등을 사전에 알 수 있다. 뇌의 예측과 실제 결과가 일치하면 느낄 수 있는 힘의 강도는 작아지는 법이다.

하지만 다른 사람이 간질이면 그 움직임을 예측할 수가 없다. 다른 사람이 간질이는 것에 크게 반응하는 이유는 다른 사람으로부터 받는 자극은 위협이기 때문에 거기에 대항하기 쉽도록 하기 위해서라고 생각된다.

154 | '심장암'은 왜 없을까?

'폐암', '위암', '전립선암' 등 암은 머리끝부터 발끝까지 어디에나 발생할 가능성이 있지만 '심장암'은 들어본 적이 없다.

심장에 암이 생기지 않는 여러 가지 이유 중 하나는 심장의 온도에 있다고 한다. 암세포는 35도 환경에서 가장 번식하기 쉬운데 고열에는 약한 성질을 갖고 있다. 심장은 인간의 몸 중에서 가장 체온이 높은 곳으로 온도가 40도 이상인 심장의 열이 암세포를 죽인다고 한다.

또 심장의 형태를 만드는 횡문근에서는 세포 분열이 거의 일어나지 않아서 세포가 번식하기 어려운 환경이다. 따라서 세포의 이상 번식인 암도 발생하기 어렵다고 한다.

155 | 남자도 유방암에 걸린다?

여성의 주요한 사망 원인 중 하나는 유방암이다. 유방암은 유방에 있는 유관 등의 조직·세포가 암세포화하면서 발생한다. 그 원인으로는 방사선이나 여성 호르몬인 에스트로겐의 증가, 유전 등이 거론되고 있다.

여성이 전립선암에, 남성이 자궁암에 걸리지 않는 것처럼 유방암도 여성만의 질병이라고 생각하기 쉽지만, 사실은 남성에게서도 볼 수 있다. 남성이 유방암에 걸릴 확률은 여성보다 100분의 1 정도 낮지만, 무서운 것은 건강진단 항목에 유방암의 진찰이 들어 있지 않아서 발견이 늦어진다는 점에 있다. 가슴의 몽우리나 통증, 색의 변화 등에서 이상이 발견되면 바로 진단받을 필요가 있다.

156 | 장시간 자전거를 탈 때 숨어 있는 중대한 위험이란?

건강관리에 대한 중요성이 높아짐에 따라 자전거로 통근하는 사람들이 늘고 있다. 그러나 자전거를 너무 많이 타면, 특히 남성에게는 커다란 위험이 있다고 한다.

자전거를 너무 많이 탈 경우, 안장 끝부분에 의한 회음부(외음부와 항문 사이) 압박이 원인이 되어 발기부전(ED)이 일어나는 것이 아닐까 지금까지 여러 가지 연구가 행해졌다.

제25회 유럽 인간생식학회에서는 더욱 놀라운 연구 결과가 발표되었다. 놀랍게도 자전거를 타는 시간이 길수록 비정상적인 정자의 비율이 높아진다는 것이다. 트라이애슬론 선수를 표본으로 한 실험에서 하루 약 40km 이상 자전거 트레이닝을 한 선수는 정상 정자의 비율이 4% 이하였다. 안장의 압박과 마찰, 트레이닝복에 의한 체온 상승, 운동에 의한 스트레스가 정소에 장애를 주고 정자의 산화성 손상을 일으키는 것이 원인이라고 한다.

---

157 | 식후 바로 하는 양치질은 피하는 편이 좋다?

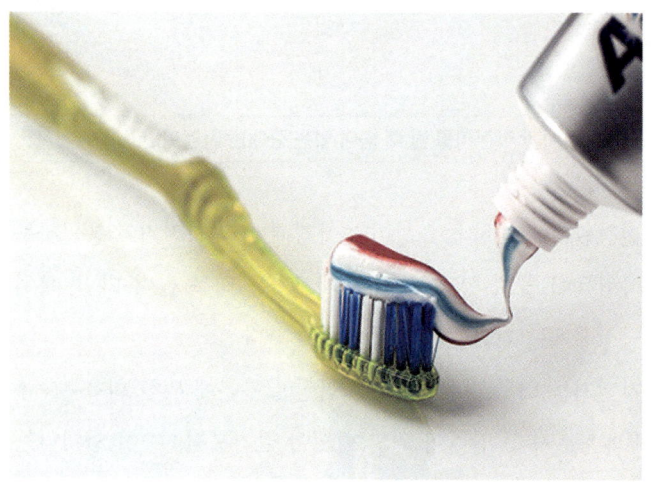

식사 뒤에 이를 닦는 것은 상식이지만 식사를 하자마자 '바로' 이를 닦는 것은 피하는 편이 좋을 듯하다.

요즘은 식생활의 변화로 인해 산성 음식물이 늘어나고 있다. 이런 음식물을 먹으면 입 안은 당연히 산성이 된다. 산에는 몸 가운데서 가장 단단한 부분이라고 알려진 치아 표면의 에나멜질을 녹여 닳게 만드는 성질이 있다.

입 안이 산성이 되면 타액이 산을 중화시키고 녹아버린 이의 에나멜질을 다시 석회화해서 수복해주는데 여기에는 30분 정도의 시간이 필요하다. 밥을 먹은 뒤 바로 이를 닦으면 산 때문에 말랑말랑해진 에나멜질이 수복되기 전에 깎아 버리게 될지도 모른다. 즉 이를 닦기에 가장 효과적인 시간은 식사 뒤 약 30분쯤 지나서인 셈이다.

158 | 방귀를 참으면 입 냄새가 심해진다?

방귀의 70%는 입으로 삼킨 공기, 10%는 장에서 분해될 때 생기는 가스, 20%는 혈액 속에 녹아 있는 가스가 장을 통해 스며 나온 것이다.

그럼 방귀를 참으면 어떻게 될까? 가스는 다시 장의 벽을 지나 혈액으로 녹아든다. 대부분은 공기여서 걱정할 필요는 없지만 혈액에 녹아든 가스가 폐까지 도달하면 구취의 원인이 되기도 한다. 또한 장이 팽팽해져서 활동이 나빠지거나 변이 정체되어 점점 가스가 쌓이는 악순환에 빠지니 주의해야 한다.

159 | 잠을 잘 때 화장실을 가지 않는 이유

보통 건강한 성인이라면 하루에 5~8번 정도, 깨어 있을 때에는 4~6시간마다 화장실에 간다. 그런데 신기하게도 8시간 정도 수면을 취할 때에는 화장실에 가지 않는다.

이것은 소변을 만드는 신장의 활동이 정지하기 때문이 아니라 뇌의 활동과 관계가 있다. 잠이 들면 뇌하수체에서 신장에 명령을 내리는 '항이뇨 호르몬'이 분비되고 이 호르몬의 작용으로 신장은 소변의 양을 줄여서 짙은 소변을 만든다. 즉 자고 있는 동안에도 신장에서는 소변이 생성되는데 낮에 비해 양이 적어서 화장실에 가고 싶지 않은 것이다.

160 | 고온의 사우나에서도 화상을 입지 않는 이유

사우나의 실온은 통상 90~100도에 달하지만 그처럼 뜨거운 곳에 있어도 화상을 입지 않는 데에는 몇 가지 이유가 있다.

첫째는 열전도율 때문으로 공기는 물에 비해서 열을 잘 전달하지 못한다. 또한 공기와 물을 비교하면 공기 쪽 열용량이 압도적으로 작아서 몸에 열이 잘 전해지지 않는다.

둘째는 땀이 증발할 때 기화열 때문에 몸 표면의 열을 빼앗길 뿐만 아니라, 증발한 땀의 수분을 머금은 공기층이 고열의 공기로부터 몸 표면을 지켜주는 역할을 한다. 사우나 속에서 갑자기 움직이면 찌르는 것 같은 아픔을 느끼는 이유도 이 공기층이 흩어지기 때문이다.

161 | '멘톨 담배를 피우면 정력이 떨어진다'는 설의 진상

'멘톨 담배를 피우면 성기능 장애가 된다'라는 설을 두고, 베트남 전쟁 당시 병사들의 사기저하를 막기 위해 군의 상층부가 들여온 것이라는 등 여러 유래가 전해지지만 이는 단지 헛소문일 뿐이다.

멘톨 담배와 성기능 장애를 연결 지을 만한 연구나 데이터는 존재하지 않는다. 단, 담배를 피우는 행위 자체가 성기능 장애를 일으킬 가능성은 부정할 수 없다. 담배를 피우면 니코틴이 혈관을 수축시키기 때문에 성기로 흐르는 혈류 장애가 일어나 발기가 되지 않을 가능성이 있다고 한다.

162 | 목 뒷부분을 톡톡 두드리면 코피가 정말 멎을까?

코피를 멈추게 하기 위해 흔히 목의 뒷부분을 톡톡 두드리는 행동을 하는데, 이는 잘못된 방법이다.

코피가 나는 원인 중 대부분은 코의 점막이 손상을 입어서다. 코의 점막은 매우 얇아서 아주 작은 자극에도 바로 손상을 입는다. 따라서 목의 뒷부분을 두드리는 행위는 점막에 충격을 주어 코피를 더욱 심하게 할 수도 있다.

올바른 지혈법은 콧구멍을 솜이나 휴지로 막고 잠시 가만히 있는 것이다. 또한 코의 동맥은 이마 쪽에서부터 혈류가 오기 때문에 미간을 차갑게 하면 혈액이 냉각되어 출혈이 쉽게 멈춘다고 한다.

163 | 졸릴 때 눈을 비비는 메커니즘

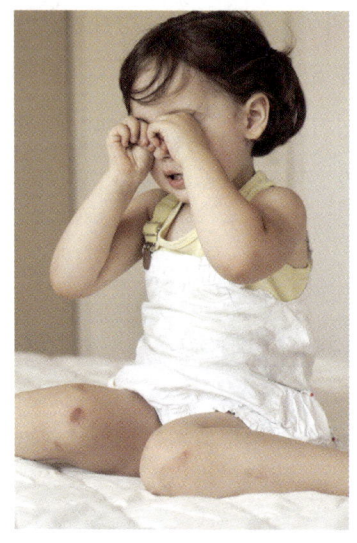

우리는 졸리면 가렵지 않은데도 눈을 비비곤 한다. 이런 행동은 아이는 물론 어른들에게서 흔히 볼 수 있는 자연스러운 현상이다. 그런데 왜 졸리면 눈을 비비는 걸까? 보통 졸리면 혈압이 내려간다. 눈꺼풀의 껍질은 얇아서 혈압이 내려가면 부석부석해지는데 그 무게를 경감시키려고 눈을 비비게 된다. 또 머리가 맑을 때는 촉촉하지만, 졸리면 눈물샘 활동에 변화가 생겨서 눈물의 양이 줄어들고 눈이 건조해지는 경향이 있다. 그래서 졸릴 때 눈물의 분비를 촉진하기 위해 눈을 비비게 되는 것이다.

164 | 새끼손가락을 구부리면 넷째 손가락도 함께 구부러지는 이유

새끼손가락을 구부리면 무슨 이유에서인지 넷째 손가락도 함께 구부러지는데 이것은 뇌의 명령을 전달하는 신경 작용의 영향 때문이다.

새끼손가락과 넷째 손가락에 명령을 전달하는 신경은 같은 방향으로 내려지기 때문에 두 개의 신경을 따로 움직일 수 없다. 또한 새끼와 넷째 손가락의 손끝을 움직이는 근육도 단단하게 붙어 있어서 어느 하나를 구부리려고 하면 동시에 같은 방향으로 움직이게 된다. 단 피아니스트처럼 훈련에 따라서는 각각의 손가락을 따로 움직일 수 있다고 한다.

165 | 코를 막으면 미각이 변하는 이유

미각을 느끼는 것은 혀에 있는 '미뢰'라는 맛의 수용기다. 그러나 사람은 이 기관만이 아니라 여러 가지 감각으로 맛을 판단한다.

사실 혀로 느낄 수 있는 미각의 해석도는 그렇게 높지 않으며, 혀보다 코(후각)가 주로 미각을 지배하는 것으로 알려져 있다. 코와 목구멍은 연결되어 있기 때문에 입으로 들어온 음식물의 냄새는 코의 뒤쪽에 있는 '후비공'을 통해서 전해진다. 그런데 코를 막으면 후비공에 공기가 통하지 않아 입 안의 음식물 냄새를 느끼지 못하기 때문에 맛을 판단할 수 없게 되어버리는 것이다.

166 | 음주 전에 마시는 우유는 정말 숙취에 좋을까?

술을 마시기 전에 우유를 마시면 덜 취하고 숙취에도 좋다는 설이 있다. 절반은 맞고 절반은 틀리다.

이 설은 우유가 위의 점막을 코팅해서 알코올의 흡수를 억제한다는 것을 근거로 하고 있으나, 위에 들어간 음식물은 위 속에서 섞여 버리기 때문에 위의 점막을 코팅하는 것은 불가능하다.

단, 지방(유지방)이 위의 연동운동을 억제해 알코올의 흡수를 늦추고 단백질이 알코올 대사에 도움이 되기 때문에 우유를 마시는 것 자체는 효과적이라고 할 수 있다.

167 | 정수리를 누르면 설사를 하는 이유

옛날부터 정수리를 누르면 설사를 한다고 알려져 왔으나 의학적 근거는 없다.

단 일정한 암시 효과는 있기 때문에 정말 설사를 하게 될 가능성은 있는 듯하다. 정수리 근처에는 한방 의학에서 말하는 경혈 가운데 하나인 백회(百會)가 있다. 이 혈을 자극하면 흐트러졌던 자율신경이 정돈되기도 하고 면역력이 증가할 뿐만 아니라 척수를 통해서 항문의 괄약근이 자극을 받는다. 그 결과 나쁜 피가 제거되어 혈류가 좋아지기 때문에 치질에도 효과가 있다고 한다. 그러나 민감한 사람의 경우는 그 자극 때문에 설사를 하게 될 가능성도 있다.

168 | 여성이 남성보다 방광염에 잘 걸리는 사정

여성은 남성에 비해서 '방광염' 등 세균에 의한 감염이 많다. 비뇨기계 가운데 신장이나 요관, 방광의 구조는 남녀가 거의 비슷하지만, 요도의 길이에는 커다란 차이가 있다.

생식기 모양의 차이 때문에 요도의 길이는 남성이 16~25cm이고, 여성은 3~4cm이다. 여성의 요도가 남성에 비해서 짧기 때문에 요도 입구로 세균이 침입하기 쉬워 방광염 등 세균에 의한 감염이 쉽게 일어난다.

한편 남녀의 요도는 그 역할에도 차이가 있다. 남성의 요도는 방광에 모인 소변을 배출하기 위한 통로인 동시에 사정 시에는 정액의 통로가 된다. 한편 여성의 요도는 소변을 배출하기 위한 통로로만 쓰인다.

169 | 잔털은 깎으면 정말 굵어질까?

체모에 관한 소문 가운데 유명한 것은 '잔털은 깎으면 굵어진다'는 말이다. 면도기로 깎았더니 더 굵은 털이 났다고 느낀 사람도 있을지 모르겠으나, 이 소문은 잘못된 것이다.
한 번도 깎인 적이 없는 상태의 털은 끝으로 갈수록 점점 가늘어지기 때문에 굵기가 그다지 신경 쓰이지 않는다. 그러나 이를 깎아버리면 한 가닥의 단면이 넓어지기 때문에 굵어진 것처럼 보이게 된다.
다시 말해서 털끝이 편편한 만큼 표면적이 넓어져 검게 보이기 때문에 털이 더욱 굵어졌다고 착각하는 것이다.

170 | 음모는 왜 꾸불꾸불할까?

인간의 겨드랑이 털과 음모는 모두 꾸불꾸불하다. '민감한 부분을 보호하기 위한' 쿠션 역할을 한다는 설도 있지만, 유력한 설은 페로몬이다.
음부와 겨드랑이에 많이 분포하는 아포크린선이라고 하는 땀샘에서 이성을 끌어당기는 페로몬이 분비되는데, 털을 꾸불 꾸불하게 만듦으로써 이 땀샘의 주위에 많은 공기를 품게 하고 더 많은 이성이 그 냄새를 쉽게 맡을 수 있게 하기 위해서라고 한다. 또 페로몬은 소변에도 포함되어 있는데 음모는 그것을 부착하고 확산시키기 위해 자란다고도 한다.

171 | 수술복은 왜 파란색과 녹색일까?

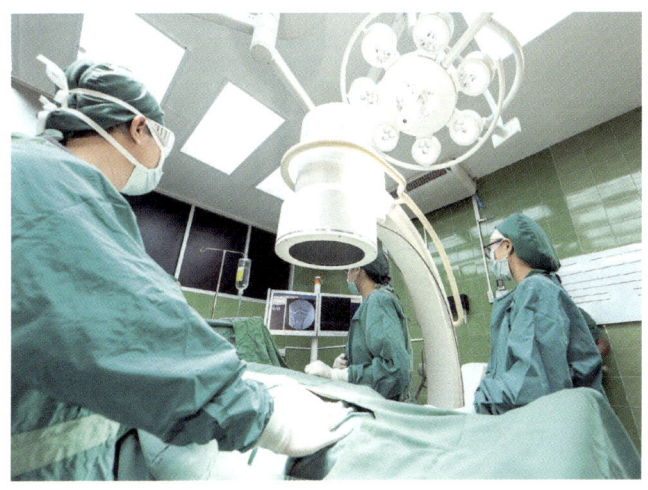

색상에 따라 색을 둥그렇게 배열한 색상환(色相環)에서 서로 마주보고 있는 위치에 있는 색을 '보색'이라고 한다. 어떤 한 가지 색을 한참 동안 바라보다 갑자기 시선을 옮기면 그 보색

(빨강이면 파랑이나 녹색)이 잔상으로 남는다. 이를 보색잔상 현상이라고 하며 눈의 피로나 불쾌감을 일으키는 원인이다.

외과의사의 수술복이 파란색과 녹색인 이유는 장시간에 걸쳐 붉은 피나 장기를 보면 생기는 이 보색잔상 현상을 방지하기 위해서이다. 신중함과 정밀함이 요구되는 수술을 할 때 잔상으로 인한 스트레스를 방지하기 위해 빨간색의 보색인 파랑과 녹색을 쓰는 것이다.

172 | 중년기의 운동이 뇌의 노화를 막는다고?

미국 보스턴대학교 등의 연구팀이 2016년 2월에 중년기의 운동 능력 저하와 뇌의 수축에 상관성이 있다는 조사 결과를 신경학회지에 발표했다.

연구팀이 평균 40세의 치매나 심질환이 없는 약 1500명에게 러닝머신으로 운동을 시키고, 20년 뒤에 뇌의 상태를 MRI(자기공명단층촬영)로 조사해봤더니, 러닝머신 운동 성적이 좋지 않았던 사람은 뇌가 수축되었다는 사실이 판명되었다. 심질환이 없고 고혈압 약도 먹지 않는 사람은 1년분, 심질환이 있거나 혹은 고혈압 약을 먹는 사람은 2년분이나 뇌의 노화가 진행되었다고 한다.

이 연구는 한창 일할 나이인 중년기에 노화를 방지하기 위한 운동을 해야만 한다는 사실을 보여준다.

---

173 | 술을 마시고 난 뒤 라면이 먹고 싶어지는 이유는?

술을 마시고 집으로 돌아오는 길, 분식집 앞을 지나면 견딜 수 없이 라면이 먹고 싶어진다. 사실 이는 '에탄올 유발성 공복 시 저혈당'이라 불리는 증상이다.

알코올을 섭취하면 간장이 알코올의 해독·분해를 시작한다. 간은 잠을 잘 때나 식사를 하지 않을 때 당을 몸에 분배하는 역할을 하는데, 술을 마시면 간이 알코올의 해독·분해 작업에 들어가기 때문에 당을 분배하지 못하게 된다. 그렇기 때문에 혈당치가 낮아지게 된다.

라면의 밀가루 전분은 장에서 글루코스라는 당으로 분해되어 흡수된다. 음주 뒤에는 이 당을 몸이 원하는 것이다. 국밥이나 김밥이 먹고 싶어지는 이유도 라면과 마찬가지로 혈당치를 높여주기 때문이다.

---

174 | 탄 생선을 먹으면 정말 암에 걸릴까?

탄 생선이나 고기를 먹으면 암에 걸린다는 이야기는 대부분의 사람들이 한 번쯤은 들어봤을 것이다. 연구 결과, 실제로 고기나 생선에 포함되어 있는 탄 물질을 입에 직접 넣으면 간암에 걸린다는 사실이 밝혀졌다. 그러나 체중 60kg인 사람이 암에 걸리려면 매일 1t 이상의 탄 부분을 먹어야 한다고 하니 현실적으로 가능성은 매우 낮다고 할 수 있다.

---

175 | '반창고' 탄생 이야기

영어의 '밴드에이드(Band-Aid)', 즉 반창고는 존슨앤드존슨의 상표로 1920년 미국에서 탄생했다.
당시 방직 공장에서 일하던 얼 딕슨은 손재주가 서툰 아내가 매번 부엌에서 칼을 다루다 상처를 입는 것이 큰 고민거리였다고 한다. 아내가 손에 상처를 입을 때마다 붕대를 감아 주던 딕슨은 자신이 없을 때를 대비해서 아내 혼자 치료할 수 있는 붕대를 만들기로 했다. 이렇게 고안된 것이 붕대를 붙인 구급 반창고이고 이것이 밴드에이드의 원형이 됐다고 한다.

---

176 | 약은 녹차나 우유와 먹으면 안 되는 걸까?

'약을 녹차와 함께 먹으면 안 된다'는 말이 있다. 이는 약 가운데 철제의 경우는 차에 함유되어 있는 타닌이라는 성분과 결합해서 체내에 흡수가 어려워지기 때문이다. 그러나 오늘날의 철제는 제제 과정에서 따로 처리를 하기 때문에 타닌과 쉽게 결합하지 않는다. 따라서 현재 차와 함께 먹을 수 없는 약은 얼마 되지 않는다.

한편 장에서 녹는 변비약인 비사코딜 등은 우유와 함께 먹어서는 안 된다. 우유는 위 속의 산도를 높이기 때문에 약이 다른 곳에서 녹고 위를 자극해서 구토 등의 증상을 일으키는 경우가 있다. 또한 칼슘과 결합하여 흡수되기 어려운 약도 우유와 함께 먹는 것은 피하는 편이 좋다.

177 | 입술의 색이 빨간 이유

사람의 얼굴 가운데서 빨간색으로 한층 눈에 띄는 '입술'. 사실 이 빨간 입술은 인간만이 가지고 있는 특징이다.

피부는 바깥쪽에서부터 각질세포가 겹쳐져 있는 '표피', 신경세포와 모세혈관이 지나고 있는 '진피', '피하지방(비하조직)'의 3층 구조로 되어 있다. 이러한 구조는 입술만이 아니라 다른 곳도 마찬가지지만, 인간의 입술은 표피가 극단적으로 얇아 그 대부분을 진피가 차지하고 있다.

그렇기 때문에 진피의 모세혈관 속에 흐르는 혈액이 표피를 통과해 표면에까지 비쳐 보이는 것이다. 즉 혈액의 빨간색이 입술을 빨갛게 보이도록 하는 셈이다.

178 | 아이스크림을 먹을 때 생기는 두통에는 어엿한 이름이 있다?

차가운 음식을 급하게 먹을 때 일어나는 두통은 '아이스크림 두통'이라고 불리는데 이는 의학서에도 버젓이 게재되어 있다. 이 두통에는 2가지 원인이 있다고 생각된다. 하나는 차가운 음식을 먹어 목구멍이 차가워지면 몸이 체온을 유지하기 위해서 혈류량이 증가하게 되고 그 결과 혈관이 확장되어 두통이 일어난다는 것. 다른 하나는 주로 얼굴의 지각을 담당하는 삼차신경이 차가움과 통증을 혼동해서 통증으로 뇌에 전달하기 때문이라는 것이다. 참고로 차가운 음식이라도 천천히 먹으면 아이스크림 두통은 일어나지 않는다.

179 | 과학적으로 증명된 '잠을 자는 아이는 큰다'라는 속설

인간의 발달을 촉진하는 성장호르몬은 밤에 잠을 잘 때 많이 분비되며 뇌의 발달을 위해서도 수면은 중요한 요소이다.
수면은 대뇌가 활발하게 활동하는 '렘(REM)수면'과 깊은 잠을 자는 '비렘(NREM)수면'으로 나뉘는데 이 둘이 번갈아 나타나면서 아침을 맞이한다.

성인의 경우 렘수면의 비율이 20~25%인데 비해 신생아는 수면 시간의 약 절반이 렘수면이고, 출생 직전의 태아는 24시간 렘수면 상태이다. 이는 뇌의 신경회로를 만들기 위해 렘수면이 필수불가결하기 때문이라고 한다. 즉 '잠을 자는 아이는 큰다'라는 속설은 과학적으로도 맞는 말이다.

180 | 세수를 자주 하면 여드름이 악화된다고?

여드름은 피부를 불결하게 하면 생긴다고 한다. 10대 때는 급격한 몸의 성장 때문에, 20대 때는 피로와 스트레스 때문에 피지가 과도하게 분비된다. 피지가 증가하면 모혈의 피지를 영양분으로 살아가고 있는 세균인 '애크니균'의 활동이 활발해진다.

이 균의 활동으로 일어나는 염증이 여드름의 주요한 원인이다. 균을 번식시키지 않기 위해서는 피부를 청결하게 유지하는 것이 필요하지만, 세수를 너무 자주하면 역효과가 난다. 최소한으로 필요한 피지까지 빠져나가 피부가 건조해지기 때문이다. 피부가 건조해지면 피부를 정상으로 유지하기 위해 피지가 과잉 분비되고 애크니균이 증식하여 여드름이 더 많이 생기기 때문이다.

181 | '밥 배'와 '간식 배'는 정말 따로 있을까?

배가 아무리 불러도 좋아하는 음식을 보면 자신도 모르게 먹게 되는데 우리는 이럴 때 '밥 배, 간식 배는 따로 있다'라는 표현을 자주 쓴다. 그런데 실제로 이런 '배'가 존재한다고 한다. 먼저 이것은 감각적인 측면과 관계가 있는데, 인간은 같은 맛의 음식을 계속 먹으면 포만감을 느낀다. 그런데 뇌가 달콤한 디저트와 같은 새로운 맛을 느끼게 되면 식욕이 되살아난다고 한다.

또 실제로 위에 '빈 공간'이 생긴다고 한다. 설령 배가 부른 상태라고 해도 맛있는 음식을 보면 위는 활발히 활동을 시작해서 먼저 먹은 음식을 조금씩 소장 쪽으로 밀어내는데 그러면 위의 위쪽에 새로운 공간이 생기는 것이다.

182 | 하늘에서는 술이 잘 취한다?

지구상의 기압은 상공으로 갈수록 낮아진다.
제트 여객기의 경우, 단거리 국내선은 7000~8000m, 장거리 국제선은 1만 1000~1만 3000m의 고도를 비행하는데 기내는 기압을 조정했다고 해도 1500~2400m 상공과 거의 같은 기압이다. 기압이 낮은 장소에서는 평소보다 몸이 저산소 상태가 되며, 알코올을 분해하는 데 필요한 산소가 충분히 공급되지 않아서 알코올 분해와 대사가 늦어진다.
실험에 의하면 술의 효과가 약 2배로 강해지기 때문에 지상에서 마실 때보다 취하기 쉽다고 한다.

183 | 콜라는 신약 연구 과정에서 탄생했다

세계적으로 사랑받는 음료인 '콜라'의 탄생 배경에는 신약 연구가 있다고 한다. 1886년 미국 애틀랜타의 약제사인 존 펨 버튼은 신약 개발을 위해 자택 뒤에 있는 창고에서 캐러멜색 시럽을 만들었다. 이 과정에서 우연히 탄생한 것이 '코카콜라'이다. 코카는 중남미산 코카 열매, 콜라는 아프리카산 코카 열매인데 자양 강장 효과가 있다고 알려져 있다.

또한, 코카콜라와 쌍벽을 이루는 '펩시콜라'는 1896년 노스캐롤라이나의 약제사가 의약품 조합 중에 우연히 만든 것이라고 한다. 당초 콜라는 순수하게 약으로 이용되었지만 이윽고 소다를 넣은 탄산음료로 보급되었다고 한다.

184 | 아기의 뼈가 성인보다 더 많다

인간의 몸을 지탱하고 뇌와 내장을 보호하는 골격인 뼈는 성인의 경우, 대략 206개이고 중량은 체중의 20% 이상을 차지한다. '대략'이라고 한 것은 사람에 따라 미골(尾骨) 등의 수에 차이가 있기 때문이다.

뼈는 두개골 등 머리뼈 29개, 척추 26~29개, 늑골과 흉골 25개, 어깨와 팔과 손 64개, 골반과 다리와 발 62개로 이루어져 있다.

이에 비해 신생아의 뼈는 350개 이상이라고 한다. 그러나 성장하면서 몇 개의 뼈는 유합(癒合)하여 하나의 뼈가 되기 때문에 전체 뼈의 수는 감소한다. 남성은 17~18살, 여성은 15~16살 정도에 모든 뼈가 완성된다.

185 | 영어의 '핑거'는 손가락이 8개뿐이다

손가락은 엄지부터 새끼손가락까지 오른손과 왼손을 합치면 모두 10개이다. 그런데 영어에서 '손가락'을 의미하는 '핑거(finger)'는 10개가 아니라 8개밖에 없다.

검지는 영어로 'the index(first, fore) finger', 중지는 'the middle(second, long) finger', 약지는 'the ring(third) finger', 새끼는 'the little(fourth) finger'라고 한다.

하지만 엄지는 '핑거'가 아니라 'thumb'이라고 한다. 즉 핑거는 오른손과 왼손의 엄지를 뺀 8개인 것이다.

186 | O형은 본래 C형이었다

1901년 최초로 발견될 당시 혈액형은 A, B, C형 3종류로 분류되었다. 그 뒤, A와 B형 양쪽의 항원을 발견하는 유전자를 가진 AB형이 발견되었는데 그 특성으로 인해 D형이 아닌 그대로 AB형이라고 불렸다.

그래서 항원이 없는 C형은 아무것도 없다는 의미로 '0(제로)형'이 되었는데 A와 B가 알파벳이고 영어에서 제로를 'O'라고 하기 때문에 'O형'이라고 잘못 읽는 경우가 많았다. 그래서 1927년 국제연맹의 전문위원회는 'O형'을 정식 명칭으로 결정했다.

187 | 의사가 사용하는 청진기는 어린이의 장난에서 시작되었다

청진기는 의사가 환자의 심장 소리나 폐의 소리 등을 들을 때 사용한다.

청진기가 탄생하기 전에는 의사가 병을 판단할 때 환자의 몸을 손가락으로 가볍게 두드려 소리를 듣기도 하고, 가슴에 귀를 대고 소리를 들을 수밖에 없었다. 하지만 여성 환자에게 의사가 직접 귀를 대고 듣기는 서로 쑥스러운 일이며, 또 가슴이 큰 경우에는 소리가 잘 들리지 않는다는 문제도 있었다.

그러던 중 1815년에 프랑스 의사인 라에네크는 어린이가 나무 막대기 끝을 귀에 대고 놀고 있는 모습을 보고 힌트를 얻었다. 종이를 통처럼 둥글게 말아 환자의 가슴에 대어 보니 심장 소리가 뚜렷하게 들려왔다. 그는 바로 여러 가지 통 모양의 도구를 제작했으며 이것이 개량을 거듭해서 현재의 청진기가 된 것이다.

188 | 불상의 머리는 왜 펀치파마 모습일까?

불상의 머리를 보면 흡사 펀치파마를 한 것 같은 머리형을 하고 있다. 이 불상의 머리털을 '나발(螺髮)'이라고 부른다. 나발은 소라껍데기와 같은 모양을 한 부처의 머리털을 가리킨다. 해탈을 한 부처의 신체적 특징을 모은 '삼십이상 팔십종호'에는 '나발은 둥글다'라고 나와 있다.

189 | 충치가 있으면 우주 비행사가 될 수 없다?

충치가 있으면 우주 비행사가 될 수 없다고 하는데 이 말은 사실이다. 우주에서 외부 활동을 할 때, 우주복 안의 기압은 약 0.3으로 압축되기 때문에 만일 충치가 있어서 이에 기포가 생기면 공기가 팽창해서 이의 안쪽부터 압박이 가해지고 극심한 통증이 생긴다. 최악의 경우에는 이가 파열할 위험도 있다고 한다.

그러나 충치가 있어도 완벽하게 치료를 했다면 괜찮으며 이에 충전물이 있어도 문제가 없다. 우주 비행사는 우주 공간에 나가서 충치가 아플 경우를 대비해 펜치로 충치를 뽑는 훈련도 한다고 한다.

190 | 눈은 10대부터 '노화'가 시작된다?

40대에 접어들어 눈이 피곤하다고 느낀다면 그것은 '노안'의 시작일지도 모른다. 노안은 나이를 먹으면서 눈의 조정력 쇠퇴로 일어난다.

눈은 안구 내의 수정체 두께를 조정해서 초점을 맞추는데 나이를 먹으면 이 수정체가 딱딱해지거나 수정체의 두께를 바꾸는 모양체(毛樣體)라고 하는 근육이 쇠퇴해서 수정체를 충분히 두껍게 할 수 없게 된다.

실은 이 조정력의 저하는 빠르면 10대 무렵부터 천천히 시작된다고 한다. 그러나 젊을 때는 수정체가 유연해서 가까운 곳을 볼 때는 모양체에 세게 힘을 줄 수 있기 때문에 모양체가 쉽게 두꺼워지고 초점을 맞출 수 있는 것이다.

191 | 남성을 상징하는 '♂'는 무엇일까?

남성을 상징하는 기호인 '♂'는 그리스 신화에 나오는 전쟁의 신 아레스(로마 신화에서는 마르스)를 형상화한 것으로, 서양의 점성술에서는 화성을 나타내고 있다. 한편 여성을 의미하는 '♀'는 미의 여신 아프로디테(로마 신화에서는 비너스)를 상징하며 금성을 나타낸다.
1753년 스웨덴의 학자 칼 폰 린네가 '♂'와 '♀'의 형태가 남녀 성기를 닮았다고 여겨 '남자', '여자'를 나타내는 기호로 사용하면서 널리 쓰이게 되었다.

192 | 나사를 오른쪽으로 돌리는 이유

나사를 오른쪽으로 돌려서 조이는 이유는 인간이 잘 쓰는 팔과 관련이 있다.
손목에서 팔꿈치까지의 부분은 '아래팔(前腕)'이라고 하는데 이것을 바깥쪽으로 돌리는 운동을 '회외(回外)', 안쪽으로 돌리는 운동을 '회내(回內)'라고 하며 '회외' 작용이 더 강한 힘을 발휘할 수 있다. 그리고 나사를 조이고 풀 때, 조이는 편이 더 강한 힘을 필요로 한다.

세계적으로 왼손잡이 비율은 9명 중 1명으로 오른손잡이가 압도적으로 많다. 즉 나사는 오른손잡이가 '회외' 작용을 할 수 있도록 오른쪽으로 돌리는 구조를 선택한 것이다.

193 | 혈액형이 다른 태아가 엄마의 배 속에서 자라는 이유

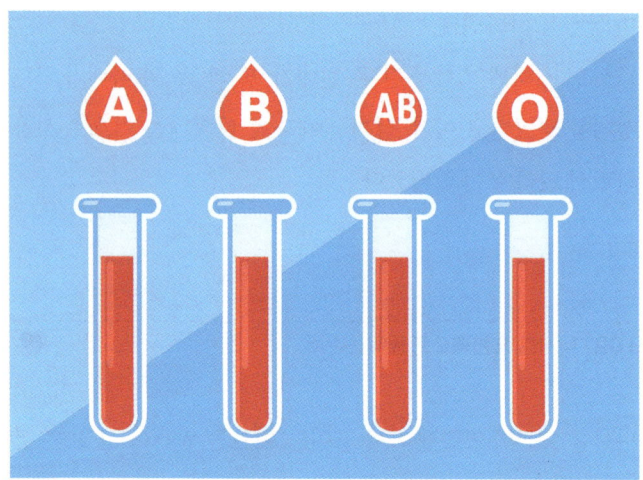

혈액형 유전자는 부모에게서 하나씩 물려받는다. A형 아이는 부모에게서 A형 유전자를 물려받아 'AA'이거나 A형과 O형

유전자를 물려받은 'AO'이다. B형 아이도 마찬가지로 'BB'이며, AB형 아이는 'AB', O형 아이는 'OO'가 된다. 즉 AB형 어머니와 O형 아버지의 경우, 아이는 A형 또는 B형이 된다.

그런데 여기서 의문이 드는 점은 어머니와 다른 혈액형의 태아가 어떻게 어머니의 배 속에서 자랄 수 있나 하는 것이다.

사실 태아는 어머니의 태반을 매개로 산소와 영양을 공급받아 노폐물을 배출한다. 다시 말해 혈관 자체는 직접 연결되어 있지 않다. 통상 어머니와 태아의 혈액이 직접 섞이는 경우가 없기 때문에 혈액형이 달라도 문제가 없는 것이다.

194 | '맹장염'은 맹장의 질환이 아니다

대장과 소장이 연결된 부분 옆으로 쓰러진 T자 모양의 부분을 '맹장'이라고 부른다. 오른쪽 하복부에 통증이 있는 질환을 '맹장염'이라고 부르는데 정확한 병명은 '충수염'이다.

충수는 맹장의 끝부분에서부터 아래로 늘어진 길이 7~8cm의 가느다란 관 모양의 돌기이다. 충수염이란 이 충수의 내부가 세균에 감염되어 염증을 일으킨 상태를 말한다.

충수는 특별한 역할이 없는 퇴화된 기관이라 여겨졌으나, 지금은 림프 조직이 모여 있어서 생체 방어 작용을 하는 기관으로 알려져 있다.

195 | 달릴 때 옆구리가 아픈 이유는?

어릴 때, 갑자기 달리면 왼쪽 옆구리가 아팠던 경험이 있을 것이다. 달릴 때 옆구리에 통증을 느끼는 이유는 상복부 좌측에 있는 '비장'과 관계가 있다.

비장은 피를 만들거나 피를 저장하고 면역을 관장하는 장기이다. 운동을 심하게 하면 근육은 많은 산소를 필요로 하게 되고 이 비장에서 저장하고 있던 혈액을 내보내는데, 혈액을 충분히 내보내기 위해 급격히 수축했던 비장은 이로 인해 일시적으로 붓는다고 한다. 또 왼쪽 횡격막은 대장이 크게 휘어져 있어서 가스나 변이 쌓이기 쉽다. 먹고 나서 바로 뛰게 되면 이 부분이 흔들려서 통증이 생기기도 한다.

196 | 여성이 일생 동안 배란하는 난자의 수는?

여성의 난자는 모체에서 자라는 태아기에 이미 만들어지기 때문에 태어난 뒤에 난자의 수는 늘어나지 않는다.

태어날 때 가지고 있는 난자의 수는 약 200만 개인데, 여성이 첫 생리를 할 때까지 난소 안에서 잠을 자고 있으며, 거의 절반인 100만 개는 성장을 멈춘 상태이고 나머지 100만 개도 성장 과정에서 자연스럽게 감소한다.

그리고 사춘기 무렵에는 약 1000개, 하루로 치면 30~40개씩 감소한다. 그래서 개인차는 있지만 여성이 일생 동안 배란하는 난자는 400~450개라고 한다.

197 | 칠판을 손톱으로 긁었을 때 나는 소리가 불쾌한 이유

학교에 있는 칠판이나 판유리, 발포스티로폼 등을 손톱으로 긁었을 때 나는 '끼이익' 소리는 무척이나 불쾌하게 들린다.
최근 연구에 의하면 인간이 가장 불쾌하게 느끼는 소리는 2000~4000Hz의 주파수대라고 한다. 또한 인간의 귀는 이 불쾌한 대역을 증폭하는 구조라고 한다.
이런 소리가 귀에 거슬리는 원인은 명확하지 않지만 첫째로 먼 옛날 인류의 천적의 소리를 닮았기 때문이라는 설도 있다. 인류는 '그 소리'에 과민하게 반응함으로써 위험을 피하고 살아남았다는 것이다.

198 | '춘(春)'이라는 한자는 왜 성적 표현에 사용될까?

'춘(春)'은 싹이 트는 계절을 의미하며 '청춘'처럼 밝은 표현으로 사용된다. 그런데 다른 한편으로는 '매춘'이나 '회춘', '춘화'와 같은 성적인 표현으로 사용되기도 하는데 그 이유는 무엇일까?

음양오행에 따르면 1년은 음과 양의 기가 차례로 순환한다고 한다. 봄, 즉 춘은 겨울의 음에서 여름의 양으로 바뀌는 경계이다. 즉 양기가 점차 높아지는 계절이다.

양의 상징은 남성이고 음의 상징은 여성으로 여겨져서 음에서 양으로 기가 높아지면 여성은 남성을 원하게 된다고 한다. 그래서 남성에 성적 충동을 일으키고, 여성이 남성에게 성적 행동을 취하는 것을 '춘'이라는 한자로 표현하게 됐다고 한다.

199 | 남극에서는 감기에 걸리지 않는다?

날씨가 추우면 감기에 걸리기 쉽지만 단지 춥다고 해서 감기에 걸리는 것은 아니다. 감기의 직접적인 원인은 바이러스 때문이며 보통 바람이나 새, 인간 등이 감염을 옮긴다.

그러나 남극과 같은 극한의 환경에서는 바이러스 자체가 죽어버리기 때문에 아무리 추워도 감기에 걸리지 않는다. 또 바이러스가 없는 환경에 장기간 체류하면 인체의 저항력이 떨어져서 귀국하면 순식간에 감기에 걸린다고 한다.

참고로 남극에 파견되는 관측 대원은 새로운 바이러스를 옮기지 않도록 감기나 충치, 무좀 등을 완전히 치료한 뒤에 파견

된다고 한다.

200 | 검은 점에서 두껍고 긴 털이 자라는 이유는?

검은 점에서 자라는 털 중에 유독 두껍고 긴 털이 많은 이유는 무엇 때문일까? 검은 점은 피부세포 이상 원인으로 생긴다. 피부 표피 아래에 있는 멜라닌을 만드는 세포가 어떤 원인으로 활성화하면 피부에 이상이 생겨 검어지는데 이 색소성 모반세포가 부풀어 오른 것이 검은 점이다.

체모도 마찬가지로 표피세포가 변형한 것이다. 세포가 활성화하면 모근에 영향을 미쳐서 두껍고 긴 털이 생긴다. 모반세포는 털의 근원에 있는 모낭에 모이기 쉬워서 털도 자라기 쉽다고 한다.

201 | 고대 로마에서는 피임구를 청동으로 만들었다

인류는 유사 이전부터 다양한 방법으로 피임을 해왔다. 19세기에 고무를 발견하기 전까지 대부분 동물의 껍질이나 창자로 콘돔을 만들었다는 이야기는 유명하다.

또 한 가지 특이한 피임법은 스펀지를 활용한 것이다. 자궁경부에 넣어서 정액을 흡수하는 방법인데 이는 수천 년 전부터 이용되어 온 효과적인 피임법이었다. 또 기원 전후의 고대 로마에서는 질 내에 삽입해서 자궁을 막는 페서리(링 모양의 피임구)가 사용되었는데 이것은 청동으로 만들었다고 한다.

202 | '방탄조끼', '사랑의 글러브'란 무엇일까?

피임용구인 '콘돔'의 역사는 의외로 길어서 기원전 3000년경에는 양이나 돼지 등의 방광을 사용했던 것으로 알려져 있다. 콘돔이라는 명칭의 유래에는 여러 가지 설이 있으나 그중 잉글랜드 왕인 찰스 2세의 어의였던 닥터 콘돔의 이름에서 유래했다는 설이 가장 유력하다.

찰스 2세는 비적출자를 14명이나 두었는데 그 이상 많아지면 왕위계승 때 문제가 일어날 것이라 염려하여 닥터 콘돔에게 피임용구를 고안하라고 명령했다. 이에 만들어진 것이 양의 창자로 만든 덮개인데 여기에 '콘돔'이라는 이름을 붙였다.

외국에서는 콘돔을 여러 가지 이름으로 부르기도 한다. 예를 들어 방탄조끼(홍콩), 사랑의 글러브(오스트리아), 음란한 봉투(독일), 조니(아일랜드), 비너스의 셔츠(포르투갈), 페니스형 표주박(인도네시아) 등과 같다. 각 나라의 특성이 나타나 있는 듯해서 재미있다.

203 | 사람의 심장은 평생 약 28억 번 뛴다고?

심장은 왼쪽 가슴에 위치한 장기로 몸 전체에 혈액을 보내는 펌프 역할을 담당하고 있다. 크기는 주먹 정도이며, 무게는 통상 200~300g이다. 심장은 4개의 방으로 이루어져 있는데 오른쪽 위에 있는 방을 우심방, 오른쪽 아래에 있는 방을 우심실, 왼쪽 위에 있는 방을 좌심방, 왼쪽 아래에 있는 방을 좌심실이라고 부른다.

심장은 1분에 70~90번 정도 수축과 이완을 되풀이하며 매분 5L나 되는 혈액을 온몸에 순환시킨다. 즉 하루에 약 10만 번, 평생을 계산하면 28억 번이나 계속해서 움직인다는 계산이 나온다.

알면
도움이 되는
세계 상식

사회생활 · 신체의약 · 세계 · 동물·곤충·식물 · 예술·스포츠 · 과학·수학 · 음식 · 역사

204 | 세계 역사상 가장 고액의 지폐는?

세계 역사상 가장 고액인 지폐는 얼마일까? 그것은 1946년 헝가리에서 인쇄된 지폐인데 금액은 10해 펭괴(pengő)라고 한다. 조의 1만 배가 경(京)이고 경의 1만 배가 바로 해(垓)이다. 숫자로 표기하면 '1000000000000000000000(10의 21승)'이나 된다. 제2차 세계대전 뒤 헝가리에서는 물가가 급등하는 하이퍼인플레이션이 발생했기 때문에 이런 고액지폐가 만들어질 수밖에 없었다. 가령 아침에 4천 원이던 빵이 저녁에는 두 배인 8천 원이 되는 것처럼 물가가 급격한 속도로 상승했다.

아주 짧은 기간에 물건의 가격이 몇 만, 몇 억, 몇 조로 상승했기 때문에 무엇을 사든 대량의 지폐가 필요해졌고, 그 결과 지폐 한 장의 가치는 휴지 조각처럼 떨어졌다. 이것을 해결하기 위해 '0'을 늘리자 이런 고액의 지폐가 탄생한 것이다.

205 | 인도 신문에는 왜 신랑 신부 모집 광고가 많을까?

인도 신문에는 신랑 신부 모집 광고가 몇 페이지에 걸쳐 실려 있다. 인도에서는 '만남'의 기회가 적은가 하고 생각할지 모르지만 실은 그렇지도 않다.

인도에서는 약 3500년 전부터 이어져 내려온 신분 제도인 '카스트'가 있다. 최고 지위인 브라만(승려)부터 귀족과 무사 계급인 크샤트리아, 상인인 바이샤, 노예인 수드라의 4계급이 있으며, 예전에는 그 아래에 불가촉천민이라고 불리는 피차별 카스트가 있었다.

영국으로부터 독립한 뒤 인도는 카스트에 의한 차별을 헌법으로 금지했고, 고등교육을 받고 도시에 사는 사람일수록 카스트에 구애받지 않는 경향이 있다. 그러나 지금도 인도에서는 연애결혼을 하는 사람은 소수에 불과하고, 신분이 달라 부모에게 결혼 승낙을 받지 못해 자살하는 비극도 일어난다고 한다.

신문 모집 광고에는 본인의 학력과 외모, 상대에게 바라는 조건과 함께 자신이 속한 카스트가 적혀 있다. 이것은 카스트 제도가 지금도 강하게 남아 있다는 증거다.

206 | 두바이에 주소가 없는 이유

아랍에미리트(UAE)를 구성하는 수장국 중 하나인 '두바이'는 최고층 빌딩과 호화 호텔 등의 최신 건물이 즐비하다. 그런데 이곳에는 주소가 존재하지 않는다. 지역명이나 건물명은 있어도 번지와 같은 규정이 없기 때문이다. 그래서 우편물은 자택이 아닌 근무지의 사서함, 우체국에서 빌린 사서함으로 배달된다. 또한 이곳을 방문해 택시를 탈 경우, 택시 기사가 길을 모르면 설명이 필요하기 때문에 목적지를 알 수 있는 지도가 필수품이라고 한다.

두바이에 주소의 개념이 없는 이유는 이들의 뿌리가 정착 생활을 하지 않는 사막 유목민인 베두인이기 때문이다.

207 | 테이블 나이프 끝은 왜 둥글까?

레스토랑에서 양식을 먹을 때 끝이 둥근 나이프를 사용하는 데는 그 이유가 있다.

테이블 나이프 끝이 둥글게 된 것은 17세기 프랑스에서였다.

본래 나이프는 끝이 뾰족해서 귀족들은 식사 후에 이 나이프 끝으로 이를 청소했다고 한다. 어느 날, 루이 13세의 재상인 리슐리외는 자신의 집에 온 신분이 높은 손님이 나이프로 이를 청소하는 모습을 보고 분개하여 급사장에게 집에 있는 모든 나이프의 끝을 둥글게 깎을 것을 명령했다고 한다.

그 후 나이프로 이를 청소하는 행동을 못마땅하게 생각하던 귀부인들이 리슐리외의 둥근 나이프를 주문했다고 한다. 이렇게 해서 끝이 둥근 나이프가 프랑스에서 세계로 퍼져 나갔다고 한다.

208 | 허리케인에 여성 이름을 붙인 이유는?

허리케인은 여름에서 가을에 걸쳐 카리브해 등지에서 발생한다. 2005년의 '카트리나', 2012년의 '샌디'와 같이 허리케인은 인간에게 큰 재난을 초래하기도 했다.

허리케인에 여성의 이름을 붙인다는 사실은 잘 알려져 있다. 이것은 제2차 세계대전 무렵, 열대 저기압을 향해 조사 비행을 한 미 해군과 공군 대원이 허리케인에 자신의 아내와 연인의 이름을 붙인 것에서 유래한다. 허리케인은 여성처럼 예측 곤란하다는 이유에서 붙여졌다는 설도 있다.

이렇게 보면 '허리케인=여성 이름'이라고 생각하기 쉽지만 현재 허리케인의 이름은 미국국립허리케인센터가 명명하고 있으며, '남녀평등'의 관점에서 1979년 이후부터는 남성과 여성의 이름을 번갈아가며 붙이고 있다. 현재에는 6개 조합의 허리케인명 리스트가 있으며 1년에 1개 조합씩 6년 주기로 이름을 사용하고 있다.

209 | 미국의 주에 붙여진 재미있는 별명

미국의 주에는 각각의 특징에 따라 붙여진 별명이 있다. 예를 들어 골드러시로 북적거렸던 캘리포니아주는 '황금의 대지', 아메리카 신대륙의 첫 번째 식민지였던 버지니아주는 '예로부터의 영토' 등 주의 특징을 나타내는 명칭이 붙어 있다.
또한 재미있는 별명으로는 인디애나주의 '미국의 시골', 미주리주의 '증거를 보여주는 주', 오리건주의 '비자의 마을', 루이지애나주의 '펠리컨이 앉는 땅' 등이 있다. 그러나 대부분은 그 유래조차 분명하지 않다고 한다.

210 | 새똥으로 경제를 유지하는 나라

태평양 한가운데, 적도 근처에 나우루공화국이라는 나라가 있다. 총면적 21km²의 작은 섬나라인 나우루공화국은 새똥과 밀접한 관계가 있다.

나우루공화국은 산호초로 이루어진 섬인데 국토의 5분의 4가 인광석 광상(鑛床)으로 덮여 있다. 나우루의 유일한 산업은 바로 이 인광석 채굴이며 이것을 수출해서 나라의 경제를 유지하고 있다.

그런데 이 인광석은 석회질(산호초)의 기암(基岩)과 앨버트로스(신천옹)라는 새의 퇴적물(똥)이 화학 변화를 일으켜 생긴 물질이다. 인광석은 본래 새의 똥이기 때문에 나우루공화국은 새똥으로 나라의 경제를 유지하고 있는 것이다.

211 | 전쟁이 나면 국기를 거꾸로 다는 나라

나라마다 다양한 국기가 있지만, 그중 필리핀의 국기는 조금 특이하다.

필리핀 국기는 왼쪽에 하얀색의 삼각형이 있고 안에는 태양이 그려져 있다. 이 삼각형의 오른쪽 위쪽은 파란색, 아래쪽은 빨간색이며, 하얀색은 순결과 평화, 파란색은 숭고한 정치적 목적, 빨간색은 용기를 상징하고 있다.

평소 필리핀 국기는 파란색이 위에 오도록 게양하지만 전쟁 상태가 되면 위아래를 뒤집어 빨간색이 위로 오도록 게양하고 있다.

특이하기론 그리스 국기도 마찬가지다. 그리스 국기에는 파란색과 하얀색으로 이루어진 9개의 가로 줄무늬가 있는데, 바다에서 사용할 때는 9개의 가로 줄무늬가 없는 국기를 사용하게 되어 있다. 그래서 올림픽 개회식과 같이 육지에서 열리는 행사에서 사용하는 국기와 바다에서 열리는 경기(요트 경기)에 사용하는 국기가 다르다.

212 | 추운 지방 사람들은 얼굴이 둥글고 키가 작다?

미국의 지리학자인 엘스워드 헌팅턴에 의하면 동아시아 기후는 600년 주기로 크게 변동한다고 한다. 즉 300년 동안 온난기에서 냉한기로 향하고, 그 후 300년 동안 냉한기에서 온난기로 변화한다고 한다. 그리고 온난기에는 얼굴이 길고 키가 큰 사람이 많고, 냉한기에는 얼굴이 둥글고 키가 작은 사람이 많아진다고 한다.

213 | 미국 달러는 왜 녹색일까?

미국의 달러 지폐는 모두 사이즈가 같으며 색깔 역시 모두 녹색으로 인쇄된다.

본래 미국의 지폐는 검은색으로 인쇄해서 위조 방지를 위해 미세하게 색을 가미했음에도 위조를 막지 못했다. 지폐의 검정 잉크를 그대로 남겨두고 색을 가미한 잉크만 손쉽게 지울 수 있었기 때문이다. 위조지폐는 다른 색 잉크를 지우고 카메라로 찍은 것을 복사한 후 그 위에 다른 색 부분을 겹쳐 인쇄해서 만들었다.

그래서 아메리칸 뱅크 노트 컴퍼니(American Bank Note Company)의 설립자 중 한 명인 트레이시 에디슨은 위조 방지 대책으로 검은색 잉크마다 사라지는 색 잉크를 고안했다. 이 위조 방지용 잉크가 바로 녹색이었다. 왜 녹색을 선택했는지는 명확하지 않지만 이후 달러 지폐를 모두 녹색으로 인쇄하기 시작했다.

214 | 에베레스트보다 높은 산이 있다?

대부분의 사람은 에베레스트가 세계에서 가장 높은 산이라고 알고 있다. 이것은 정답이면서 정답이 아니다.

에베레스트는 8848m로 육지에 있는 산 중에서 가장 높은 산이다. 이런 의미에서는 정답이지만, 섬에 있는 산 중에는 해저부에서 높이를 재면 에베레스트보다 훨씬 높은 산이 있다. 이 산이 세계에서 가장 높은 산이라고 간주하면 에베레스트가 세계 최고의 산이라는 말은 정답이 아닌 것이다.

에베레스트보다 높은 섬의 산은 하와이에 있는 마우나케아(Mauna Kea)산이다. 마우나케아는 해발 4205m, 즉 해면 위로 솟아 있는 부분은 4205m이지만 기저부(해저부)부터 재면 높이가 1만 205m이다. 에베레스트는 8848m이니 마우나케아는 에베레스트보다 훨씬 높다.

215 | 'V' 사인이 'NG'의 의미인 나라가 있다?

손가락으로 표현하는 'V' 사인은 평화를 기원하는 사인, 또는 승리를 어필하는 사인으로 널리 알려져 있지만 나라에 따라서는 주의가 필요하다.

가령 그리스에서는 손바닥을 보이며 V 사인을 할 경우 상대방이 모욕을 당했다고 느낄 수 있다. 이는 예전에 범죄자가 손가락 두 개로 물건을 던진 것에서 유래한다고 한다.

또 자기 쪽으로 손바닥을 향하면 V 사인의 의미가 달라지는 나라도 있다. 영국과 오스트레일리아 등에서 통상 V 사인은 승리를 의미하지만 손바닥을 반대로 하면 성적인 표현에서 유래하는 야유와 모욕을 하는 행동이라고 한다.

216 | 미국은 왜 '합주국'이 아니라 '합중국'일까?

아메리카 합중국은 영어로 'United States of America'라고 쓴다. 'States'는 '주'를 말하는 것으로 미국은 글자 그대로 50개 주로 구성되어 있는 나라다. 그 점을 생각하면 '합중국'보다는 '합주국'이 더 적절해 보이기도 한다.

사실 '합중국'이라는 말은 한국에서 번역한 것이 아니라 중국에 정통한 독일인 선교사에 의해 번역되어 중국에서 한국으로 전해졌다고 알려져 있다. 합중국이라고 한 이유는, 독립된 자치권을 가진 각 주가 일치 협력하여 경영하는 국가라는 의미를 포함하고 있기 때문이라고 한다.

합중국이라는 말이 처음 문헌에 등장한 것은 청나라와 미국 사이에 체결된 1844년의 왕샤조약으로, 그곳에는 '아미리가 대합중국(亞美理駕大合衆國)'이라고 적혀 있다.

217 | 와이키키 해변은 인공 해변이다?

아름다운 장관이 펼쳐지는 하와이의 와이키키 해변은 세계적인 관광지로 유명하다. 그런데 이곳을 자연이 빚어낸 천연 해변이라고 생각하는 사람이 많지만 실은 인공적으로 만든 해변이다.

'와이키키'란 하와이 말로 '물이 샘솟는다'라는 의미로 이곳은 본래 토란과 바나나 재배가 왕성한 습지였다. 1898년 하와이가 미국의 자치령으로 병합되자 와이키키를 리조트로 만들기 위해 대규모 토지개발계획이 시작됐다. 1901년 와이키키의 리조트 호텔의 선구인 '모아나 호텔'이 문을 열자, 습지대였던 해변을 캘리포니아에서 운반한 흰모래로 메워서 인공 해변을 완성했다. 세계 유수의 비치 리조트는 이렇게 완성되었던 것이다.

218 | 홍콩은 왜 '향기로운(香) 항구(港)'일까?

홍콩(Hong Kong)은 중국 표준어로 시앙강(xianggang)이라고 하며, 홍콩이라는 말은 광둥어 발음이다. 홍콩(香港)을 한자 그대로 해석하면 '향기로운 항구'라는 의미인데, 왜 이런 이름을 갖게 되었을까?

홍콩 지명의 유래에 대해서는 몇 가지 설이 있다. 본래 홍콩은 향신료를 수입하는 항구였다. 동남아시아에서 나는 백단향, 침향 등의 향목을 수입하는 중국의 항구가 바로 홍콩이어서 '홍콩(香港)'으로 부르게 됐다는 설이다.

다른 설도 있다. 남중국해에서 활개를 치던 린훙(林鳳)이라는 해적의 근거지가 홍콩이었던 탓에 당시에는 '鳳港(훙콩)'이라 불렸는데, 후일 '香港(훙콩)'으로 한자가 바뀌었다고 한다.

219 | 극한의 섬인데 왜 '그린란드'일까?

덴마크령인 '그린란드'는 캐나다 북쪽에 위치한 섬이다. '녹색의 대지'라는 이름 때문에 따뜻한 곳일 거라고 연상되지만 이곳은 일 년 내내 눈과 얼음으로 덮인 극한의 섬이다.

이 섬을 그린란드라고 명명한 사람은 통칭 '빨간 에리크'라고 불리던 인물이다. 982년에 살인죄를 저질러 국외로 추방당한 에리크는 탐험 끝에 얼음으로 둘러싸인 섬을 발견했다. 국외 추방에서 돌아온 그는 "푸르고 울창한 대지를 발견했다!"라고 거짓말을 해서 이주민을 모았다고 한다.

그는 이전에 한 섬을 '아이슬란드'라고 명명하고 이주민을 모았지만 실패했던 경험을 살려 사실과는 다르게 희망을 품을 수 있는 이름을 붙였던 것이다.

220 | 싱가포르는 세계에서 국어를 가장 쓰지 않는다고?

동남아시아의 섬나라인 싱가포르는 약 387만 명(싱가포르인과 영주자)의 인구 가운데 74%가 화교, 13%가 말레이계, 8%가 인도계, 그 외(아랍계·유라시아계)가 5%를 차지하고 있다.

이처럼 화교가 압도적으로 많은 싱가포르지만 국어로 제정된 것은 '말레이어'다. 그런데 말레이계 이외의 국민들이 국어인 말레이어를 사용하는 것은 독립기념일이나 식전 때에 국가 '마주라 싱가푸라'를 부를 때뿐이다. 국가의 의미조차 모르며 단지 소리를 내서 따라 부르는 사람들도 많다고 한다.

싱가포르 공공학교에서의 교육은 전부 영어를 사용한다. 실질적인 국어는 영어인 셈이다. 그럼에도 불구하고 말레이어가 국어인 것은 어째서일까? 싱가포르는 1965년에 독립하기 전에는 말레이시아연방의 일부였다. 독립 뒤에도 그 말레이시아와 말레이계 국민이 다수를 점하고 있는 인도네시아에 대한 배려를 하고 있기 때문이라고 한다.

221 | 할리우드가 영화의 성지가 된 이유

미국에서 영화의 성지라고 하면 할리우드를 떠올리는데, 예전에는 동쪽 해안에 있는 뉴욕이나 시카고가 영화 제작의 중심지였다. 서쪽 해안에 있는 할리우드에서 영화가 만들어지기 시작한 데에는 여러 가지 이유가 있었다.

당시는 필름의 감도와 조명 설비 능력이 좋지 않았기 때문에 영화 촬영은 외광에만 의존했다. 그 때문에 비가 계속해서 내리면 스케줄이 연장되어 제작비가 늘어난다는 고민이 있었다. 그런 점에서 계절과 상관없이 맑은 날이 이어지는 기후의 할리우드는 촬영지로 최적이었다.

또한 할리우드에는 다수의 금주주의자들이 살고 있었다. 따라서 조례로 술집의 영업시간을 제한하고 있었기에 술집은 완전히 쇠퇴해 있었다. 그 모습이 서부영화 촬영지로 아주 적합했다는 점도 선택을 받게 된 이유 중 하나였다고 한다.

222 | 카타르의 국기는 폭이 세상에서 가장 길다?

아라비아반도에 위치한 카타르는 1971년에 영국으로부터 독립한 나라인데 이때 제정한 국기는 세상에서 폭이 가장 길다. 국기의 폭이 높이의 2.5배 이상이다. 그렇기 때문에 국제적인 스포츠 대회 등에서는 다른 나라와의 균형을 생각해서 폭을 짧게 한 국기를 걸고 있다.

카타르의 국기는 흰색과 밤색, 2가지 색으로 구성되어 있는데, 흰색은 평화, 밤색은 카타르가 전쟁에서 흘린 피를 의미한다. 그리고 9개의 톱니는 1916년에 영국과 보호조약을 맺은 9번째 걸프 지역의 수장국임을 나타낸다고 한다.

223 | 할로윈은 죽은 자로부터 달아나기 위한 무시무시한 축제였다

10월 31일에 행해지는 연중행사인 '할로윈'은 기독교의 여러 성인을 축복하는 만성절의 전야제로 알려져 있으나, 원래는 유럽의 원주민인 켈트족의 축제였다.

켈트족에게 11월 1일은 1년 동안의 수확을 신에게 감사하는 신년의 첫 번째 날이다. 그런데 켈트족은 축제의 전날이 죽은 자들의 영이 오는 날이라 여겼기 때문에 어린이들을 유령으로 변장하게 해서 악령이 접근하는 것을 피하려고 했다. 이런 풍습이 기독교로 유입되었고 세계적으로 퍼져 나간 것이 바로 할로윈이라고 한다.

224 | 인도네시아와 모나코의 국기는 완전히 똑같다?

인도네시아의 국기는 1949년에 네덜란드로부터 독립하면서 제정되었다. 아래쪽 절반은 순백을 상징하는 흰색, 위쪽 절반은 용기를 상징하는 빨간색, 2가지 색으로 구성되어 있는데 이는 '순백 위에 선 용기'를 의미한다.

그런데 이 국기와 모나코 공국의 국기는 완전히 똑같은 디자인을 하고 있다. 모나코의 국기는 1881년에 제정되었기에 인도네시아에 변경을 요구했으나 거부당한 경위가 있다.

배색도, 적색과 백색의 균형도 완전히 똑같은 두 국가의 국기지만, 딱 한 가지 다른 점은 가로와 세로의 비율이다. 인도네시아가 2대 3인데 비해서 모나코는 4대 3으로 약간 세로가 길다.

225 | 태평양이 '태(太)'이고 대서양이 '대(大)'인 이유

포르투갈의 마젤란이 태평양 횡단에 성공했을 때, 그는 파도와 바람이 없는 평온한 바다를 보고 라틴어로 '평온한 바다'를 의미하는 'Mare Pacificum'이라고 명명했다. '태평양'은 이 말을 한자로 번역한 것으로 평온이라는 의미를 가진 '태평(泰平)'에서 유래한다.

대서양은 유럽의 서쪽 바다 위에 있는 전설상의 대륙인 아틀란티스와 관계가 있다. 'Atlantic Ocean'을 번역할 때, '아틀란티스'의 의미를 잘 알지 못했기 때문에 유럽의 서쪽에 있는 커다란 바다라는 의미로 '대서양(大西洋)'이라고 했다고 한다.

226 | 아마존강의 지하에는 더 큰 강이 흐른다

남미를 흐르는 길이 6516km의 아마존강은 아프리카 나일강(6650km)에 이어 세계에서 두 번째로 긴 강이다. 유역 면적은 약 750만 km²로 세계 최대이다.

2011년 브라질 국립천문대의 연구 그룹이 아마존 지역의 지열을 조사한 결과, 4km 지하에 수맥이 있다고 발표했다. '암사강'이라고 이름 지은 이 큰 강은 페루와 볼리비아 국경에서 아마존강 하구를 향해 북동 방면으로 흐르며, 폭은 아마존강 하구 부근의 배 이상인 200~400km라고 한다.

아마존강의 강물은 초속 2m로 흐르는데 암사강은 토사가 섞여서 1년에 10~100m밖에 흐르지 않는다고 한다.

227 | '파키스탄'이라는 국명은 지역명을 조합해서 만든 조어

'파키스탄(PAKISTAN)'은 우르두어로 '청정한 나라'를 의미하는데 정식 국명은 파키스탄 이슬람 공화국이다. 1947년에 현재의 파키스탄, 인도, 방글라데시, 스리랑카를 포괄한 영국 인도령이 영국에서 독립할 당시 이슬람교도가 많이 살고 있던 지역이 파키스탄이 되었다.

그 국명은 주요한 지역명을 조합한 조어라고 한다. P는 펀자브주, A는 노스웨스트프런티어(북서 변경)주(아프간), K는 카슈미르주, S는 신드주의 머리글자를 딴 것이고 TAN은 발루치스탄주의 어미에서 따온 것이라고 한다.

228 | 외계인에게 메시지를 받았을 때의 가이드라인

만일 일반 사람이 어떤 방식으로든 외계인으로부터 메시지를 받는다면 어떻게 해야 할까?

실은 그런 경우를 대비한 대처법이 국제천문학연합에 의해 정해져 있다. 그에 따르면 먼저 외계인에게 메시지를 받으면 함부로 답신을 해선 안 된다. 개인에게 보낸 메시지라고 생각해서 답신을 하면 외계인은 답을 보낸 사람이 지구인의 대표라고 생각할 수 있기 때문이다.

따라서 메시지를 받으면 답을 하지 말고 각 나라의 천문 기관에 연락하는 것이 정답이다. 한국의 경우는 한국천문연구원이 해당되는데 연락을 받은 천문 기관이 세계 각국의 관계 기관에 통보를 하면, 각국의 정상이 협의를 하는 자리를 마련한다고 한다.

229 | 인도에는 '나무'와 결혼하는 풍습이 있다?

세계에는 여러 가지 '결혼'이 있다. 대한민국은 일부일처제지만, 이슬람의 여러 나라처럼 일부다처제를 인정하는 나라도, 동성 간의 결혼이 합법화되어 있는 나라도 있다. 그 가운데서도 가장 독특한 결혼은, 예전에 인도에서 널리 행해졌던 '목혼(木婚)'일 것이다.

인도에서 다수를 차지하고 있는 힌두교의 최상위 카스트인 브라만 사이에는 동생이 형보다 먼저 결혼해서는 안 된다는 풍습이 있었다. 이 때문에 만약 동생이 사랑하는 사람이 생겨 결혼하고 싶어도, 형이 결혼하지 않았으면 결혼을 할 수 없었다. 이런 경우, 형은 의식으로 수목과 결혼함으로써 동생의 결혼을 가능하게 한 것이다.

그렇다면 수목과 결혼한 형은 사람과 결혼할 수 없는 것일까? 그 수목이 마르거나 쓰러지면 사람과 결혼할 수 있다. 결혼하고 싶은 상대가 있을 경우는 의도적으로 수목을 쓰러뜨려도 상관없었던 듯하다.

230 | 귀찮기 짝이 없는 '스팸 메일'은 통조림 이름에서 유래했다?

홍보성 메일을 '스팸 메일'이라고도 부른다. 이 '스팸(SPAM)'은 미국의 식품 회사가 제조하고 있는 가공 돼지고기의 통조림 '스파이시 스팸'의 약칭이다.

이 통조림의 CM에서는 '스팸, 스팸, 스팸……' 하고 스팸을 연호하고 있는데 이 CM이 영국의 코미디 방송에서 소재로 사용되었다. 레스토랑에서 요리를 주문하려 한 부부가 스팸을 연호하는 바이킹의 노래에 방해를 받아 결국은 스팸을 주문하고 말았다는 내용이다.
이렇게 해서 주문하지도 않았는데 억지로 보내지는 홍보성 메일을 '스팸 메일'이라고 부르게 된 것이다.

231 | 중앙아시아에는 왜 '~스탄'이라는 이름을 가진 나라가 많을까?

중앙아시아와 서아시아에는 우즈베키스탄과 투르크메니스탄, 타지키스탄, 카자흐스탄, 아프가니스탄, 파키스탄 등 이름에 '스탄'이 붙는 나라가 많다.
'스탄'은 나라나 지역을 나타내는 페르시아어의 접미어다. 정확하게는 '이스탄'이라고 하며 'OO의 토지', 'OO의 나라'라는 의미이다.
현재 이란과 아프가니스탄의 일부에서만 사용하는 페르시아어가 이들 나라의 이름에 붙은 이유는 일찍이 페르시아 제국의 지배 아래에 있었기 때문이다.

232 | 2013년, 파리지엔은 마침내 바지 착용이 가능해졌다?

'파리의 여성은 공공장소에서 바지 착용을 금지한다'는 조례가 파리에서 시행된 것은 1800년 11월 17일의 일이다.

여성이 남성처럼 바지를 입어야 할 경우에는 관할 경찰의 허가를 얻도록 규정한 것으로, 1892년과 1902년에 개정되어 자전거나 말을 탈 경우에 한해서는 바지의 착용을 인정하게 되었다.

18세기 말의 프랑스 혁명 시대, 귀족 계급이 퀼로트라 불리는 반바지를 입은 데 비해 노동자 계급 사람들은 긴 바지의 착용이 일반적이었다. 여성들은 혁명의 축이 된 노동자 계급 사람들처럼 긴 바지를 착용하고 혁명에 참가할 권리를 요구했다. 이 조례는 이러한 여성의 정치 활동 요구, 사회 진출을 원하지 않았던 남성 측의 견해로 제정되었다.

이 조례는 사문화되어버리기는 했으나 사실은 얼마 전까지만 해도 유효했었다. 현재의 프랑스 법률은 남녀동권을 표방하고 있으며, 이와 같은 모순을 없애기 위해 2013년에 법률의 폐지를 결정했고 파리 여성들은 마침내 바지를 입는 것을 '법적'으로 허용받게 되었다.

---

233 | 파라과이 국기는 앞뒤 디자인이 다르다

나라마다 국기는 있지만 국기 앞면과 뒷면의 디자인이 다른 나라는 파라과이뿐이다. 중앙에 '오월의 별' 국장이 있는 것이 앞면이고 '자유의 모자와 사자' 문장이 있는 부분이 뒷면이다. 위에서부터 붉은색, 흰색, 파란색의 삼색기 부분은 앞면과 뒷면이 같으며 하얀색 부분의 중앙에 있는 국장과 문장 부분만 다르다.

앞면의 국장은 국가의 공식 행사나 독립기념일 등에 사용되며, 뒷면 문장은 평소에 사용되는데 왜 앞뒤가 다른 디자인을 사용하게 되었는지는 명확하지 않다.

234 | 선글라스는 재판관이 표정을 감추기 위해 쓰던 것이었다

강한 햇빛을 차단하고 눈을 보호하기 위해 쓰는 선글라스는 오늘날 패션을 비롯해서 스포츠에서도 중요한 기능을 하고 있다.

선글라스의 기원은 15세기 전 중국에서 판관이 표정을 감추기 위해 썼던 것으로 알려져 있다. 증거의 진위를 어떻게 판단하고 있는지를 판결까지 비밀로 유지할 필요가 있었기 때문에, 몇 세기 동안 연기로 그을린 석영 렌즈를 끼고 재판에 임하는 것이 규정이었다고 한다.

그리고 1430년 경, 이탈리아에서 시력 교정용 안경이 중국에 들어오자 판관이 이것을 검게 칠해서 사용했다는 일화도 남아 있다.

235 | 미국 대통령 선거는 왜 11월 첫째 화요일일까?

미국의 대통령 선거는 11월 첫째 화요일에 실시한다. 정확하게는 '첫 번째 월요일 다음 화요일'인데 이는 가톨릭 축일인 11월 1일이 투표일이 되는 것을 피하기 위해서이다.

또 '11월'과 '화요일'로 정한 데에도 이유가 있다. 미국은 예전에 농업 국가였기 때문에 본격적인 겨울이 오기 전, 농번기를 피하고 수확이 끝나는 시기인 11월을 선택했다. 그리고 일요일은 안식일이고 투표소는 도시에만 설치되어 있었기 때문에 이동 수단인 마차를 사용하면 이동에 많은 시간이 걸렸다. 그래서 월요일에 출발하면 다음 날 투표할 수 있는 화요일을 투표일로 정한 것이다.

236 | 동전과 달리 지폐에 제조 연도가 없는 이유

동전에는 모두 제조 연도가 표기되어 있는데 지폐에는 없다. 옛날에는 동전을 금과 은으로 만들어서 잘 손상되지 않아 반영구적으로 사용할 수 있었기 때문에 제조 연도를 표기했다. 그러나 지폐는 종이로 만들었기에 손상되기 쉬워 사용 기간이 제한되어 있다. 수명이 다한 지폐는 순차적으로 새로운 지폐로 교환해야 하기 때문에 굳이 제조 연도를 기재할 필요가 없는 것이다.

237 | 달의 토지를 3만 원에 살 수 있다고?

우주에 관한 법률 가운데 1967년에 발효된 '우주조약'이라는 것이 있다. 그런데 이 우주조약은 국가가 달을 소유하는 것은 금지하고 있지만, 개인이 소유하는 것에 대해서는 언급하지 않았다.

여기에 주목한 사람이 미국의 데니스 호프 씨였다. 1980년, 그가 샌프란시스코의 행정기관에 신청한 소유권이 수리되었고, UN과 미국 정부, 구소련에 대해서 달의 권리선언서를 송부했다. 이의 신청이 없었기에 그는 루나 엠버시사를 설립하고 달의 토지 판매, 권리서 발행을 시작했다. 가격은 1에이커(1200평)당 약 3만 원으로 구입하면 달의 토지권리서, 달의 지도, 달의 헌법 등 3개의 서류를 받게 된다. 현재 이 회사는 달뿐만 아니라 금성과 화성의 토지 판매도 시작했다고 한다.

238 | 영어에 형이나 동생을 나타내는 단어가 없는 이유는?

한국어에는 형이나 남동생, 언니나 여동생 등 출생 순서를 나타내는 단어가 독립해서 존재하지만, 영어의 경우는 형제를 나타내는 '브라더(brother)'와 자매를 나타내는 '시스터(sister)'밖에 없다.

형이나 남동생, 선배나 후배 등 장유유서를 중요하게 여기는 한국의 종적 사회에서는 누가 나이가 많고 적은지가 중요하지만, 영미 사회에서는 이러한 생각이 아주 희박하기 때문에 형제자매가 서로를 '형님', '누님'이라고 부르는 습관도 없으며, 다른 사람에게 소개할 때 역시 누가 형이고 누가 동생인지를 분명하게 하는 경우도 없다고 한다.

영어에 형이나 여동생을 나타내는 단어가 없는 이유는 영미권의 일상 대화에서는 특별히 필요하지 않는 한, 나이의 상하를 설명해야 하는 경우가 없기 때문이다.

239 | 세계에서 가장 짧은 에스컬레이터는 몇 칸일까?

세계에서 가장 짧은 에스컬레이터는 일본의 가나가와현 가와사키역 지하도 '아제리아'에서 패션스토어 '오카다야 모아즈'로 이어진 연결통로에 있다. 높낮이 83.4cm의 5칸짜리 에스컬레이터로 소요 시간은 불과 5초라고 한다.

'푸치카레타'라는 애칭으로 유명한 이 에스컬레이터는 '세계에서 가장 짧은 에스컬레이터'로 1991년 기네스북에 올랐다고 한다.

240 | '테킬라'는 화산 활동에서 우연히 태어났다?

테킬라는 용설란 줄기에서 짜낸 액을 발효시킨 뒤 증류해서 만드는 멕시코산의 증류주이다. 강한 알코올 도수로 유명한 이 술은 놀랍게도 화산 활동에서 우연히 태어났다고 한다.

18세기 멕시코의 테킬라 마을 부근에서 대규모의 화산 활동이 일어났다. 마을 사람들이 불에 타고 남은 흔적 가운데 나뒹굴고 있는 용설란의 검게 탄 줄기에서 향기로운 냄새가 나는 것을 이상히 여겨 그 줄기를 으깨서 나온 액을 마셔 보니 놀랍게도 향기로운 단맛이 났다.

마을 사람들은 그 액을 사용해서 달콤한 과자를 만들었고, 그 지역을 식민지로 삼고 있던 에스파냐 사람들은 용설란 줄기를 발효, 증류해서 술을 만들었다. 이것이 테킬라의 시작이었다.

멕시코에서는 테킬라의 제조에 까다로운 규정을 만들어놓아, 테킬라 마을과 그 주변 지역에서 증류된 술에만 '테킬라'라는 이름을 쓸 수 있게 했다고 한다.

241 | 〈올드 랭 사인〉은 이별 노래가 아니다?

학교 졸업식이나 백화점 폐점 시간에도 나오는 노래인 〈올드 랭 사인(Auld Lang Syne)〉의 애수 어린 멜로디는 이별 장면에 정말 잘 어울린다.

우리나라에선 '작별'이라는 제목으로 알려진 이 노래의 원곡은 스코틀랜드 민요이다. 그런데 의외로 원곡의 가사는 헤어졌던 친구가 재회해서 술을 마시는 내용이라고 한다. 스코틀랜드 사람들은 이 노래를 백파이프 등으로 활기차게 연주하며 빙 둘러서서 어깨동무를 하거나 춤을 춘다고 한다. 작별은 커녕 기쁜 '재회의 노래'인 것이다.

학교 졸업식에서 관례처럼 불리기 때문에 사람들은 이 노래를 작별의 노래로 인식하고 있는 것은 아닐까?

242 | 왜 '형제 도시'가 아니고 '자매 도시'일까?

문화 교류나 친선을 목적으로 한 도시 사이를 '자매 도시'라고 한다. 그렇다면 왜 '형제'가 아니라 '자매'일까?

자매 도시는 영어로 '시스터 시티(sister cities)'라고 한다. 이 말은 1956년에 아이젠하워 미국 대통령이 제창한 시민과 시민의 프로그램에서 시작되었다. 그는 제2차 세계대전으로 황폐해진 유럽에 희망을 불어넣기 위해서 국경을 초월한 민간 수준의 교류를 활성화해, 상호 간 이해의 깊이를 더해가자고 주장했다. 그때 그가 사용했던 말이 '자매 도시 제휴'였다.

그렇다면 왜 형제가 아닌 자매였을까? 잘 알려진 설은 프랑스어나 이탈리아어, 독일어 등 많은 유럽 국가의 언어에서는 '도시'가 여성 명사이기 때문이라고 한다.

단, 요즘에는 명사의 성별을 없애자는 흐름도 있기에 '우호 도시', '친선 도시' 등과 같은 표현을 쓰는 경우도 늘어난 듯하다.

243 | '영국'이라는 나라는 존재하지 않는다

실은 우리가 '영국'이라고 부르는 나라는 존재하지 않는다. 흔히 우리가 말하는 '영국'은 '그레이트 브리튼 및 북아일랜드 연합 왕국(United Kingdom of Great Britain and Northern Ireland)'을 말한다. 영어의 첫 문자를 따서 'UK'라고 부르기도 한다.

'연합'이라는 말처럼 영국은 하나의 국가가 아니라 잉글랜드, 스코틀랜드, 웨일스, 북아일랜드로 이루어진 연합 국가이다. 외교상으로는 하나의 국가로 취급되지만 잉글랜드 이외의 국가에서는 영어 외에 독자적인 언어를 공용어로 삼고 있으며, 각각 수도를 갖고 있다.

244 | 소국 투발루가 UN에 가맹하기 위해 판 물건은?

남태평양에 떠 있는 섬나라 투발루. 인구 1만 명 정도인 이 남국의 섬은 2000년에 189번째 국가로 UN에 가맹했다.

사실 이 투발루의 UN 가맹은 '우연'이 낳은 산물이었다. 마침 이 나라에 할당된 인터넷의 도메인이 텔레비전을 나타내는 '.tv'였기에 미국 캘리포니아주에 있는 벤처기업인 'dotTV'가 주목을 받게 되었다. '.tv' 도메인 사용권으로 10년에 걸쳐서 합계 5000만 달러(당시의 환율로는 약 59억 원)를 투발루에 지불하겠다는 계약을 맺었고, 투발루는 그 자금을 바탕으로 UN의 연회비를 지불할 수 있게 되었던 것이다.

투발루는 도메인을 매각한 뒤, 국내 총생산(GDP)이 약 700만 달러로 급증했는데 그 가운데 400만 달러가 미국의 회사에게서 받는 수입이었다.

245 | 에베레스트의 표고는 측량할 때마다 바뀐다?

네팔과 중국에 걸쳐 있는 '에베레스트산(티베트에서는 '초모랑마'라고 부른다)'은 세계 최고봉이라고 불린다.

백과사전 대부분에는 에베레스트 표고가 '8848m'라고 표기되어 있다. 이는 1954년 인도 측량국이 경위의(經緯儀)를 이용한 삼각 측량으로 얻은 수치인데 에베레스트의 공식 표고로 정착한 것이다.

그러나 1999년 미국이 인공위성을 이용한 위성항법시스템(GPS)으로 측정했더니 표고가 8850m라는 사실이 판명되었다. 또한 2005년에는 30년 전 8848m라고 측정한 중국이 산 정상에 있는 설빙의 두께를 빼면 8844m라고 발표했다. 이처럼 에베레스트의 표고는 측량을 할 때마다 바뀌고 있다.

246 | 남국의 낙원 '괌'은 '도둑의 섬'이었다

괌은 오세아니아 가운데 유럽 사람이 처음으로 밟은 땅이다. 포르투갈의 탐험가 마젤란이 1521년에 태평양을 항해하던 도중 이 섬에 들렀다.

이때 섬사람들은 마젤란 일행을 환영하고 물과 식량을 제공했지만 대신 배에 실려 있던 짐을 가져갔다고 한다. 섬사람들

입장에서는 물물교환을 한 것이라고 생각했겠지만 화가 난 마젤란은 이 섬을 '도둑 섬'이라고 명명했다.

훗날 그 사실을 알게 된 섬의 장로가 현지 말로 '과한(우리는 가지고 있어야 할 것은 가지고 있다)'이라며 화를 냈다는 데서 '괌'이라고 불리게 되었다고 한다.

247 | 인도 지폐에는 17개 언어가 있다

수천 년에 걸친 민족 이동의 결과로 인도 각지에는 다양한 언어가 분포하고 있다. 인도 정부의 조사에 의하면 인도 내에서는 330종의 계통이 다른 언어가 존재하며, 방언의 차이까지

포함하면 1652종의 언어가 확인되었다고 한다.

현재는 주로 북인도에서 사용하는 힌두어, 표준 공용어인 영어 외에 17개의 언어가 헌법에서 공용어로 인정받고 있기 때문에 전국에서 사용되고 있는 지폐의 인쇄는 실로 복잡하다. 모든 종류의 인도 지폐에는 건국의 아버지로 추앙받는 간디가 그려져 있으며 지폐의 금액이 17개의 언어로 표기되어 있다고 한다.

248 | 우표 때문에 일어난 전쟁

우표 때문에 두 나라가 전쟁으로 치달은 사건이 있다.

카리브해의 히스파니올라섬은 섬의 동쪽 64%가 도미니카공화국, 나머지는 아이티공화국이 차지하고 있다.

1928년 도미니카공화국이 발행한 우표에 인쇄되어 있는 히스파니올라섬의 지도에는 도미니카가 차지하고 있는 실제 영토보다 더 크게 표현되어 있었다. 도미니카는 1801년 아이티에게 점령당한 경험이 있어, 양국은 건국 이래 분쟁이 반복되어 왔다.

도미니카가 발행한 우표가 아이티 국민들의 감정을 훼손했고 이 때문에 양국은 국경에서 자주 충돌했다.

결국 미국의 중재로 양국은 우호관계를 체결하여 이윽고 분쟁은 완화되었고, 1946년 도미니카는 국경을 정확하게 그린 섬의 지도를 인쇄한 우표를 발행했다.

249 | 시장 선거에 이를 사용한 나라가 있다?

예전 스웨덴의 어떤 시(市)에서는 시장을 선출할 때 벌레인 이(蝨)를 이용했다고 한다.
1954년 미국의 자연과학자 루시 클라우젠(Lucy W. Clausen)이 쓴 《곤충》이라는 책 속에 이를 이용한 선거가 소개되어 있다. 책에 의하면 선거는 다음과 같이 이루어졌다.
예전 서양인들은 모두 턱수염을 길렀는데, 시장 후보로 입후보한 사람들은 모두 선거를 위해 몸을 구부리고 앉아서 턱수염을 테이블 위에 얹었다. 그리고 살아 있는 이 한 마리를 테이블 중앙에 풀어놓고, 이가 처음으로 들어간 턱수염의 주인공이 시장으로 선출되었다고 한다.

250 | 아디다스와 푸마는 형제 싸움으로 탄생했다

스포츠 용품 회사인 아디다스와 푸마는 독일에서 탄생했는데, 이 두 회사는 원래 '다슬러 형제 상회'라는 하나의 회사였다.

'다슬러 형제 상회'는 1920년 형인 루돌프 다슬러와 동생인 아돌프 다슬러가 세운 운동화 회사였는데 제2차 세계대전 뒤 회사를 둘러싸고 두 사람 사이에 큰 싸움이 벌어졌다. 1948년 판매 담당이던 루돌프는 독립을 해서 '푸마'를 세웠고, 생산 담당이던 아돌프는 '아디다스'를 설립했다.

참고로 '아디다스'란 아돌프의 닉네임 '아디'와 이름인 '다슬러'를 조합한 것이다.

---

251 | 타이의 수도 방콕의 정식 명칭은 몇 자?

타이의 수도는 방콕이다. 그런데 방콕의 정식 명칭은 너무 길어서 타이 사람들도 외우지 못할 정도라고 한다.

방콕의 정식 명칭은 '끄룽텝 마하나컨 아몬 라따나꼬신 마힌타라 아윳타야 마하딜록 폽 노파랏 랏차타니 부리롬 우돔랏차뉴엣 마하사탄 아몬 삐맘 아와딴 사팃 사카따띠아 윗사느깜 쁘라싯(Krung Thep Mahanakhon Amon Rattanakosin Mahinthara Yuthaya Mahadilok Phop Noppharat Ratchathani Burirom Udomratchaniwet Mahasathan Amon Piman Awatan Sathit Sakkathattiya Witsanukam Prasit)으로 세계에서 가장 긴 지역명으로 기네스북에도 올라 있다.

참고로 타이 사람들은 정식 명칭의 첫 부분을 따서 '끄룽텝'이라고 부르는데 끄룽텝이란 '천사의 도시'라는 의미라고 한다.

252 | 그리스 국가는 가사가 158절까지 있다

세계에서 가장 긴 국가(國歌)는 그리스 국가인 '자유의 찬가'로 무려 158절까지 있다고 한다.

그리스 국가는 마지막까지 들으면 연주 시간이 55분이나 되기 때문에 공식적인 자리에서는 2절까지만 불린다. 올림픽 폐회식에서는 발상지인 그리스를 기리기 위해 반드시 그리스 국가가 연주된다(참고로 키프로스공화국도 그리스와 같은 국가다).

한편 세계에서 가장 짧은 국가는 가사 길이로 따지면 일본 국가고, 곡의 길이로 따지면 요르단 국가인데 연주 시간은 불과 30초 정도라고 한다.

253 | 카나리아의 원산지는 '개의 섬'이다?

모로코 앞바다인 대서양에 있는 카나리아 제도는 15세기에 에스파냐가 정복한 이래로 지금까지 에스파냐 17개 자치주 중 하나로 속해 있다.

이 섬의 존재는 로마 시대부터 알려져 있었다. '카나리아'라는 섬의 이름도 이곳에 처음 상륙한 로마인이 들개가 많이 서식하고 있는 것을 보고 라틴어로 '개의 섬'이란 뜻의 'INSULA CANUM'이라고 부른 데에서 유래한다고 한다.

또한 이 섬의 특산종인 카나리아는 15세기 유럽에 수입된 후 모습이나 울음소리 등이 개량되어 많은 품종이 만들어졌다.

---

254 | 축구 때문에 벌어진 전쟁이 있다?

1969년 엘살바도르와 온두라스 사이에 '축구 전쟁'이라고 불리는 전쟁이 발발했다.

멕시코 월드컵 대회 출전권이 걸린 북중미 예선에서 양국이 시합을 했는데, 실제로는 시합 이전에 전쟁 준비를 끝낸 상태였기 때문에 승패가 계기가 된 것은 아니었다.

애초에 두 나라는 국경, 이민, 무역 마찰과 같은 여러 문제 때문에 오랫동안 긴장 상태가 이어졌기에 정부가 국민의 축구 열기를 도화선으로 이용한 측면은 부정할 수 없다.

---

255 | 공사 현장의 '안전제일'의 유래

공사 현장에서 흔히 볼 수 있는 '안전제일'이라는 표지는 미국이 기원이다. 1906년 당시 세계 최대 규모를 자랑하던 제철 회사인 US스틸의 게리 사장은 그때까지의 경영 방침이던 '생산제일, 품질제이, 안전제삼'을 '안전제일, 품질제이, 생산제삼'

으로 변경했다.

1900년 초, 미국은 미증유의 불황에 빠져 있었던 탓에 주위 사람들은 이 과감한 경영 방침의 전환을 강하게 반대했다. 그러나 산업 재해가 감소하고 제품의 품질도 크게 개선되어 생산량이 향상되었다. 이 덕분에 US스틸은 불황에서 가장 빨리 벗어날 수 있었다고 한다.

256 | 현관문을 여는 방향이 동서양에서 다른 이유는?

예부터 문을 사용해왔던 서양에서는 현관문을 안쪽으로 여는 데 비해 동양에서는 바깥쪽으로 여는 것이 일반적이다.
서양의 경우는 수상한 사람의 침입을 막기 위해서라고 하는데 동양의 경우는 현관에서 신발을 벗는 습관이 크게 작용한다. 벗은 신발이 문을 열고 닫을 때 방해가 되지 않도록 제한된 현관 공간을 최대한 이용하기 위해 밖으로 여는 방식이 보편화되었다고 한다.

257 | 필리핀에는 이혼 제도가 없다

세계에는 이혼 제도가 없는 나라도 있다. 바티칸 시국을 제외하면 단 1개국, 바로 필리핀이다. 필리핀에서는 부부가 상호 합의하에 이혼 신청을 해도 이혼이 성립하지 않는다. 이혼을 하기 위해서는 재판소에 '혼인 무효' 신청을 하고 그것을 인정하는 재판소의 판결이 필요하다.

필리핀에서는 80% 이상의 사람이 가톨릭 신자이기 때문에 교회나 보수파 등이 종교와 결혼을 강하게 동일시하는 사고방식을 가지고 있어서 이혼 제도 도입에 반대해온 것이다.

258 | 셰프의 모자는 왜 길까?

프랑스 셰프들이 쓰는 하얗고 긴 모자를 '토크 블랑슈(toque blanche)'라고 한다. 이 모자를 처음 쓴 사람은 프랑스 요리의 발전에 공헌한 18세기의 요리 장인 안톤 카렘(Antonin Careme) 인데, 그 뒤로 이 모자가 요리사들 사이에 유행해서 정착되었다고 한다.

또 다른 유래 중 프랑스의 요리사 어거스트 에스코피어(August Escoffier)가 키가 작은 자신의 존재를 알리기 위해 썼다는 설도 유명하다.

길이가 긴 토크는 셰프의 지위를 나타낼 뿐 아니라 머리에 쓰면 머리 위에 공간이 생기기 때문에 몸의 열이 쌓이지 않는 이점도 있다고 한다.

259 | 영어는 미국의 공용어가 아니다

'미국의 언어' 하면 영어라는 이미지가 강하지만 실은 영어는 미국의 공용어가 아니다. 영어는 연방 정부와 각 주의 정부를 비롯한 여타의 공공기관에서 사용하는 기본적인 언어이지만 공용어라고 하는 기술은 헌법에 없다.

1980년대에 접어들어 영어를 공용어로 지정하려는 운동이 활발해졌고 현재는 50개의 주 중 31개 주에서 영어를 공용어로 정하고 있다.

260 | 보츠와나의 통화 단위는 '비여 내려라!'이다?

보츠와나는 북서쪽은 나미비아, 남쪽은 남아프리카공화국,

동쪽은 짐바브웨와 국경을 접한 아프리카 대륙 남부의 내륙국이다.

국민의 약 90%가 츠와나인이며 국명인 보츠와나는 '츠와인의 나라'라는 의미다. 연간 평균 강수량은 300mm 전후로 물이 대단히 귀중하기 때문에 라이트블루 바탕의 국기는 물과 비에 대한 국민의 갈망을 상징한다고 한다.

또한 1976년 이래 보츠와나의 통화 단위로 정해진 '풀라'는 츠와나어로 '비여 내려라!'라는 의미라고 한다.

261 | 북극과 남극, 어디가 더 추울까?

북극과 남극의 겨울 평균 기온을 비교하면 북극은 영하 25도 정도, 남극은 영하 50~60도 정도로 남극이 더 춥다.

그 이유는 남극이 큰 대륙이기 때문이라고 하는데, 바다와 육지를 비교한 경우에 바다는 차가워지기 어려워서 육지가 없는 북극이 따뜻하다. 사실 남극에서도 바다와 가까운 내륙 쪽이 기온이 낮다고 한다.

또 한 가지 이유로는 북극과 남극의 표고 차이라고 한다. 북극 얼음의 두께(해발)는 최대 10m 정도인데 반해 남극 얼음의 평균 높이는 약 2500m로 표고가 높은 산 쪽이 추운 것과 마찬가지로 남극이 더 추운 것이다.

262 | 아라비아 숫자의 기원은 아랍이 아니다

현재 세계적으로 사용되고 있는 0부터 9까지의 숫자를 '아라비아 숫자'라고 하는데 그 기원은 아라비아 반도가 아닌 고대 인도이다.

아라비아 숫자는 고대 인도어의 수사를 생략하고 만들어졌는데, 아라비아 상인들이 인도와 거래할 때 이 숫자를 사용하면서부터 아라비아 숫자라는 이름이 세계로 퍼졌다.

인도에서 생긴 아라비아 숫자가 획기적이었던 이유는 영(0)을 도입함으로써 위치 기수법이 가능해졌다는 점에 있다. 1부터 9, 그리고 0이라는 10개의 숫자를 이용해서 모든 수를 자유롭게 표시할 수 있게 된 것이다.

PART 04

알면 도움이 되는 동물·곤충 식물 상식

263 | 사람은 '지문', 소는 '비문'으로 식별한다

인간은 개인을 식별하기 위해 지문을 이용한다. 지문은 개개인마다 다른데 이것은 영장류만이 지닌 특징이다.

그럼 인간을 제외한 동물은 어떨까? 소는 코에 '비문(鼻紋)'이라고 하는 주름이 있다고 한다. 비문은 인간의 지문과 마찬가지로 한 마리 한 마리가 다르며 태어난 뒤 평생 바뀌지 않는다. 혈통 등의 증명이 필요한 한우나 일본 와규의 경우 대부분 송아지가 태어나면 한 마리씩 비문을 채취하고 이 비문으로 개체를 식별한다.

참고로 홀스타인(네덜란드 북부와 프리슬란트가 원산지인 대형 젖소) 품종은 비문이 아닌 흑백 무늬로 식별한다고 한다.

264 | 지렁이도 후진할 수 있을까?

지렁이는 몸을 늘였다가 줄이기도 하고, 뱀처럼 몸을 구불구불 움직이는 연동운동을 통해 이동한다. 몸에 나 있는 강모가 미끄러지는 것을 막아 주는 역할을 해서 그 운동을 돕는다.

그런데 이 강모는 일정한 방향으로 나 있기 때문에 지렁이는 뒤로 갈 수 없다. 전진할 때는 도움이 되는 털이, 후진할 때는 반대로 곤두서서 걸리기 때문에 뒤로 움직이려 해도 움직일

수가 없다. 그렇기 때문에 지렁이는 눈앞에 장애물이 나타나도 빙 돌아서 앞으로 나가려고 하는 것이다.

265 | 눈에서 피를 쏘는 도마뱀이 있다?

동물은 적에게 공격을 당했을 때, 도망치거나 싸우거나 둘 중 한 가지 행동을 취한다. 동물 중에는 자신을 보호하기 위해 몸의 일부를 희생하는 경우도 있는데 바로 도마뱀이 그렇다.

도마뱀은 적에게 공격을 당하면 꼬리를 자르고 도망친다. 이를 자절(自絶)이라고 하는데 도마뱀의 꼬리에는 자르기 쉬운 구조로 된 부분이 있다. 이 부분은 혈관도 발달하지 않아서 절단부의 근육을 바로 수축하여 출혈을 막기 때문에 과다출혈로 죽지 않는다.

또 도마뱀 중에는 입이 아닌 눈으로 피를 쏘는 녀석도 있다. 북아메리카 서부지역 사막에 서식하는 뿔도마뱀은 길이가 10~13cm고 머리에 가시 모양의 뿔을 가지고 있는데 적을 향해 눈에서 피를 쏜다.

뿔도마뱀은 놀라면 몸을 부풀리는데 이때 혈압이 높아진다. 그러면 눈 근처의 실핏줄이 탱탱해지고 눈을 감는 순간 핏줄이 터지면서 피를 쏘는 것이다. 또 실핏줄은 쉽게 아물기 때문에 뿔도마뱀은 별 탈이 없다.

266 | 사체를 매장하는 코끼리

동물 중에서 인간처럼 사체를 매장하는 동물이 있다. 바로 코끼리인데, 코끼리는 죽음을 강하게 의식하는 동물이라고 한다. 코끼리에게서 사자(死者)에 대한 매장 의식과 같은 행동을 볼 수 있는데, 동료가 죽으면 무리의 모든 코끼리가 죽은 코끼리를 둘러싸고 사체에 흙과 나뭇잎 등을 덮는다. 이런 모습을 목격한 예도 다수 보고되어 있다.

또 코끼리는 살이 썩고 상아와 뼈만 남은 사체에 대해서도 같은 행동을 한다고 한다. 동료뿐 아니라 적인 다른 동물의 사체, 가령 코뿔소의 사체에 대해서도 같은 행동을 한다는 보고가 있다. 인간을 죽인 코끼리가 그 사체를 나뭇잎 등으로 덮었다는 일화도 있다.

코끼리의 이런 '매장' 행위가 인간의 사자에 대한 행위와 같은 의식에 의한 것인지는 분명하지 않지만 코끼리가 죽음에 대해 나름의 의식을 가지고 있는 것은 분명해 보인다.

267 | 앵무새와 구관조가 사람의 흉내를 낼 수 있는 이유

앵무새, 구관조, 잉꼬는 사람의 흉내를 낼 수 있는 새로 널리 알려져 있다. 이 새들은 인간의 말을 그대로 흉내 낼 수 있다. 그러나 이것은 인간이 기르는 새들에만 한정된 것으로 야생에서 생활하는 앵무새나 구관조는 인간의 말이나 다른 새들의 울음소리를 흉내 내지 않는다.

앵무새는 어떻게 인간의 말을 흉내 낼 수 있는 것일까? 다른 새는 불가능한데 어째서 이 새들만 가능한 것일까?

인간의 말을 흉내 낼 수 있는 새와 그렇지 못한 새는 신체적으로 명확히 다른 부분이 있다.

바로 혀의 구조 때문이다. 조류는 입술이 없으며 일반적으로 혀가 딱딱하고 가늘며 움직임도 제한적이어서 복잡한 음을 만들어낼 수 없다. 그런데 앵무새와 구관조와 잉꼬의 혀는 두텁고 부드러워서 자유롭게 움직일 수 있기 때문에 인간의 말을 흉내 낼 수 있다.

앵무새와 구관조가 인간의 말을 흉내 낼 수 있는 비밀은 바로 그들의 혀에 있는 것이다.

268 | 소의 침은 하루에 100L

소는 항상 가늘고 긴 침을 계속해서 흘린다. 소뿐 아니라 일단 위에 들어간 음식물을 다시 되새김질하는 반추동물은 모두 침을 흘린다.

인간은 하루에 1L 정도밖에 침을 분비하지 않지만 소는 하루에 약 100L의 침을 분비한다. 소가 침을 많이 흘리는 이유는 반추동물이기 때문이며, 또 수분이 적으면 풀을 잘 넘기지 못하기 때문이다.

소의 위에는 많은 미생물이 살고 있는데 미생물이 활발하게 활동하기 위해서라도 충분한 수분이 필요하다. 물도 그리 많이 마시지 않으면서 침을 많이 흘리는 소가 어떻게 많은 양의 침을 만들 수 있을까?

사실 소는 침을 재활용한다. 침으로 분비된 물의 대부분을 위에서 흡수하여 회수하고 그것을 혈액을 통해 침샘으로 보내서 다시 이용하는 것이다.

269 | 하마는 핑크색 땀을 흘린다?

아프리카에 사는 하마는 하루 종일 늪이나 강 속에 있다가 강가로 올라와서 풀을 먹는다.

아프리카는 매우 덥기 때문에 하마는 물속에 있을 때에도 땀을 많이 흘린다. 또 하마는 인간과 달리 핑크색 땀을 흘린다. 그 때문인지 예전부터 하마는 피땀을 흘린다고 알려졌다.

그런데 이 핑크색 땀은 하마가 살아가는 데 중요한 작용을 한다. 하마의 피부는 튼튼해 보이지만 실은 가장 바깥쪽 각질층이 매우 얇기 때문에 물속에서 나오면 수분이 증발해서 생명이 위태롭다고 한다.

그래서 하마는 수분의 증발을 막기 위해 피부에서 핑크색 액체를 분비해 피부 표면을 덮는다. 핑크색 색소에는 자외선을 차단하는 작용이 있기 때문에 피부를 햇볕으로부터 보호할 수 있다. 또 이 액체(땀)는 세균 감염도 막아준다고 한다.

270 | 너구리는 똥으로 정보를 교환한다?

인간을 비롯한 동물은 음식물을 먹고 찌꺼기, 즉 똥을 배설한다. 동물 중에는 이 똥을 정보교환에 이용하는 동물이 있는데, 가령 너구리가 그렇다.

같은 지역에 사는 너구리들은 같은 장소에 배설을 하는데, 이 공동 화장실에 가서 대변을 볼 때 거기에 쌓여 있는 배설물의 냄새를 맡고 자신의 배설물 냄새도 맡는다.

또 자신이 배설하지 않을 때에도 때때로 공동 화장실에 가서 냄새를 맡는데, 너구리 사회에서 이 공동 화장실은 정보교환의 장소라는 의미가 있는 듯하다.

너구리 가족은 항상 행동을 같이하진 않는다. 너구리는 자신과 다른 너구리의 배설물을 구분해서 냄새를 맡는데 이를 통해 다른 너구리의 존재를 확인하고, 가족이 안전한지 확인한다고 한다.

271 | 말은 한 발을 들고 잠을 잔다?

말은 인간과 가까운 동물 중 하나인데 우리는 말에 대해 얼마나 알고 있을까? 가령 수면을 예로 들어보자. 말은 하루에 잠을 얼마나 잘까?

말은 약 4시간 정도 수면하는데, 이는 틈틈이 자는 시간을 모두 합친 시간이다. 4시간 중 3시간 전후는 얕은 잠이고 숙면을 취하는 것은 약 1시간에 불과하다.

또 말은 선 채로 잠을 잔다. 이때 말이 세 다리로 서서 잔다는 사실은 의외로 알려져 있지 않다. 말은 발이 4개인데 서서 잠을 잘 때에는 항상 한쪽 발의 무릎이나 발목 부근을 접어서 쉬게 한다. 즉 세 발로 체중을 지탱하는 것이다.

누워서 잠을 자는 경우도 있지만 그런 상태로 자는 시간은 1시간 정도여서 서서 잠을 자는 시간이 더 길다. 옆으로 누워서 잠을 자는 것은 깊은 잠을 잘 때인데, 말의 입장에서는 옆으로 누워서 잠을 자는 것보다 서서 잠을 자는 편이 편한 듯하다.

272 | 올빼미의 목이 잘 돌아가는 이유

대부분의 새는 눈이 얼굴의 옆쪽에 붙어 있어서 시야가 넓다. 그런데 올빼미의 눈은 인간과 똑같이 얼굴 전면에 붙어 있기 때문에 시야가 좁다. 인간은 200도의 시야를 가지고 있지만 올빼미는 110도의 시야를 가지고 있다고 한다.

그러나 올빼미는 시야가 좁아도 목을 좌우로 빙글빙글 돌릴 수 있다. 즉 몸의 방향을 바꾸지 않아도 모든 방향을 볼 수 있는 360도 시야를 가지고 있는 것이다.

올빼미가 목을 빙글빙글 돌릴 수 있는 이유는 목뼈의 특징 때문이다. 새의 경추는 포유류에 비해 수가 많다. 인간을 비롯한 포유류는 경추를 7개밖에 가지고 있지 않은 데 비해 조류는 11~23개(평균 14개)이다. 목이 긴 백조는 이보다 훨씬 많은 23개, 목이 짧은 올빼미라고 해도 14개의 경추가 있다.

경추는 자유롭게 움직이는 관절에 연결되어 있어서 경추가 많을수록 그만큼 움직임이 자유롭다. 단 올빼미의 경추 구조만 특별히 뛰어난 것은 아니라고 한다.

---

273 | 아들만 편애하는 새가 있다?

검은등할미새는 이름처럼 등과 가슴이 검고 복부는 하얀색을 띠면서 큰 강의 중류와 하류에 서식하는 텃새다. 모든 생물은 저마다 독특한 습성을 지니고 있는데, 검은등할미새 역시 마찬가지다.

검은등할미새의 사회에서 암컷 새끼는 홀대를 받는다. 새끼가 어느 정도 크면 암컷 새끼는 어미의 영역에서 쫓겨나지만 수컷 새끼는 계속해서 부모가 먹이를 제공하며 보살핀다.

왜 암컷 새끼보다 수컷 새끼를 편애할까? 영역을 지키는 쪽이 주로 수컷이고, 자신의 유전자를 자손에게 전하기 위해 수컷 새끼를 소중하게 대하고 강하게 키우기 위해서가 아닐까라는 말이 있다.

274 | 철새는 어떻게 시차에 적응할까?

겨울이 되면 시베리아 등지에서 철새가 날아온다. 인간은 해외에 가면 시차 때문에 고생을 하는데 철새들은 시차를 어떻게 극복할까?

사실 철새는 시차의 영향을 받지 않는다고 한다. 대부분의 철새는 북쪽에서 남쪽으로, 남쪽에서 북쪽으로 이동하는데 시차 변경선을 넘는 경우는 거의 없기 때문이다. 그래서 낮과 밤이 바뀌는 경우와 같은 시차도 문제가 되지 않는다.

또 철새는 휴식을 취하면서 이동하기 때문에 다소 시차가 있어도 문제가 없다. 단 철새를 비행기에 태우고 동쪽에서 서쪽, 또는 서쪽에서 동쪽으로 이동시키면 시차의 영향을 받을지도 모른다.

275 | 두 눈이 서로 다른 곳을 보는 새가 있다?

인간은 눈을 통해 모든 정보의 80%를 인식한다고 한다. 망막에 비친 상이 시신경을 통해서 대뇌에 전달되고 뇌의 작용으로 인해 사물이 보이는 것이다. 인간은 사물을 볼 때 두 눈을 사용하지만, 눈이 두 개라고 해서 각각 다른 것을 보지는 않는다.

참새목 박새과에 속하는 쇠박새는 식량(식물의 씨앗 등)을 저장하고 나중에 먹는데, 왼쪽과 오른쪽 눈이 서로 다른 곳을 보고 기억한다고 한다.

가령 쇠박새의 왼쪽 눈을 가린 후 식물의 씨앗을 가까운 곳에 두고 저장하도록 한다. 그리고 오른쪽 눈만으로 씨앗을 찾도록 하면 정확하게 찾아낸다고 한다.

그런데 오른쪽 눈을 가린 후에 저장한 씨앗을 왼쪽 눈으로 찾게 한 경우에는 전혀 찾지 못했다고 한다. 이런 점에서 쇠박새는 좌우의 눈으로 서로 다른 것을 보고 기억한다는 사실을 알 수 있다.

276 | 소금쟁이는 왜 빙글빙글 돌까?

요즘은 보기 어렵지만 예전에는 연못이나 논에서 빙글빙글 돌고 있는 소금쟁이를 흔히 볼 수 있었다.

소금쟁이는 왜 물 위에서 빙글빙글 도는 것일까? 소금쟁이가 아무 이유 없이 빙글빙글 도는 것은 아니다. 바로 먹잇감인 작

은 곤충을 잡기 위해서다.

수면을 선회하면 물결이 퍼져나가는데 소금쟁이는 먹잇감인 작은 곤충에게 부딪혀서 되돌아온 물결의 차이를 촉각으로 감지한다. 소금쟁이의 촉각은 대단히 뛰어나서 먹잇감이 어느 방향에 있는지 알 수 있다.

먹잇감과의 거리가 약 30cm 이하라면 소금쟁이는 먹잇감에 부딪혀 되돌아오는 물결의 차이를 감지하고 정확하게 먹잇감을 포획할 수 있다고 한다.

277 | 동물 중에서 가장 후각이 예민한 동물은?

개의 후각이 발달한 것은 널리 알려진 사실이다. 개의 후각은 냄새의 종류에 따라서는 인간의 백 배 혹은 백만 배에 달하며

500m 앞의 바람의 냄새도 구분할 수 있다고 한다.

그럼 동물 중에서 가장 후각이 예민한 동물은 무엇일까? 개도 예민하지만 개보다 더 예민한 후각을 지닌 동물은 바로 나방이다.

《파브르 곤충기》를 보면 참나무산누에나방 수컷은 암컷의 냄새에 이끌려 수 km나 떨어진 곳에서 찾아온다고 한다. 하지만 실제 수컷의 후각은 아주 제한적이며 암컷의 냄새를 알아내는 것 외에는 어떤 후각도 가지고 있지 않다고 한다.

278 | 바퀴벌레는 죽으면 왜 뒤집어질까?

죽은 바퀴벌레를 본 적이 있을 것이다. TV 광고에서 살충제를 맞은 바퀴벌레가 벌렁 뒤집어져서 죽는 장면이 나오는데, 실제로 바퀴벌레는 죽으면 뒤집어지는 경우가 많다.

다른 곤충들과 같이 바퀴벌레는 다리가 6개인데 복부에 3쌍의 다리를 가지고 있다. 바퀴벌레는 숨이 멎으면 다리를 바깥쪽으로 벌리지 못하고 안쪽으로 접는 모습을 취한다.

즉 팬터그래프와 같은 형태가 되기 때문에 바퀴벌레는 균형을 잃고 뒤집어진다. 바퀴벌레뿐 아니라 갑충류 곤충은 이런 이유로 죽으면 몸이 뒤집어진다. 그러나 미국이나 아시아에 서식하는 대형 바퀴벌레는 몸의 중심이 아래에 있는데, 이런 바퀴벌레는 엎드린 채 죽는 경우도 있다.

279 | 흰개미 여왕은 100년을 산다?

곤충은 일반적으로 수명이 짧다. 예를 들어 하루살이는 성충이 되기 전인 유충 단계에서는 1~3년 정도 생존하지만 성충이 되면 단 하루밖에 살지 못한다. 반딧불이는 몇 주, 배추흰나비는 2개월, 귀뚜라미는 3개월 정도밖에 살지 못한다.

그러나 장수하는 곤충도 있다. 기네스북에는 목재 속에서 47년간 유충 생활을 끝내고 기어 나온 비단벌레의 일종이 소개되어 있다.

한편 흰개미 여왕의 평균 수명은 일설에 의하면 50년 정도라고 하는데 호주에 서식하는 흰개미 여왕은 성충이 되고 나서 100년 정도 산다고 한다. 또 이 흰개미 여왕은 목숨이 붙어 있는 한 알을 계속해서 낳는데 일생 동안 산란하는 알의 개수는 약 50억 개에 이른다고 한다.

280 | 모든 곳을 볼 수 있는 거미의 눈

거미는 다리가 8개이고 눈도 8개를 가지고 있다. 종류에 따라

서는 4개나 6개인 거미도 있지만 대부분의 거미는 눈이 8개이다. 거미 중에는 거미줄을 쳐서 먹잇감을 잡는 쪽과 돌아다니거나 숨어 있다가 먹이를 사로잡는 쪽이 있다. 후자의 거미는 시각이 발달했는데 그중에서 깡충거미의 시각이 가장 발달했다.

깡충거미는 머리 부분에 4개의 눈이 있고 등 쪽 좌우에 각각 2개씩 눈이 있다. 머리 부분의 4개 중 중앙의 2개는 크고 잘 발달되어 있는데, 이 2개의 눈이 주안(主眼), 다른 6개는 부안(副眼)이라고 한다.

주안은 색과 형태까지 식별할 수 있으며 다른 6개의 부안은 주로 움직임을 감지하는데 전후좌우, 즉 360도의 시야를 커버할 수 있다. 그래서 깡충거미는 먹잇감이 뒤에 있어도 발견할 수 있다. 6개의 부안 중 하나가 움직임을 발견하면 그쪽으로 방향을 돌려 주안으로 그것이 무엇인지 확인한 후 먹잇감으로 판단하면 포획하는 것이다.

281 | 정자를 삼켜서 수정하는 물고기

일반적인 어류의 생식 방법은 암컷이 산란을 하면 수컷이 정자를 뿌리는 방식인 체외수정으로 진행된다.

그런데 어류 중에는 체내수정을 하는 종도 있는데 가령 상어가 그렇다. 수컷 상어는 복부에 성기의 역할을 하는 돌기가 있어서 이것을 암컷의 체내에 삽입하여 수정을 한다. 네눈박이물고기와 칼꼬리고기(swordtail)도 교미기관으로 체내수정을 한다.

암컷이 방출한 알에 수컷이 정자를 뿌리는 방식은 물의 흐름이 빠른 곳에서는 수정률이 나쁘다. 그래서 독특한 방식으로 수정률을 높이는 물고기가 있다.

아마존강에 사는 코리도라스 아에네우스(Corydoras aeneus)는 메기목에 속하는 물고기인데 정자를 입으로 삼켜 수정을 한다.

이 메기의 암컷은 배설구(항문) 옆에 있는 2개의 배지느러미로 만든 주머니에 알을 낳는다. 산란 직전이 되면 암컷은 수컷의 배설구에 입을 대고 정자를 삼켜 소화관으로 통과시켜서 배설구로 배출하여 주머니에 넣은 후에 산란과 수정을 한다.

282 | 은어는 왜 '영역'을 만들까?

은어는 아름다운 모습에 비해 경쟁심이 강한 어류이다. 은어는 자신의 영역(먹자리)에 들어온 은어에 대해 성별을 구분하지 않고 공격해서 쫓아내는데 놀림낚시는 이런 은어의 습성을 이용한 방법이다.

그럼 은어는 왜 경쟁심이 강한 것일까? 그것은 은어가 돌이끼를 먹이로 삼고 있기 때문인데 강에서 돌이끼가 자라는 장소는 그리 많지 않다. 그래서 은어는 돌이끼를 발견하면 영역을 확보한다.

영역의 크기는 1m^2 정도로 알려져 있는데 모든 은어가 영역을 갖는 것은 아니며 무리를 지어 생활하는 은어도 있다. 은어가 많이 서식하는 강에서는 모든 은어가 영역 다툼을 하지 않고 무리를 지어 먹이를 함께 먹는다.

283 | 조개가 알려준 터널 굴착법

터널 굴착 공법 중에 터널의 단면과 같은 크기의 실드(강판제

원통)를 만들어 전면의 흙을 파내면서 전진하는 실드 공법이 있다.

실드 공법은 1826년 영국에서 템즈강 터널 공사를 맡은 이삼바드 킹덤 브루넬이 배좀벌레조개에서 힌트를 얻어 개발한 공법이다. 어느 날, 부르넬은 조선소에서 배좀벌레조개가 파먹어 구멍투성이인 낡은 배의 목재 조각을 발견하고 배좀벌레조개에게 흥미를 느껴 생태를 조사했다.

배좀벌레조개는 두껍질조개강에 속하는 조개류로 몸은 가늘고 길며 머리 부분의 껍질 2개로 나무에 구멍을 뚫는다. 그리고 구멍을 뚫은 후에는 점액을 분비해서 구멍 안쪽에 칠해 몸을 보호한다. 부르넬은 이런 배좀벌레조개의 생태에서 실드 공법을 발명한 것이다.

284 | 전기뱀장어에게 '정전'은 없을까?

남아메리카의 아마존강에 서식하는 전기뱀장어의 발전 능력은 500V 이상인데 850V까지 발전한 기록도 있다.

전기뱀장어는 근육세포가 변화한 전기세포를 가지고 있는데 이것이 운동신경 자극에 의해 흥분하면 '전기가 발생(방전)'한다. 즉 몸의 4분의 3이 발전기인 셈이다. 전기뱀장어는 방전을 통해 자신을 보호하면서 작은 물고기 등을 전기로 감전시켜 사냥을 한다.

이처럼 전기뱀장어는 강한 전기를 발생시킬 수 있지만 계속해서 강한 전기를 발생시키진 못한다. 한동안 전기를 계속 발생시키면 발전량은 점차 줄어들고 이윽고 방전, 즉 전기가 바닥난다. 그리고 다시 충전하기까지는 상당한 시간이 소요된다. 그래서 전기뱀장어를 잡을 때에는 전기뱀장어를 자극해서 방전시킨 후에 사로잡는다.

285 | 복어는 몸을 어떻게 부풀릴까?

복어는 맹독을 가지고 있는데 이것은 적으로부터 자신의 몸을 지키는 역할을 한다. 그러나 적에게 잡아먹힌 후에 독으로 적을 물리치기에는 너무 늦다.

그래서 복어는 적에게 공격을 받거나 위험을 느끼면 몸을 부풀려서 적이 자신을 삼키지 않도록 몸을 크게 만든다.

복어가 몸을 커다랗게 부풀릴 수 있는 이유는 위의 특수한 구조 때문이다. 복어의 위는 바닥 부분이 자유자재로 신축하는 주머니로 되어 있어서 입으로 빨아들인 물이나 공기를 저장할 수 있다. 또 위의 입구와 출구의 괄약근이 잘 발달되어 물과 공기를 빨아들인 후 출구를 닫으면 대형 복어의 경우는 1.8L 정도의 물을 삼킬 수 있다.

286 | 공중에서 산란하는 물고기가 있다?

물고기는 물속에서 산란을 한다. 그런데 공중에서 알을 낳는 특이한 물고기가 있다.

학명 코펠라 아놀디(Copella arnoldi), 영어로는 점핑 카라신(Jumping characin)으로 불리는 이 물고기는 아마존강에 서식하며 몸길이는 6cm 정도다.

코펠라 아놀디 암수 커플은 평소에 물속에서 생활하다가 산란기가 되면 함께 강가로 간 후 수풀을 향해 점프를 해서 그곳에 알을 낳는다. 공중에 알을 낳으면 알은 말라버리기 때문에 산란 후 암컷은 수풀 아래에 계속 머물며 때때로 점프를 해서 알에게 물을 공급한다.

알은 2일이 지나면 부화하고 부화한 치어는 물속에 떨어진다. 물속에는 알을 노리는 천적이 많기 때문에 코펠라는 안전한 산란 장소로 공중을 선택한 것이다.

287 | 어류 세계에도 '의사'가 있다?

인간은 병이 나면 병원에 가서 의사의 진찰을 받는데 어류 세계에도 '의사'가 있다.

청줄청소놀래기(Labroides dimidiatus)는 길이가 약 10cm의 작은 물고기로 다른 물고기에 기생하는 기생충을 잡아먹는 습성이 있다. 다른 물고기들도 그것을 잘 알고 있어서 기생충이 들러붙으면 청줄청소놀래기가 있는 곳으로 찾아온다.

청줄청소놀래기는 '바다의 청소부'라고도 불리는데 '청소부'라기보다 '의사'라고 하는 편이 더 어울린다. 또한 청줄청소놀래기는 기생충만 없애주는 게 아니라 몸 구석구석을 세심하게 진찰하고 이물질이 붙어 있으면 제거해준다고 한다.

청줄청소놀래기는 대체로 같은 장소에서 '병원'을 하고 있어서 매일 환자 물고기가 찾아오는데, 진찰 중이면 다른 환자 물고기들은 순서를 기다린다.

한 마리의 청줄청소놀래기가 진찰하는 물고기의 수는 하루에 50마리 이상이며, 그중에는 6시간 동안 300마리의 '환자'를 진찰하는 것도 있다고 한다.

288 | 게를 앞으로 걷게 하는 방법

게는 옆으로 걷는다. 게의 발은 몸의 옆쪽에 달려 있고, 관절은 사람의 팔꿈치나 무릎처럼 한쪽 방향의 평면으로밖에 움직이지 못하기 때문에 옆으로 걷는다. 단, 몸과 접한 부분의 관절만은 회전운동을 할 수 있기 때문에 앞이나 대각선으로 걸을 수도 있다.

보통 게는 옆으로 걷지만 앞으로 걷게 하는 방법이 있다. 다소 잔혹하여 실제로 시도하지 않기를 바라며 방법을 설명하자면, 먼저 게를 빙글빙글 돌린다. 예를 들어 전축의 회전판 위에 게를 올려놓고 회전판을 20초 정도 돌린 후에 내려놓으면 게는 비틀거리면서 앞으로 걷기도 한다.

사람이 술에 취하면 평형감각을 잃어버리고 비틀거리는 것처럼 게도 갑자기 빨리 회전시키면 평형감각을 잃어버리고 앞으로 걷는 것이다. 참고로 물고기도 똑같이 빙글빙글 돌린 후에 물에 넣으면 술 취한 사람처럼 물속에서 좌우로 휘청거린다.

289 | 판다를 발견한 사람은 누구?

중국 북서부와 티베트 동부 일대에 서식하는 자이언트 판다가 발견된 것은 불과 1세기 정도밖에 안 된다. 게다가 판다를 발견한 사람은 동물학자가 아닌 선교사였다.

1862년부터 10년간 중국에 체류한 아르망 다비드 신부는 1869년 봄, 사천성을 여행했다. 이때 한 사람의 집에 머물게 되었는데 바닥에 흑백의 동물 가죽이 깔려 있는 것을 보았다. 다비드 신부는 인근 사람들의 도움을 받아 그 동물을 포획해서 관찰했는데 이제까지 알려지지 않은 새로운 종의 동물이었다. 또한 이 동물은 중국의 일부 사람들만 알고 있었고 대부분의 사람들에게는 미지의 동물이었다.

신부는 주인에게 양해를 구하고 가죽을 얻은 뒤 파리의 전문가에게 보내 감정을 의뢰했고 전문가들은 가죽을 보자 새로운 종의 동물이라고 놀랐다고 한다. 판다는 이렇게 세상에 알려지게 되었다.

290 | 살무사가 살무사에게 물리면 어떻게 될까?

세계에는 여러 종류의 독뱀이 있는데 그 독은 출혈독과 신경독으로 나뉜다.

단백질을 녹이는 출혈독을 가지고 있는 뱀은 살무사다. 물리면 신경이 마비되어 죽음에 이르게 되는 신경독을 가진 독뱀의 대표는 코브라다.

일반적으로 출혈독을 가지고 있는 뱀은 자신의 독에 대해서 항체를 가지고 있기 때문에 같은 종류의 출혈독을 가진 뱀에게 물려도 죽지 않는다. 즉 살무사가 살무사에게 물린 경우, 적어도 독 때문에 죽는 일은 없다.

291 | 니코틴에 중독되지 않는 벌레가 있다?

남아메리카가 원산지인 담배는 여러해살이지만 온대지역에서 재배하는 담배는 한해살이다.

우리가 피우는 담배는 담뱃잎으로 만드는데 담뱃잎에는 니코틴이 함유되어 있다. 니코틴은 제일 먼저 뿌리에서 합성되어 물관을 통해 잎으로 이동해서 저장되는데, 담뱃잎에 독성이 있는 니코틴을 저장하는 이유는 벌레가 먹는 것을 방지하기 위해서라고 한다.

그런데 담배를 좋아하는 벌레가 있다. 벌레 먹은 담뱃잎은 불과 몇 시간이 지나면 니코틴 양이 2배로 증가한다. 또 담배 줄기를 가위로 잘라내면 남은 잎의 니코틴 함유량이 4배로 증가한다.

담뱃잎을 먹는 벌레는 몇 종류가 있는데 모두 니코틴을 먹어도 중독되지 않는 법을 보유하고 있다. 진디도 독특한 방법으로 니코틴을 피한다. 뿌리에서 합성된 니코틴은 물관을 통해서 잎으로 이동하는데, 진디는 이 물관을 피해서 즙을 빨아먹는 것이다. 즉 진디가 니코틴에 중독되지 않는 이유는 처음부터 니코틴을 먹지 않기 때문이다.

292 | 고양이에게 개 사료를 먹이면 병에 걸린다?

개와 고양이 사료가 분명하게 구분되어 있다는 사실은 잘 알고 있지만, 개에게 고양이 사료를, 고양이에게 개 사료를 먹이면 대체 어떻게 될까? 답은 각각의 사료에 포함된 영양분을 보면 알 수 있다.

먼저 고양이 사료에는 아미노산의 하나인 타우린이 배합되어 있다. 개는 자신의 체내에서 타우린을 합성할 수 있지만 고양이는 합성하지 못하기 때문에 먹이에서 얻어야 한다. 개 사료에는 개에게 필요한 동물성 단백질은 풍부하게 들어 있지만 타우린은 들어 있지 않다. 고양이가 개 사료를 계속 먹으면 타우린 결핍증이 생겨 병에 걸리고 만다.

한편, 생선을 주원료로 하는 고양이 사료에는 개에게 필요한 동물성 단백질이 적다. 즉 개가 고양이 사료를 먹는 것 역시 좋지 않다.

293 | 불로불사의 해파리가 실재한다?

불로불사는 오래전부터 인간이 열망하는 꿈이다. 그런데 불로불사의 힌트를 풀기 위해 '작은보호탑해파리'를 이용한 연구가 진행되고 있다. 작은보호탑해파리는 조종형(釣鐘型)의 투명한 몸을 지닌 해파리로 몸길이는 큰 것이라고 해도 약 1cm 정도다.

보통 해파리는 성숙한 뒤 헤엄칠 힘이 사라지면 죽어서 바닷물 속으로 녹아 사라진다. 그러나 작은보호탑해파리는 사라지지 않고 둥근 모양이 되어 작은 폴립을 뻗는다. 그리고 이 폴립에서 다시 해파리의 어린 개체가 형성되고 이윽고 분리되어 헤엄을 치기 시작하는데 죽음에서 재생까지의 시간은 두 달 정도다.

이런 일련의 순환을 통해 작은보호탑해파리는 불로불사, 거기에다 회춘을 영원히 반복하는 기적의 생명체가 되었다.

294 | 대나무나 조릿대가 60년에 한 번 일제히 꽃을 피우는 이유

대나무나 조릿대는 꽃이 피는 일 자체가 매우 진귀해서 60~120년 만에 한 번 꽃을 피운다고 알려져 있다. 예를 들어서 죽순대의 경우는 67년마다 꽃이 핀다는 사실이 밝혀졌다.

더욱 신기한 점은 개화기를 맞으면 넓은 범위에서 자라고 있는 개체가 일제히 꽃을 피운다고 한다.

그 이유에 대해서는 여러 가지 설이 있다. 예를 들어서 매해 씨앗을 만들면 동물에게 전부 먹혀버릴 가능성이 있지만, 일정한 해에 대량으로 씨앗을 맺으면 자손을 남길 가능성이 높아진다고 한다. 또한 오랜 세월에 걸쳐 땅속에 있는 줄기를 성장시켜 주위의 식물을 배제하고, 새로운 씨앗에서 움튼 자손들이 자라기 쉬운 환경을 만들기 위해서라는 설도 있다.

295 | 송로버섯을 찾는 데 돼지 대신 개가 쓰이게 된 이유

캐비아, 푸아그라, 트뤼프는 '세계 3대 진미'로 꼽힌다. 캐비아는 철갑상어의 알, 푸아그라는 거위의 간장, 트뤼프는 자낭균문 서양송로과 서양송로속 버섯의 총칭이다.

트뤼프는 유럽에만 약 60종이 있는데 그 가운데 먹을 수 있는 것은 7종 정도다. 졸참나무나 떡갈나무 등의 뿌리 부근 지하에서 자생한다. 지하 1~2cm쯤 되는 곳에서 성장을 시작하고, 성장하면 지하 20~25cm 깊이까지 내려가기 때문에 사람이 땅 위에서 찾아내기란 매우 어렵다.

이에 옛날부터 '트뤼프 헌터'로 귀히 여기던 동물이 바로 '암퇘지'였다. 트뤼프의 냄새가 수퇘지의 페로몬과 비슷하기 때문이다. 하지만 돼지에게는 문제가 있었다. 트뤼프를 아주 좋아해서 찾아낸 트뤼프를 그대로 먹어 치웠다. 이 같은 문제로 최근에는 훈련을 시킨 개가 돼지 대신 '트뤼프 헌터'로 활약하고 있는 것이다.

296 | 식물 '난'의 유래는 남성의 그 부분?

난에는 약 2만 종의 원종과 6만 종이나 되는 인공교배종이 존재한다.

동서양을 불문하고 난은 고귀한 꽃으로 예부터 귀하게 여겨 왔는데 영어로는 'orchid(오키드)'라고 한다. 이 말의 어원은 그리스어의 'orchis(오르키스)'로 의미는 '고환'이다.

어떤 종류의 난은 2개의 구근을 가지고 있고 그 가운데 하나에서 싹이 나서 곧 꽃이 피는데, 이 구근의 모습이 고환과 매우 비슷하기에 이와 같은 이름이 붙여졌다고 한다.

297 | 신기하게도 옥수수 알갱이는 언제나 짝수

옥수수는 하나의 줄기에 암꽃과 수꽃이 핀다. 줄기 끝에 있는 것이 수꽃, 중간에 피는 것이 암꽃으로 수꽃에서 나온 꽃가루가 바람을 타고 날아가 암꽃의 암술에 해당하는 수염에 부착되면 수분된다.

다시 말해서 옥수수는 수백 개의 암꽃이 성장해서 생긴 것이다. 따라서 그 종자인 알갱이의 숫자는 암술에 해당하는 수염의 개수와 같은 숫자가 된다. 그런데 암꽃은 2개가 한 쌍을 이루며 피기 때문에 옥수수의 알갱이는 언제나 짝수가 되는 것이다.

298 | 식물도 흥분을 한다?

식물은 수술의 꽃가루(화분)가 암술에 닿아서 생식을 한다. 인간의 경우, 섹스는 흥분을 동반하는데 식물은 어떨까?

실은 식물도 예외는 아니어서 인간과 똑같이 식물도 흥분을 한다.

수술의 꽃가루가 암술의 머리에 닿으면 수술의 세포핵이 색소로 물들고 세포는 접촉한 꽃가루 주위에 점액을 분비하기 시작한다. 즉 수술의 꽃가루가 닿음으로써 암술의 세포가 흥분해서 이런 변화를 일으키는 것이다. 이 변화를 식물학에서는 주두반응(柱頭反應)이라고 한다.

그럼 수술의 꽃가루는 어떨까? 수술의 꽃가루도 흥분을 한다. 꽃가루는 암술에 닿으면 흥분하여 표면에서 물과 같은 점액을 분비하기 시작한다. 인간의 경우, 상대에 따라 흥분의 정도가 달라지는데 식물도 마찬가지다. 식물에게도 취향이 있어서 암술은 상대에 따라 흥분하거나 흥분하지 않는다고 한다.

299 | 성전환을 하는 식물이 있다?

인간 중에 성전환 수술을 하는 사람도 있는데, '팔손이나무'라는 식물도 성전환을 한다.

팔손이나무는 하얗고 작은 꽃을 많이 피우는데 작은 꽃 하나가 50~100개 정도 모여 둥근 형태를 띤다. 꽃 하나하나에는 중심에 비교적 커다란 암술이 있으며 그 주위에 5개의 수술과 5개의 꽃잎이 있다.

암술은 머리에서 꿀을 분비하며 파리 등이 와서 꿀을 핥으면 수술 위에 있던 꽃가루가 파리에 들러붙는다. 그리고 2~3일 정도 지나면 팔손이나무는 수술과 꽃잎을 떨어트려 암술만 남는다. 즉 '남녀'에서 완전한 '여자'가 되는 것이다.

암술만 남으면 다시 꿀을 분비해서 다른 팔손이나무 꽃의 꽃가루가 묻은 파리가 찾아와서 꿀을 핥고, 이때 꽃가루가 암술에 부착해서 가루받이 현상이 일어난다.

팔손이나무가 이와 같이 성전환을 하는 이유는 자화수분(自花受粉), 바로 근친결혼을 피하기 위해서다.

300 | 열대식물 중 빨간색 꽃이 많은 이유는?

식물의 꽃은 여러 가지 색인데 무슨 이유 때문인지 열대식물 중에는 빨간색 꽃이 많다. 왜 그럴까?

식물에게 꽃은 생식기관이다. 자손을 남기기 위해서는 가루받이(수분(受粉)), 즉 수술의 꽃가루가 암술머리에 부착되어야 한다. 하지만 식물은 스스로 움직일 수 없어서 바람이나 곤충, 새 등이 꽃가루를 옮겨줘야 한다. 그래서 꽃은 색과 형태와 향기 등으로 곤충과 새를 유혹한다.

열대지방에 빨간색 꽃이 많은 이유는 많은 곤충들이 붉은색을 식별할 수 없는데 반해 새들은 붉은색을 식별할 수 있고 선호하기 때문이다. 열대지역에서는 곤충보다 조류가 꽃가루를 옮기는 비율이 높으며, 그런 지역에는 붉은색을 선호하는 새들이 많다. 즉 열대지역 식물은 붉은색 꽃을 피우는 편이 생존에 유리하다.

301 | 식물들끼리 '대화'를 한다?

식물은 모두 제각각 독립해서 살아가는 것처럼 보인다. 그러나 한 연구를 통해 식물도 인간과 똑같이 서로 커뮤니케이션을 하고 있다는 사실이 밝혀졌다.

식물 중에는 벌레가 잎을 먹으면 잎에서 어떤 물질을 방출하는 종이 있다. 그리고 이 물질은 주위의 잎에 경고를 하는 능력을 가지고 있다고 한다.

즉 물질을 방출해서 주위 식물에게 벌레가 먹지 못하도록 주의하라는 메시지를 보낸다는 것이다.

이 물질(메시지)을 전해 들은 주위 식물들의 잎은 벌레가 싫어

하는 물질의 농도가 높아진다고 한다. 이처럼 특정 물질을 방출하면서 커뮤니케이션을 나누는 식물로는 포플러와 자작나무가 있다.

302 | 은행나무는 살아 있는 화석이다

오래전 번영한 이래로 오늘날까지 그 모습 그대로 생존하고 있는 것을 '살아 있는 화석'이라고 한다.
'살아 있는 화석'으로 널리 알려진 생물은 어류 중에서는 실러캔스, 나무 중에서는 바로 은행나무이다. 실러캔스는 약 3억 5천 년 전에 지구상에 출현했으며, 은행나무는 2억 5천 년 전에 가장 번성한 식물이다.
은행나무는 거의 진화하지 않고 예전 그대로의 모습으로 오늘날까지 살아남은 식물 중 하나이다. 또 나무나 풀에는 동료(같은 종)가 있는 데 반해 은행나무는 단 하나의 종뿐이다.

303 | 옥수수수염의 역할

옥수수에는 말의 꼬리 같은 수염이 있어서 껍질을 벗기거나 먹을 때 대단히 성가시다. 옥수수수염은 왜 있는 것일까?

옥수수는 수꽃과 암꽃을 가지고 있는데 수꽃은 이삭이 없고 줄기에 붙어 있으며 암꽃의 이삭은 줄기 중간의 잎 옆에 붙어 있다.

보통 식물의 암술은 아랫부분이 둥글게 부풀어 있고 그 위에 가늘게 자란 부분이 있는데 이것을 암술대(花柱)라고 한다. 암술대의 끝부분을 암술머리(柱頭)라고 하며 이곳에서 수술의 꽃가루를 받아 수정을 한다.

옥수수수염은 바로 이 암술대가 자란 것인데, 개화기가 되면 암꽃의 이삭은 암술대가 자라서 이삭 끝에 암술머리가 나오며 옥수수 알갱이마다 1개씩 나온다.

옥수수수염(암술대)의 머리 부분(암술머리)에 수꽃의 꽃가루가 붙으면 수정을 하고 열매를 맺게 된다.

304 | 대나무는 꽃이 피면 왜 말라 죽을까?

대나무는 꽃이 잘 피지 않는다. 대나무는 벼과 대나무아과에 속한 식물로 대나무 꽃은 벼와 보리의 꽃과 닮았는데 꽃을 피우면 곧 말라서 죽는다.

대나무는 평소에 꽃을 피우지 않기 때문에 씨앗도 만들지 않으며 대신 뿌리를 뻗어 번식한다. 반대로 말하면 뿌리로 매년 새로운 대나무를 만들고 있기 때문에 꽃을 피워서 씨앗을 만들 필요가 없는 것이다.

그래서 대나무 숲의 대나무들은 뿌리에 문제가 생기면 전멸당할 수밖에 없다. 가령 흙 속에 영양분이 부족하면 대나무는 살 수 없는데, 모두 공통된 뿌리를 가지고 있는 대나무들이 생존의 위험에 직면하는 것이다.

일설에 의하면 대나무가 꽃을 피우는 것은 전멸당하지 않기 위해서라고 한다. 즉 흙에 영양이 부족한 상태라면 모두 전멸하기 때문에 말라 죽기 전에 꽃을 피워서 씨앗(자손)을 남기는 것이다.

305 | 불이 나기를 기다리는 기묘한 식물

화재는 인간은 물론 동물과 식물에게도 피해를 가져온다. 특히 동물처럼 움직이지 못하는 식물은 화재(산불)가 일어나면 불에 타 죽을 수밖에 없다.

그런데 불이 나도 죽지 않고 오히려 불이 나기를 기다리는 식물이 있다.

호주의 뱅크시아(Banksia)가 사는 지역은 산불이 자주 발생한다. 이곳의 뱅크시아 열매는 대단히 두꺼워서 평소에는 잘 열리지 않는다. 그러나 산불이 발생하면 그 열기로 인해 열매가 조금씩 열리고 산불이 꺼질 무렵에는 완전히 열려 열매에서 나온 씨앗이 땅에 떨어져 발아한다.

미국의 오대호 근처에 있는 소나무(Jack Pine) 숲도 본래 산불로 발아한 것이다. 산불의 고열로 열매가 벌어지고 씨앗이 땅에 떨어져 다른 나무가 죽은 곳에 발아하고 성장해서 숲을 이룬 것이다.

306 | 귀뚜라미 울음소리로 기온을 알 수 있다?

귀뚜라미 울음소리로 기온을 알 수 있는 방법이 있다고 한다. 먼저 15초 동안 귀뚜라미가 우는 횟수를 세고, 운 평균치에 8을 더한다. 그리고 다시 거기에 5를 곱한 뒤에 마지막으로 9를 나누면 현재의 기온이 된다. 가령 귀뚜라미가 15초 동안 평균 25번 울었다고 하면 '(25+8)×5÷9'가 되는데 수치는 18.333, 즉 기온은 약 18.3도가 된다.

곤충인 귀뚜라미는 변온 동물이어서 기온이 내려가면 움직임이 저하되어 우는 횟수가 줄어들고, 기온이 올라가면 활발해져서 우는 횟수가 늘어난다. 이것은 J.P 반 클립이라는 과학자가 발견한 계산법이다.

307 | 사자를 죽이는 식물이 있다?

사자는 가장 강한 동물 중 하나로 백수의 왕이라고 불린다. 그러나 이런 사자조차 당해내지 못하는 생물이 있는데, 게다가 동물이 아닌 식물이다.

그 주인공은 바로 '악마의 발톱'이라고 알려진 천수근(학명 Harpagophytum procumbens)이다. '악마의 발톱'에는 딱딱하고 날카로운 목질의 가시가 나 있으며 열매에도 거꾸로 휘어진 가시가 나 있다.

악마의 발톱이 있는 곳을 사자가 걸으면 열매의 딱딱한 가시가 발에 찔리는데 가시를 입으로 빼려고 입 안에 넣는 순간 입술이 찔려 빠지지 않게 되고 결국에는 음식을 먹지 못해 굶어 죽는다.

308 | 나팔꽃 줄기가 기둥을 찾아내는 방법

나팔꽃은 옆에 기둥이나 담이 있으면 줄기로 감싸서 타고 오른다. 나팔꽃 줄기는 덩굴이며 많은 털이 나 있어 타고 오르기에 안성맞춤이다.

그런데 나팔꽃은 눈도 없는데 어떻게 가까이에 있는 기둥이나 담을 찾아낼 수 있을까?

나팔꽃은 성장하면서 줄기(덩굴) 끝을 움직여 타고 오를 대상을 찾는다. 가까이에 기둥이 있다는 것을 깨닫고 다가가는 것이다. 물체에 닿으면 그것이 자극이 되어 줄기 반대쪽 편이 빨리 자라기 때문에 능숙하게 감쌀 수 있다.

이외에 줄기로 감싸서 타고 오르는 식물은 칡, 강낭콩, 등나무, 인동 등이 있는데 감싸는 방법은 식물에 따라 오른쪽으로 감싸는 법과 왼쪽으로 감싸는 법이 있다. 나팔꽃은 왼쪽으로 감싸는데 그 이유는 아직 불명확하다.

309 | 개구리가 울면 비가 온다?

옛날 사람들은 동물의 행동이나 식물의 생육상태 등을 보고 날씨와 재해를 예측했다. 그래서 이와 관련한 속설이나 표현도 많은데 가장 대표적인 것이 '개구리가 울면 비가 온다'라는 말이다.

그럼 정말 개구리가 울면 비가 올까? 개구리는 피부가 마르면 죽기 때문에 항상 피부가 젖어 있다. 비가 곧 내릴 것 같은 날씨일 때, 공기는 습기를 머금기 때문에 개구리에게는 좋은 환경이 된다. 그래서 개구리가 활동적으로 변하고 큰 소리로 울기 시작한다고 한다.

310 | 무당벌레의 화려한 무늬는 적에게 어필하기 위해서다?

검정과 빨강, 오렌지색 등 화려한 무늬가 아름다운 무당벌레. 주위 환경에 동화한 보호색을 띤 곤충들이 많은 반면 무당벌레는 오히려 눈에 도드라져 보이는 화려한 무늬를 하고 있다.
무당벌레는 적의 공격을 받으면 다리의 관절에서 유독한 알카노이드를 내포한 노란 진물을 분비한다. 이것은 냄새가 심하고

쓰기 때문에 먹을 수 없을 정도다. 한번 그 쓴맛을 본 적은 학습을 통해 다음에 무당벌레를 만나면 공격을 하지 않는다.

그래서 무당벌레는 일부러 화려한 무늬로 어필한 뒤 적에게 '써서 먹을 수 없다'라는 사실을 인식시켜 자신을 적으로부터 보호하는 것이다.

311 | 까마귀가 울면 사람이 죽는다?

아마 사람들이 가장 싫어하는 새는 까마귀가 아닐까? 온몸은 새까맣고 울음소리도 너무 크고 왠지 께름칙하다.

또 '까마귀가 울면 사람이 죽는다'는 말처럼 까마귀를 사람의 죽음과 연관시킨 속설도 많다. 까마귀가 사람의 죽음을 예견하는 능력은 없음에도 이런 속설은 오늘날까지 여전히 강하게 남아 있다.

그럼 대체 왜 이런 속설이 생긴 것일까? 그것은 묘지의 제물(음식)과 관련이 있는 듯하다. 옛날에는 사람이 죽으면 묘지에 매장하고 제물을 올렸다. 오늘날에도 묘지에 고인이 좋아했던 음식을 올리는데 묘지 근처에는 나무와 숲이 있고 그곳에 사는 까마귀가 제물을 노린다. 즉 까마귀에게 묘지는 먹잇감을 얻을 수 있는 최적의 장소인 것이다.

이런 연유로 까마귀와 묘지, 그리고 매장과 사람의 죽음을 연관해서 '까마귀가 울면 사람이 죽는다'는 속설이 생긴 듯하다.

312 | 무당게는 '게'가 아니다

무당게는 그 멋진 모습과 맛있는 살 때문에 '게의 왕'이라고 불린다. 그러나 이름에 '게'가 붙었음에도 불구하고 생물학상 분류로는 게가 아니다. 십각목 집게하목 왕게과 왕게속으로 분류되는 집게의 일종이다.

그 증거로 털게나 바다참게의 다리는 집게발을 포함해서 좌우 5개씩 총 10개가 있으나, 무당게는 4개씩 총 8개밖에 없다. 이는 다리가 8개밖에 없는 것이 아니라 나머지 2개가 아주 짧아서 숨어 있을 뿐이고, 바로 이것이 집게에서 볼 수 있는 특징이다.

313 | 일하지 않는 일개미가 있다?

개미 가운데는 반드시 20~30% 정도의 일하지 않는 일개미가 존재한다고 한다. 단, 그들이 게으르기 때문에 일하지 않는 것은 아니다.

2016년 2월, 홋카이도대학 등의 연구팀이 영국의 과학 잡지에

〈일하지 않는 일개미〉에 관한 연구 성과를 발표했다.

지금까지의 연구에서는 일개미만으로 그룹을 만들어도 일하지 않는 개미가 반드시 20~30% 나타난다는 사실이 알려져 있었으나 그 비효율적인 존재는 여전히 의문이었다. 그런데 새로운 연구로 이들 개미는 다른 개미가 지쳐서 일을 할 수 없게 되었을 때 대신 일을 한다는 사실이 판명되었다. 모든 일개미가 지쳐 일을 할 수 없게 되면 소중한 알을 돌볼 수 없게 되어버리고 만다. 따라서 이처럼 일정한 '교체 요원'을 두면서 집단이 사라지는 위험을 방지하는 것이다.

314 | 토끼는 자신의 똥을 먹는다

토끼는 한밤중부터 아침에 걸쳐 엉덩이에 얼굴을 대고 직접 항문의 똥을 먹는다고 한다. 보통 우리는 토끼 똥 하면 작고 동글동글하고 딱딱한 똥을 떠올리지만 실은 묽고 끈적끈적한 상태의 똥도 있다. 그런데 이 묽은 상태의 똥은 토끼에게 중요한 영양분이 된다고 한다.

토끼의 주식은 풀이지만 풀은 소화가 어렵고 영양도 그다지 높지 않다. 그래서 맹장에서 식물섬유를 효율 좋게 분해하고 장내 세균이 만든 아미노산과 비타민B, 비타민K 등을 묽은 똥을 통해 배출하여 그것을 먹음으로써 영양분을 섭취하는

것이다. 이 똥을 먹지 않으면 토끼는 영양 장애에 걸린다고
한다.

315 | 고기만 먹는 육식동물은 왜 영양 부족에 걸리지 않을까?

사자와 같은 육식동물은 생고기를 먹는 한 영양 부족에 걸리지 않는다고 한다. 왜냐하면 생고기에는 단백질과 미네랄, 비타민 등 몸에 필요한 영양소가 대부분 포함되어 있기 때문이다. 또 사자의 소화 기관은 아주 짧아서 설령 야채 따위를 먹어도 소화하기 전에 배출되어버린다. 단 조금 소화된 상태의 야채라면 그 영양을 흡수할 수 있다. 그래서 사자는 초식동물을 사냥한 후 초식동물의 내장과 그 안에 남아 있는 소화 도중의 풀도 함께 먹음으로써 비타민을 흡수한다고 한다.

316 | 손가락을 빙글빙글 돌려도 잠자리는 눈을 돌리지 않는다?

잠자리의 눈앞으로 손가락을 가져가 빙글빙글 돌리면 잠자리가 눈을 돌리기 때문에 쉽게 잡을 수 있다. 어렸을 때 이 같은 말을 들은 사람이 많을 것이다.
틀림없이 잠자리에게는 얼굴의 절반 이상을 차지할 정도의

커다란 눈이 있는데 겹눈이라 불리는 그 눈에는 작은 눈이 1~3만 개나 모여 있다. 그렇게 많은 눈이 있으면 아주 간단히 눈을 돌릴 수 있을 것 같다.

그러나 손가락을 빙글빙글 돌리면 잠자리가 눈을 돌린다는 확실한 정보는 아직 얻지 못했다. 설령 손가락의 움직임을 따라 잠자리가 머리를 움직인다 할지라도 이는 눈이 돌기 때문은 아니다. 잠자리를 잡으려면 역시 잠자리채를 써야 한다.

317 | 담수어는 왜 바다에서 살 수 없을까?

담수어는 자신의 체액보다 염분 농도가 높은 해수에서 살기 때문에 체내의 염분 농도를 해수와 똑같이 유지하려는 작용을 통해 체내의 물을 밖으로 배출한다. 반면에 해수어는 해수를 마시고 수분을 보급한 후 여분의 염분을 아가미를 통해 배출한다.

그런데 담수어는 체액의 염분 농도가 자신이 살고 있는 담수보다 높기 때문에 해수어와는 반대로 체내로 물이 들어오며, 이렇게 체내로 들어온 물은 대량의 소변으로 배출된다.

장어나 연어 등을 제외한 대부분의 물고기는 이 두 가지 기능 중 한 가지 능력밖에 보유하지 못하기 때문에 해수나 담수, 둘 중에 한 곳에서밖에 살지 못하는 것이다.

318 | 세계에서 가장 큰 나무는 자유의 여신상보다 크다

세계에서 가장 큰 나무는 미국 캘리포니아주의 레드우드국립공원에 있다. 그리스 신화에 나오는 태양신의 이름에서 따 '하이페리온'이라는 이름을 가지고 있는 이 세쿼이아의 수령은 600년 정도이고 높이는 115.55m이다.

이것은 자유의 여신상(약 93m)보다 훨씬 크며, 가장 낮은 부분에 있는 가지도 무려 25층 빌딩에 해당하는 높이라고 한다.

이전까지 가장 큰 나무는 같은 국립공원 안에 있는 '스트라토스피어 자이언트(Stratosphere Giant=성층권의 거인)'라는 약 113m

의 세쿼이아 나무였는데 2006년 측정에서 하이페리온이 세계 1위의 자리에 올랐다.

319 | 심해에는 몸이 철로 된 생물이 있다

심해에는 아주 신기한 생물이 많이 살고 있는데 그중에서도 '스캘리풋'은 매우 독특한 존재다.

스캘리풋은 달팽이와 같은 나선형 껍데기의 일종으로 2001년에 미국의 연구자들에 의해서 발견되었다. 놀랍게도 그 몸은 황화철로 만들어진, 철갑 같은 비늘로 덮여 있다. 사람의 몸에도 철을 비롯한 금속 성분이 소량 함유되어 있기는 하지만 몸의 구조 자체가 철로 되어 있는 생물은 스캘리풋 이외에 발견되지 않았다.

참고로 '스캘리풋'이라는 이름은 '비늘에 뒤덮인 발'이라는 뜻이다.

320 | 바다거북이 산란할 때 눈물을 흘리는 이유

바다거북은 산란할 때 눈에서 눈물을 흘린다고 하는데 사실 이것은 눈물이 아니라 체내에 쌓인 염분이다.

바다거북은 먹이를 먹을 때, 바닷물을 함께 삼키는데 그대로 두면 혈액 속에 염분 농도가 너무 높아져서 위험하기 때문에 눈 옆에 있는 염류선이라고 하는 기관에서 염수를 밖으로 배출한다. 단지 그 모습이 눈물을 흘리는 것처럼 보일 뿐이다.

321 | 개가 다른 개의 엉덩이 냄새를 맡는 이유

개들이 만났을 때, 서로 엉덩이 냄새를 맡곤 하는데 이것은 개의 세계에서 중요한 인사다. 개의 엉덩이에는 항문선이라는 기관이 있는데 여기에서 나오는 분비물의 냄새는 개마다 다르다.

후각이 발달한 개는 시각이나 청각이 아닌 그 냄새를 맡아서 서로의 존재를 확인하는 것이다.

개에게 냄새는 서로를 알기 위한 정보의 원천이다. 즉 서로 엉덩이 냄새를 맡는 행동은 마치 사람의 '명함 교환'과 같다. 개는 사람의 엉덩이나 항문의 냄새를 맡기도 하는데, 냄새를 통해 상대의 정보를 얻는 행위는 개에게 필수 불가결한 행동이기 때문이다.

322 | 오징어는 다리가 팔이다?

어패류에 대해 어느 정도 지식이 있는 사람은 오징어는 2개의 긴 팔과 8개의 다리가 있다고 알고 있을 텐데, 정확히 말하면 팔이 10개고 다리는 없다.

오징어의 다리라고 생각하는 부분은 먹이를 사로잡거나 무엇인가를 옮길 때 사용하기 때문에 흔히 팔이라고 생각하는 것이다. 등에서 배를 향해 좌우의 첫 번째부터 네 번째 팔까지 4쌍, 총 8개의 팔이 있으며, 세 번째 팔과 네 번째 팔 사이에는 먹이를 잡기 위한 '촉수'라고 하는 긴 팔이 2개가 있다.

또 생물학적으로 오징어가 '연체동물문 두족강 이새아강 꼴뚜기목'으로 분류되는 것을 보더라도 역시 '다리'가 아닌 '팔'이라는 사실을 알 수 있다.

323 | 옛날 펭귄은 날아다녔다?

뒤뚱뒤뚱 걷는 귀여운 모습으로 많은 인기를 얻고 있는 펭귄은 새인데 왜 날지 못하는 걸까?

오늘날에는, 아주 오래전 펭귄이 하늘을 날아다녔다는 설이 유력하다. 펭귄이 잠수할 때 사용하는 플리퍼(flipper)라는 날개 부분은 비상하는 새와 같이 일부가 합쳐지거나 작아졌는데, 이는 커다란 날개를 달기 위해 진화했으며, 용골 돌기는 날갯짓을 위해 근육이 생기는 부분이기 때문에 이런 점에서 펭귄은 원래 날 수 있는 잠수 조류였다고 추정할 수 있다.

그렇다면 펭귄은 왜 날기를 포기한 것일까? 먼저 새끼를 키우기 위해 머물던 남반구에는 천적인 포유류가 번영하지 않았고, 또 바다 깊이 잠수하는 데는 몸이 무거운 편이 유리했던 점에서 볼 때, 날기를 포기하고 잠수 능력을 특화했다고 추정된다.

324 | '유빙의 천사' 무각거북고둥은 무서운 생물이다

유빙 속에서 우아하게 헤엄치는 모습 때문에 '유빙의 천사'라고 불리는 무각거북고둥(클리오네)은 무각거북고둥과에 속하는 껍질이 없는 고둥이다. 귀여운 모습 때문에 최근 인기가 많은데, 그 이면에는 무서운 얼굴이 숨어 있다.

무각거북고둥은 육식성으로 같은 고둥류인 리마키나 등을 먹이로 삼는데, 먹잇감을 포획하는 순간, 이 천사는 악마로 돌변한다. 머리 위에 있는 입이 갈라지며 6개의 촉수를 뻗어 먹잇감을 잡은 뒤에 그 영양분을 흡수한다. 또 먹이는 1년에 한 번 정도만 먹는다고 한다.

325 | 비둘기가 목을 흔들며 걷는 이유

공원에서 흔히 볼 수 있는 비둘기가 목을 앞뒤로 흔들며 걷는 데에는 사실 이유가 있다.

비둘기의 움직임을 관찰해보면 머리 부분을 가능한 한 움직이지 않도록 목을 늘이기도 하고 움츠리기도 하면서 전진한다는 사실을 알 수 있다.

사람은 무의식중에 눈을 움직여 사물이나 풍경을 좇는 안구 운동을 행하고 있지만 비둘기는 눈을 그 정도로 자유롭게 움직이지는 못한다. 그렇기 때문에 안구 운동 대신 머리를 움직이지 않는 시간을 만들어 사물을 눈으로 보는 것이다. 동시에 머리를 순간적으로 이동시킴으로써 사물을 입체적으로 본다고 한다.

이처럼 비둘기가 목을 움직이는 이유는 뒤로 흘러가는 풍경에 대응하여 사물을 잘 보기 위한 동작으로 생각된다.

326 | 코뿔소의 골격 표본에 뿔이 없는 이유는?

포유류 가운데서 뿔을 가지고 있는 종은 주로 초식성인 코뿔소과, 소과, 사슴과, 영양붙이과, 기린과 등이다. 이 가운데 코 위에 뿔이 있는 것은 코뿔소밖에 없으며 그 외에는 머리 위에 한 쌍의 뿔을 가지고 있다.

뿔 자체에도 각각 특징이 있다. 사슴의 뿔은 뼈와 같은 물질로 이루어져 있다. 소의 뿔인 '동각(洞角)'은 두개골에서 삐져나온 뼈인 '각심(角芯)' 주위를 피부와 털과 같은 케라틴질의 '각초(角鞘)'라는 껍질이 덮고 있다.

한편 코뿔소의 뿔은 피부가 변화한 케라틴질만으로 이루어져 있다. 코뿔소의 골격 표본에 뿔이 없는 것은 원래 뼈가 아니기 때문이다.

327 | 세상에서 가장 위험한 생물, 그것은 모기

세상에서 사람의 목숨을 가장 많이 앗아가는 생물은 무엇일까? WHO(세계보건기구)와 FAO(유엔식량농업기구)의 통계를 바탕으로 연간 사람의 목숨을 앗아가는 생물의 순위를 매겨 보았더니 제3위는 '뱀'으로 5만 명, 제2위는 전쟁이나 살인 등으로 47만 5천 명의 목숨을 앗아간 '사람'이었다. 1위는 놀랍게도 '모기'로 72만 5천 명이나 되는 사람의 목숨을 앗아갔다. 세계 전역에 생식하는 모기는 말라리아와 일본뇌염, 뎅기열, 지카열 등 여러 감염증의 원인이 되기 때문에 인류 최대의 적이다.

328 | 투우 소는 빨간 천에 흥분하지 않는다?

에스파냐의 전통 행사인 투우에서 소는 투우사가 들고 있는

빨간 천(물레타)을 향해 돌진한다. 이러한 모습 때문에 소가 빨간색을 보면 흥분한다고 생각하기 쉽지만, 사실 소의 눈은 흑백으로만 사물을 판별한다.

그렇다면 어째서 돌진하는 걸까? 소는 육식동물로부터 몸을 지키기 위해서 낯선 생물이나 움직임에 반응하고 경계한다. 이 습성 때문에 펄럭이며 움직이는 천을 향해 돌진하는 것일 뿐, 사실 천이 무슨 색이든 상관없다. 투우에서 빨간색 천을 사용하는 이유는 그 색에서 '피'나 '위험한 것'을 떠올리는 '사람'을 흥분시키기 위해서라고 한다.

329 | 거미가 자신이 친 거미줄에 걸리지 않는 수수께끼

거미가 자신이 친 거미줄에 걸리지 않는 이유는 거미줄이 여러 종류의 실로 이루어져 있기 때문이라고 한다.

거미가 생활하는 거미줄 중앙 부분의 실과 거기서부터 바깥쪽으로 뻗어 나간 실에는 점성이 없으며, 원형으로 친 씨실에는 강력한 점성이 있다. 거미는 날실 위를 걸어 다니기 때문에 걸리지 않으며 먹잇감은 씨실에 걸리는 구조다.

또한 거미는 다리 끝에서 기름과 비슷한 물질이 분비되기 때문에 점성이 있는 실에도 잘 걸리지 않는다. 이 물질을 씻으면 거미도 자신이 친 거미줄에 걸린다고 한다.

330 | 민달팽이에게 소금이 아니라 설탕을 뿌리면 어떻게 될까?

민달팽이의 몸은 약 85%가 수분으로 되어 있다. 게다가 피부가 물이 잘 통하는 구조로 되어 있기 때문에 많은 양의 소금을 뿌리면 삼투압작용에 의해서 체내의 수분이 밖으로 나오게 된다.

그렇기 때문에 민달팽이에게 소금을 뿌리면 죽는다고 알려져 있으나 반드시 그렇지만도 않다. 소금의 양이 적으면 몸이 수축될 뿐, 그 뒤에 도망가는 경우도 있다고 한다. 또한 탈수로 죽는 것이 아니라 소금 때문에 굳어버린 점막이 등에 있는 호흡혈을 막아서 질식사할 가능성도 있다고 한다.

그렇다면 소금 대신 설탕을 뿌리면 어떻게 될까? 소금만큼의 효과는 없지만 소금과 마찬가지로 삼투압효과 때문에 민달팽이는 수축해버린다.

331 | 얼룩말은 '세로 줄무늬'가 아니다?

디자인적으로 지면과 수직인 것은 '세로 줄무늬', 평행인 것은 '가로 줄무늬'가 된다. 따라서 얼룩말은 세로 줄무늬인 셈이다. 그러나 생물학적으로 보자면 얼룩말의 줄무늬는 가로 줄무늬라고 한다.

동물의 모양은 자세에 따라서 시점이 달라진다. 그렇기 때문에 포유류, 어류 등의 척추동물은 척추를 따라서 평행한 방향, 즉 머리부터 꼬리 방향을 세로, 등과 수직이 되는 방향을 가로라고 부른다. 즉 사람을 포함한 유인원을 제외한 대부분의 동물은 머리와 꼬리를 연결하는 등뼈가 가로가 되는 자세이기 때문에 사람과는 세로와 가로가 반대가 된다. 따라서 얼룩말은 '가로 줄무늬'가 되는 셈이다.

332 | 그린아스파라거스와 화이트아스파라거스는 똑같은 채소다 |

그린아스파라거스는 선명한 녹색, 화이트아스파라거스는 흰

색으로 식감도 부드럽다. 색과 식감이 모두 다른 이들 채소는 같은 '아스파라거스'다.

아스파라거스는 지면 위로 자라난 어린 줄기를 잘라낸 채소다. 일반적인 채소와 마찬가지로 햇빛을 받게 해서 기른 것이 그린아스파라거스고, 싹이 햇빛에 닿지 않도록 30cm 정도 흙을 쌓아 올려 흙 속에서 길러 수확한 것이 화이트아스파라거스다.

화이트아스파라거스는 통조림으로 파는 경우가 많기 때문에 그린아스파라거스의 껍데기를 벗겨서 가공했다고 생각하기 쉽지만 두 채소는 재배 방법이 다를 뿐이다.

333 | 닭은 1년에 알을 몇 개나 낳을까?

양계장에서 키우는 암탉이 낳는 알은 따뜻하게 품어도 부화하지 않는 무정란이며, 부화해서 병아리가 되는 것은 유정란이다.

암탉의 몸속에서는 성숙한 난황이 난관에 들어가서 24~25시간 동안에 걸쳐 난백과 딱딱한 껍질이 생긴다. 즉 하루에 1개가 한계다. 그러나 1년 동안 매일 알을 낳는 것은 아니다. 며칠간 알을 계속 낳은 뒤 1~2일 쉬고, 다시 며칠 동안 알을 낳는 사이클을 반복하기 때문에 낳는 알의 수는 연간 280개 정도라고 한다.

334 | 나비와 나방의 구별은 매우 어렵다?

나비와 나방은 비슷한 모습이지만 전자는 화려하고 아름다우며, 후자는 무섭고 단조롭다는 선입견이 있다. 그러나 아름다운 연두색 날개를 가진 긴꼬리산누에나방이라는 것도 있고, 무지개 같은 색채를 가진 마다가르카스비단제비나방이라는 것도 있다.

사실 나비목 곤충의 대부분은 나방이고 나비는 그 일부다. 즉 곤충학적으로 보자면 같은 부류인 셈이다. 실제로 프랑스어나 독일어 등 많은 언어에는 '나비'와 '나방'을 구별하는 말이 없으며, 하나의 말로 표현하고 있다.

참고로 지구 역사의 관점에서 생각해보자면, 나방은 5000만 년이 넘은 화석이 남아 있기 때문에 이에 비하면 나비는 상당한 신참이라고 할 수 있다.

335 | 벽을 기는 달팽이는 콘크리트를 먹고 있다?

달팽이는 육지에서 생식하는 조개의 일종인데 기본적으로 껍데기가 없는 것을 민달팽이, 껍데기가 있는 것을 달팽이라고 부른다.

달팽이의 껍데기는 태어났을 때부터 달려 있는데 이를 키우는 데는 상당한 양의 칼슘이 필요하다. 이에 달팽이는 버려진 조개껍데기나 죽은 달팽이의 껍데기 등 여러 가지 것으로부터 칼슘을 섭취한다. 여러분도 비가 오는 날 블록 담이나 콘크리트 벽을 기어가는 달팽이를 본 적이 있을 것이다. 달팽이는 또한 이러한 것들로부터 칼슘을 섭취하고 있다.

336 | 참치는 헤엄을 멈추면 죽는다?

물고기는 아가미를 통해 입 안으로 들어온 물에 녹아 있는 산소를 몸속으로 빨아들인다. 이때 많은 물고기들은 아가미 뚜껑을 움직여서 물을 빨아들이지만 참치의 경우 다른 물고기와 달리 스스로 아가미 뚜껑을 움직이지 못한다.

그래서 참치는 항상 입을 벌리고 헤엄을 치면서 바닷물을 빨아들여야 하는데 헤엄을 치지 않으면 산소가 부족해서 죽어 버린다.

이처럼 잠도 자지 않고 계속 헤엄을 치는 참치도 밤에는 헤엄치는 속도를 떨어뜨리는데 이는 잠을 자는 대신 신진대사를 낮추기 위해서라고 한다.

337 | 삼색고양이는 왜 암컷만 있을까?

삼색고양이 개체에서 수컷의 비율은 대단히 희소하다. 그 이유는 털색을 만드는 유전자와 관계가 있다.

고양이의 성별은 X와 Y라는 성염색체로 결정되는데 암컷은 XX, 수컷은 XY 조합이다. 또 갈색 털을 결정하는 'O유전자'와 갈색 이외의 검은 털을 발현하는 'o유전자'는 X염색체상에 있기 때문에 'Oo' 조합으로 삼색고양이가 출현한다.

즉 Y염색체상에는 이 유전자가 없기 때문에 원칙적으로 수컷은 삼색이 되지 않지만 드물게 X염색체 2개를 가진 XXY 개체가 태어나는 경우가 있는데, 이때 XX 중에 'Oo' 조합이 있으면 수컷인 삼색고양이가 나타나게 된다.

338 | 판다의 소화기는 조릿대를 먹기에 적합하지 않다?

자이언트 판다라고 하면 조릿대나 대나무를 아삭아삭 씹어 먹는 모습이 떠오른다. 자이언트 판다는 틀림없이 하루에 14시간 동안 최대 12.5kg이나 되는 조릿대와 대나무를 먹지만, 소화가 가능한 양은 섭취량의 겨우 17%밖에 되지 않는다.

미국 미생물학회의 논문에 의하면, 다른 초식동물이 식물의 섬유질을 효과적으로 분해하기에 적합한 소화기를 가지고 있는 데 반해, 자이언트 판다는 자신의 조상인 잡식성 곰의 장내 박테리아를 가지고 있기 때문에 전형적인 육식동물의 소화기를 가졌다고 한다.

일반적으로 초식동물의 장은 길어서 말의 경우 장의 길이가 약 40m 정도나 된다. 그러나 판다의 장은 6m 정도로 사자 같은 육식동물과 거의 비슷하다. 판다는 원래 곰처럼 고기를 좋아하는 잡식성이었으나 시간이 흘러 조릿대나 대나무를 먹게 되었다. 그에 반해 소화기는 초식에 적합하게 바뀌지 않은 것이다.

339 | 고양이가 생선을 좋아한다는 말은 오해다

고양이는 육식동물이기 때문에 기본적으로 동물 고기를 주식으로 한다. 그래서 항구 주변에서 생활하는 고양이를 제외하면 눈앞에 생선이 있어도 눈길조차 주지 않는 경우가 많다.
고양이가 생선을 먹게 된 것은 인간의 식생활과 관계가 있다. 즉 사람이 먹다 남은 음식을 받아먹기 시작하면서 자연스럽게 생선을 좋아하게 됐다고 한다.

340 | 돌고래와 고래의 분류 기준은?

돌고래와 고래는 몸 크기의 차이로 분류될 뿐 실은 같은 고래류다. 일반적으로 4m 이하는 돌고래, 그 이상을 고래라고 하는데 이런 조건에 해당하지 않는 경우도 있다.
가령 쇠향고래나 참거두고래는 4m 이하지만 고래로 분류된다. 또한 흰돌고래는 이름은 돌고래지만 신장은 4m 이상이어서 고래로 분류하는 경우가 많다.

341 | 흰코뿔소는 하얗지 않다

코뿔소는 흰코뿔소와 검은코뿔소, 두 종류가 있는데 실은 양쪽 모두 회색이다. 두 종은 입술 모양으로 구분하기도 하는데, 흰코뿔소는 윗입술이 각진 형태인데 비해 검은코뿔소는 윗입술이 뾰족한 형태를 하고 있다.

그럼 왜 몸 색깔이 이름이 되었을까? 흰코뿔소는 아프리카 말로 'Widje Rhinoceros'인데 'Widje'란 본래 네덜란드어로 '넓은'이라는 의미이다. 따라서 흰코뿔소의 원래 이름은 '입이 큰 코뿔소'였다. 그런데 이 단어를 영어의 비슷한 단어인 'White'로 오역했던 것이다.

342 | 나이테가 나침반 역할을 한다는 것은 사실일까?

나무에는 형성층이 있다. 형성층이란 식물의 껍질 아래에 있는 줄기를 둘러싼 성장 조직을 말한다. 형성층 내부에서 세포분열을 하고 목질층을 형성함으로써 나무줄기는 두꺼워지는 것이다. 형성층은 더운 여름에 왕성하게 성장해서 세포가 커지며 조직의 밀도가 엷어진다.

한편 추운 겨울에는 거의 성장하지 않고 조직은 조밀해진다. 이런 반복으로 만들어지는 나이테가 바로 나무의 나이가 된다. 나무는 일반적으로 햇빛을 받는 남쪽이 성장하고 북쪽은 늦게 성장하기 때문에 나무의 나이는 동심원 형상이어도 남쪽이 늘어난 형태를 하고 있다. 단 경사면에서 자라는 나무의 경우는 산과 골짜기 쪽에 따라 성장 속도에 차이가 나기 때문에 일반적으로 경사지의 침엽수는 골짜기 쪽, 활엽수는 산 쪽이

나이테 폭이 넓다.

'산에서 길을 잃으면 나이테를 보고 방향을 알 수 있다'라는 속설이 있지만 이런 이유로 나무의 나이테를 '나침반' 대신 사용하는 것은 위험할 수 있다.

343 | 하마가 흘리는 '피땀'은 선크림이다?

일설에 의하면 하마는 붉은색의 '피땀'을 흘린다고 하는데 이는 커다란 오해다. 틀림없이 하마의 땀은 붉은색을 띠고 있지만 이 땀에는 혈액의 헤모글로빈이 포함되어 있지 않다.

점착질에 알칼리성이 강한 하마의 땀은 흘린 직후에는 무색

투명하지만, 몇 분이 지나면 산화해서 색이 붉게 변하고, 수분이 증발하면 몇 시간 만에 갈색으로 변한다. 이 땀에는 붉은색과 오렌지색 색소가 포함되어 있는데 붉은색 색소는 항균 효과가 있고, 오렌지색 색소는 자외선을 흡수하는 역할을 한다. 이 두 가지 색소가 세균의 감염과 자외선으로부터 하마의 피부를 지켜주고 있는 것이다.

344 | 나무늘보는 정말 게으름뱅이일까?

나무에 매달린 채 전혀 움직이지 않는 것처럼 보이는 나무늘보는 우리가 보기에 단순히 게으름뱅이 같지만 실은 환경에 적응하기 위한 진화의 결과일 뿐이다.

나무늘보는 남아메리카와 중앙아메리카의 열대우림에 서식하며 일생을 나무에 매달려 보낸다. 포유류로는 드물게 외부 공기에 맞춰 기온을 바꾸는 변온 동물이기 때문에 체온 유지를 위해 에너지를 섭취할 필요가 없어서 하루에 불과 8g 정도의 식물을 먹는다.

나무늘보의 근육량은 체중 전체의 약 25%로 다른 동물의 약 절반밖에 되지 않는다. 에너지를 낭비하지 않기 위해 하루 종일 거의 움직이지 않는 나무늘보는 더없이 '친환경'적인 동물이다.

345 | 연어는 어떻게 자신이 태어난 강으로 돌아올 수 있을까?

연어는 강에서 태어나서 바다에서 생활하다 번식을 위해 다시 자신이 태어난 강으로 돌아오는 신비한 능력을 가지고 있다. 총 1300~1400km에 이르는 긴 여정인데, 그 회귀 경로는 아직도 수수께끼로 남아 있다.

그런데 연어는 어떻게 자신이 태어난 강으로 돌아올 수 있을까? 연어는 태어난 강의 '냄새'를 잊지 않고 그 냄새를 따라 고향으로 돌아온다고 한다. 이외에도 체내에 나침반을 가지고 있다는 설도 있다. 이를 '태양 나침반'이라고 하는데 이것은 철새들도 가지고 있으며, 이 나침반을 따라 회귀나 이동을 한다고 한다.

346 | 새끼 때가 더 큰 개구리가 있다

올챙이는 몸의 반 이상이 '꼬리'이다. 올챙이는 성장하여 개구리가 되는 단계에서 일시적으로 크기가 작아지지만 개구리가 되면 올챙이 때보다 커지는 것이 일반적이다. 그런데 어른보다 새끼일 때가 더 큰 개구리가 실재한다.

이런 기묘한 현상 때문에 '패러독스 개구리'라는 이름이 붙은 이 개구리는 어른일 때의 크기가 약 5~7cm인데 비해 올챙이

때의 크기는 무려 25cm나 된다. 그 이유는, 올챙이 때는 몸이 길지만 성장하여 개구리가 되는 단계에서 긴 꼬리가 사라지기 때문에 크기가 작아지는 것이다.

347 | 지구에서 가장 고혈압이 심한 동물은 기린이다

최근 조사에 따르면 지구상에서 가장 키가 큰 동물인 기린은 동물 중에서 가장 고혈압이 심하다는 사실이 밝혀졌다.
인간의 고혈압은 건강한 사람의 경우 120mmHg 전후인데 비해 기린은 심장에 가장 가까운 곳이 약 260mmHg라고 한다.
그 이유는 뇌에 피를 보내기 위해서는 혈액을 밀어내는 높은 압력이 필요한데 기린은 심장에서 머리까지의 높이가 약 2m나 되기 때문이다. 또 뇌에 안정적으로 피를 보내기 위해 기린의 목 혈관에는 몇 개의 관이 있어 혈액이 역류하는 것을 막아 준다고 한다.

348 | 닭은 서열 순서대로 운다

새벽에 수탉이 우는 순서는 무리의 서열로 정해져 있다고 한다. 본래 닭은 매우 사회적이고 계층화된 동물이다. 수컷들은 서로 싸워서 강한 순으로 서열을 정하고 최상위 수탉이 제일 먼저 먹이를 먹고 교미를 한다.

닭이 아침에 우는 시간은 생물학적인 '체내 시계'에 의해 제어되고 있는데 최상위 수탉은 그 타이밍을 정하는 우선권을 가지고 있다. 실제로 전날보다 시간이 빨라지거나 늦어지는 경우에도 우는 순서는 엄격하게 지켜진다고 한다.

349 | 원앙은 부부 사이가 나쁘다?

금실이 좋은 부부를 흔히 '원앙'이라고 비유하는데 실은 원앙은 일부다처체다. 부부 관계가 지속되는 것은 교미 기간인 반

년 정도이며, 수컷은 같은 암컷과 일생을 함께하지 않고 1년마다 파트너를 바꾼다고 한다.

그럼 왜 금실이 좋은 부부를 원앙이라고 할까? 그 유래는 중국의 춘추 시대, 서로 깊이 사랑하지만 비극적인 생애를 보낸 부부의 묘 근처에 있는 나무 위에서 암수 원앙이 함께 계속 울어댔다는 고사에서 온 것이다.

350 | 지구 최강의 생물은 길이 1mm의 완보동물이다?

길이 1mm 정도, 마이크로 세계의 생물인 완보동물은 '지구 최강의 생물'이다. 다리가 8개의 무척추동물로 길가의 이끼부터 남극과 같은 극한의 땅까지 세계 곳곳에 널리 분포하고 있다. 이 완보동물의 생명력은 엄청나다. 마이너스 200도의 초저온, 100도 이상의 고온, 나아가 고농도의 방사능과 진공 공간 등 어떤 극한의 환경에서도 생존 가능한 몸을 가지고 있다. 그 강인함의 비밀은 '휴면상태(Cryptobiosis)'라고 불리는 가사(假死) 능력에 있다고 한다. 완보동물은 극한 환경에 처하면 몸을 술통처럼 둥글게 바꿔서 가사 상태에 들어간다.

너무나 강인한 생명력에 놀란 스웨덴의 연구팀은 완보동물을 인공위성에 실은 뒤 강한 방사선이 있는 우주 공간에 노출시키는 실험을 했다. 그럼에도 완보동물의 일부는 살아남았다고 한다.

351 | 백곰의 털은 하얗지 않다

북극곰의 별칭은 백곰인데 정확하게 말하면 백곰의 털은 '백색'이 아니다. 얼핏 보면 하얗게 보이지만 전자현미경으로 보면 투명하다는 사실을 알 수 있다.

투명한 털이 하얗게 보이는 이유는 털의 중심이 공동 상태로 되어 있고, 거기에 가시광선이 난반사(亂反射)하기 때문이다. 이것은 투명한 눈덩이가 하얀 눈처럼 보이거나 투명한 비닐 주머니 몇 개를 겹치면 하얗게 보이는 현상과 같은 원리이다. 백곰의 피부색은 새끼 때는 분홍색인데 자라면서 점점 검어진다. 이것은 추운 지역에 살기 때문에 태양열을 효율적으로 흡수하기 위해서라고 한다.

352 | 가시복의 가시는 몇 개일까?

가시복은 따뜻한 바다에 사는 복어의 일종이다. 바늘 모양으로 유명한 가시복의 가시는 비늘이 변화한 것이다. 평소에는 가시를 접은 상태로 헤엄치지만 적의 공격이나 위협을 느끼면 많은 바닷물을 마셔 위를 부풀려 가시를 세운다. 가시는 실제로 370개 전후라고 알려져 있으며 독은 없다.

PART 05

알면 도움이 되는 예술·스포츠 상식

353 | 베토벤의 〈엘리제를 위하여〉의 주인공은 '테레제'이다?

베토벤이 1810년 발표한 피아노곡 〈엘리제를 위하여〉는 누구나 들어본 적이 있을 것이다. 하지만 이 곡명은 악보에 쓰인 '엘리제를 위하여, 4월 27일'이라는 자필 기록 때문에 베토벤이 죽은 뒤 붙여졌다고 한다.

그러나 엘리제가 누구인가, 하는 의문은 오랫동안 풀리지 않았는데 20세기에 접어들어 필적 연구가가 이를 감정한 결과, '엘리제'를 '테레제'라고도 읽을 수 있다는 사실이 밝혀졌다. 이로 인해 베토벤이 결혼하고 싶어 하던 자신의 제자인 테레제 말파티에게 헌정한 곡이라고 결론지어졌다.

그런데 이야기는 여기에서 끝나지 않는다. 2009년 새로운 설이 등장했는데, '엘리제'라고 불리던 베토벤의 지인의 누이인 엘리자베스 뢰켈을 위해 쓴 곡이라는 주장이 나온 것이다. 엘리제인가, 테레제인가 하는 의문은 아직도 미궁 속에 빠져 있다.

354 | 음치의 원인

노래를 잘 부르지 못하는 사람을 음치라고 한다. 그런데 왜 음치는 노래를 잘 부르지 못할까?

음치는 유전된다는 말이 있는데 이는 아무런 근거도 없는 속설이다. 음치에는 '귀 음치'와 '목 음치'가 있다. '귀 음치'인 사람은 음정을 구분하는 능력이 떨어지기 때문에 이상한 음정으로 노래를 하지만 자신은 그것이 바른 음정이라고 생각한다. 음정이 틀려도 깨닫지 못하는 것이다.

한편 '목 음치'인 사람은 머리로는 바른 음을 구분하지만 목이 말을 듣지 않는 경우인데 목의 근육이 마음대로 움직여주지 않기 때문이다.

'귀 음치'는 잘 고칠 수 없지만 흔히 음치라고 하는 사람의 대부분은 '목 음치'이다. '목 음치'는 훈련을 하면 고칠 수 있고 노래도 잘 부를 수 있다.

355 | '149대 0' 축구 경기

1부 리그 축구 경기에서 '149대 0'이라는 믿을 수 없는 골 차가 난 시합이 있다. 무대는 아프리카 대륙의 동쪽에 위치한 마다가스카르다. 2002년 10월 31일에 벌어진 AS아데마(홈 팀)와 SOE(원정 팀)의 시합에서 4일 전 심판이 내린 PK 판정에 항의하기 위해 AS아데마 감독은 선수들에게 자책골을 넣도록 지시했다.

드디어 시합 개시 휘슬이 울리자 90분간에 걸쳐 자책골 퍼레이드가 펼쳐졌다. SOE의 선수들은 공을 건드려보지도 못하고 그저 멍하니 상대 팀 선수들이 자책골을 넣는 광경을 지켜볼 수밖에 없었다고 한다. 시합은 149대 0으로 SOE의 승리로 끝났고, 무려 36초에 한 골씩 터진 셈이다.

356 | 제1호 도루는 헤드 슬라이딩

야구에서 도루를 할 때, 발이나 머리부터 슬라이딩을 한다. 보통 발로 하는 슬라이딩이 일반적이지만 머리부터 할 때도 있다.

도루에서 슬라이딩을 처음으로 시도한 사람은 누구일까? 야구 역사상 도루에서 슬라이딩을 감행한 것은 획기적인 일이었기 때문에 명확하게 기록되어 있다.

1866년 어느 날, 미국 록포드 클럽 팀의 버트 에다라는 선수가 2루 도루를 할 때 머리부터 슬라이딩을 했는데, 이것이 바로 최초의 헤드 슬라이딩이다.

그날 이후, 헤드 슬라이딩은 효과적인 도루 방법으로 미국 전역에 퍼져나갔다. 그리고 한동안 사람들은 도루를 할 때면 전부 헤드 슬라이딩만 시도했다고 한다.

357 | 귀에 거슬리는 불협화음의 비밀

피아노의 도와 솔 화음을 치면 기분 좋게 들리는데 반해 미와 파 화음은 다소 귀에 거슬린다. 이것은 도와 솔이 협화음이고 미와 파는 불협화음이기 때문이다.

1옥타브는 도레미파솔라시의 7단계인데 각각의 진동수 비율은 도-24, 레-27, 미-30, 파-32, 솔-36, 라-40, 시-45, 1옥타브 위의 도-48이다. 그리고 이 2개 음(또는 3개의 음)의 진동수 비율이 정수(整數)일수록 음은 잘 어울려서 기분 좋게 들린다. 다시 말해 진동수의 비율이 1대 2, 2대 3, 3대 4, 4대 5, 5대 6, 5대 8의 음이 합쳐지면 협화음이 된다. 도와 솔은 24대 36=2대 3의 협화음, 미와 파는 30대 32=15대 16으로 불협화음이다.

진동수가 가까운 음이 서로 섞이고 겹치면 주기적으로 음이 강해지고 약해지는데 불협화음이 불쾌하게 들리는 이유는 바로 이 때문이다.

358 | 불면증을 위한 바흐의 변주곡

밤에 잠을 못 이루는 사람에게 안성맞춤인 클래식이 있다. 1741년 바흐가 불면증으로 고통을 받던 백작을 위해 만든 〈골드베르크 변주곡〉이다.

밤에 좀처럼 잠을 이루지 못하는 불면증 환자였던 러시아 대사인 카이저링크는 매일 밤 골드베르크라는 쳄발로 연주자를 고용하여 잠을 자기 전에 옆방에서 연주를 하게 했다. 그래도 잠을 이루지 못했던 그는 바흐에게 잠이 오는 곡을 의뢰했다. 예전부터 백작에게 신세를 졌던 바흐가 만든 곡이 바로 〈골드베르크 변주곡〉이다. 그런데 효과가 있었을까? 소문에 의하면 큰 효과가 있었는지 백작은 자주 〈골드베르크 변주곡〉을 신청했다고 하니, 밤에 잠을 이루지 못하는 사람들은 한번 들어보는 것도 좋을 듯하다.

359 | 육상 종목인 계주는 역마차에서 힌트를 얻었다?

계주 경기는 고대 그리스부터 있었지만 오늘날 육상 경기에서 행하는 계주(4인 계주)는 19세기 말 미국에서 시작되었다. 계주 경기의 시초에 대해서는 몇 가지 설이 있다. 당시 우편물은 역마차가 운송하고 있었는데, 속달 등을 취급하는 역마차는 빠른 운송을 위해 역마다 따로 준비해놓은 말로 운반한 데서 힌트를 얻었다고 한다. 또 매사추세츠주의 소방관들이 하던 레이스(작은 깃발을 이어받아서 달리는 경기)가 현재 계주 경기의 모델이라는 설도 있다.

무엇이 옳은지는 명확하지 않지만 4인 주자들이 이어 달리는 계주가 미국에서 창안되어 처음으로 시작된 것은 1893년의 일이다.

360 | 스피드건의 메커니즘

투수가 던지는 볼의 속도를 측정하는 기계를 스피드건이라고 한다. 그럼 스피드건은 어떻게 볼의 속도를 측정하는 것일까? 전철이 다가오면 소리가 커지고 멀어지면 작아지는데, 이는 음원의 속도가 음속으로 가산 또는 감산되는 만큼 음의 진동수(음파 주파수)의 변화에 의한 것으로 도플러 효과(Doppler effect)라고 한다.

스피드건은 바로 이 도플러 효과를 이용한 것이다. 스피드건의 전파를 투수가 던진 볼을 향해 쏘면 볼에 닿은 전파가 반사

된다. 볼에 닿은 전파의 주파수와 반사된 전파의 주파수 차이를 기초로 스피드건 안의 기계가 볼의 속도를 산출해내는 것이다.

또한 볼의 속도를 스피드건으로 측정할 때는 볼의 진행 방향의 연장선상에 스피드건을 세트해서 측정하지 않으면 정확한 속도를 얻을 수 없다.

361 | 로댕의 〈생각하는 사람〉은 누구일까?

로댕이 조각한 〈생각하는 사람〉은 본래 〈지옥의 문〉이라는 작품의 일부이다.

1880년 로댕은 프랑스 정부로부터 파리 장식미술관 입구의 대형 청동문 제작을 의뢰받는다. 이것이 〈지옥의 문〉인데 로댕은 단테의 〈신곡〉의 〈지옥 편〉에서 영감을 얻었다.

〈지옥의 문〉에서 위쪽에 위치한 〈생각하는 사람〉은 불바다에서 고통받는 사람들을 내려다보듯 오른손으로 턱을 괸 모습을 하고 앉아 있다. 그런데 〈생각하는 사람〉은 대체 누구일까? 〈지옥의 문〉이 단테의 〈신곡〉에서 영감을 얻었다는 사실에 근거해서 〈생각하는 사람〉의 모델은 단테라고 주장하는 사람도 있으나, 확실하지는 않다.

362 | 지휘봉 때문에 목숨을 잃은 지휘자가 있다

오케스트라 지휘자는 유일하게 악기가 없는 단원이다. 그러나 18세기까지는 오케스트라 규모가 작았기 때문에 작곡가가 지휘를 겸하면서 바이올린이나 하프시코드를 연주하며 오케스트라를 지휘했다고 한다.

프랑스 루이 14세의 궁정악단 총감독에 륄리(1632~1687)라고 하는 작곡가가 있었다. 그는 지금의 지휘봉보다 긴 '지휘 막대기'를 사용해서 바닥을 쿵쿵 구르며 장단을 맞췄는데, 어느 날 그 지휘 막대기로 자신의 발등을 찔렀고 그 상처가 원인이 되어 목숨을 잃고 말았다.

19세기에 접어들어 오케스트라의 규모가 커짐에 따라 전문 지휘자가 등장했고, 멀리 있는 단원에게 박자나 의도를 확실히 전달하기 위해 현재와 같은 지휘봉을 사용하게 되었다고 한다.

363 | 골프 스코어는 왜 '새'를 의미하는 단어를 사용할까?

처음으로 골프 스코어 용어에 '새'가 사용된 것은 1903년의 일이다. 그때까지는 아무도 해내지 못했던 롱홀의 파(표준타수)가 깨졌을 때, 골퍼가 친 공이 흡사 작은 새가 날아가는 것처럼 보였다고 해서 파보다 1타 적은 스코어를 영어의 아동어에서 작은 새를 의미하는 '버디'라고 부르게 됐다.

그 후, 파보다 2타 적은 스코어를 작은 새보다 강한 독수리를 의미하는 '이글', 3타 적은 스코어는 뛰어난 비거리를 지닌 신천옹(信天翁)을 의미하는 '앨버트로스'라고 부르게 됐다.

364 | 회전하는 볼은 왜 휘어질까?

투수가 볼에 회전을 줘서 던지면 왜 볼은 타자 앞에서 휘어질까? 투수가 자동차 바퀴가 도는 것처럼 볼에 회전을 줘서 던진 경우를 예를 들어 설명해보자.

볼에 회전을 가해서 던지면, 볼 위쪽은 공기의 흐름과 볼의 회전이 역방향이기 때문에 공기의 속도가 늦어진다. 한편 볼 아래쪽은 공기의 흐름과 볼의 회전 방향이 같기 때문에 공기의 속도가 더 빨라진다. 보통 기체와 액체는 이 흐름이 빠를수록 그 부분의 압력이 작아지는 성질을 지니고 있다.

따라서 볼의 위쪽은 압력이 높아지고 아래쪽은 낮아져서 아래로 향하는 힘이 작용하기 때문에 아래쪽으로 휘어지는 것이다.

365 | 초기 농구의 에피소드

많은 스포츠가 자연 발생적으로 탄생했지만, 농구와 배구는 한 특정인물에 의해 고안된 스포츠이다.

농구는 미국 YMCA의 체육 담당 지도자인 네이스미스(J. Naismith)가 1891년 창안했다(배구 창안자는 모건(W. G. Morgan)이다). 그런데 초기 농구에는 백보드가 없었다. 초기 농구에서는 골대가 체육관의 발코니(2층 난간)에 설치되어 있었고 바로 뒤에는 관객이 앉아 있었다.

그래서 경기 중에 관객이 골대에 손을 뻗어 상대 팀의 슛을 방해하거나 자신이 응원하는 팀의 슛을 돕는 일도 있었다. 백보드는 바로 이런 일을 막기 위해 설치된 것이다.

366 | 슈베르트는 〈미완성 교향곡〉을 왜 완성하지 않았을까?

모차르트의 〈레퀴엠〉을 비롯한 위대한 작품 중에는 미완으로 남아 있는 작품들이 있다. 슈베르트의 교향곡 제7번 〈미완성 교향곡〉도 그중 하나다.

슈베르트는 무슨 이유 때문인지 〈미완성 교향곡〉을 2악장까지만 완성하고 제3악장은 9소절까지만 썼다. 더욱이 제4악장은 쓴 흔적조차 남아 있지 않다. 슈베르트가 25살 때 작곡했지만 미완성인 채 방치되어 있었기 때문에 이런 이름이 붙은 것이다.

그럼 슈베르트는 왜 〈미완성 교향곡〉을 완성하지 않았을까? 지금까지 여러 가지 추측이 있었지만 가장 유력한 설이 있다. 이 곡은 무언가를 덧붙이는 것을 허락하지 않을 만큼 아름다운 완결성을 지니고 있어서 슈베르트가 2악장 교향곡으로 완성했다고 하는 설이다. 다른 곡을 쓰기 시작하면서 잊어버렸다는 설도 있지만 2악장만으로도 충분했기 때문이 아닐까.

367 | 하룻밤에 만들어진 캐럴송

크리스마스 캐럴 중에 가장 널리 알려진 〈고요한 밤 거룩한 밤(Silent night holy night)〉은 오스트리아의 알프스 산속에 살던

요셉 모어라는 가톨릭 사제가 작사한 노래다.

1818년 12월 24일, 심야 예배를 끝낸 모어는 마음속에 떠오른 말을 그대로 받아 적었다. 그리고 크리스마스 당일, 그의 친구이자 초등학교 교장으로 근무하며 교회에서 오르간을 연주하던 프란츠에게 멜로디를 부탁했는데 이 노래가 바로 〈고요한 밤 거룩한 밤〉이 되었다.

368 | 밀러의 비너스

1820년 4월 8일, 에게해의 밀러섬에서 한 농부가 양팔이 없는 비너스상을 발견했다. 이 비너스상이 바로 밀러섬에서 발견

된 비너스상, 즉 '밀러의 비너스'로 현재 프랑스 루브르미술관에 소장되어 있다.

밀러의 비너스는 출토되었을 당시에 이미 양팔이 떨어져 나가 있었기 때문에 양팔이 어떤 형태를 하고 있었을까가 화두였다. 밀러의 비너스는 기원전 100년 무렵에 만들어졌다고 추정되는데 양팔이 어떤 형태였는지는 지금도 미스터리로 남아 있다.

양팔의 형태에 대해서는 여러 가지 설이 있다. 그리스 신화에서 사과는 미녀의 상징이며, 비너스는 미의 여신이다. 그래서 왼손에는 사과를 들고 오른손은 허리를 감싼 천이 흘러내리는 것을 막기 위해 잡고 있었다는 설이 가장 유력하다. 또 왼손은 옆에 있는 누군가에게 내밀고 오른손은 흘러내릴 듯한 천을 잡고 있다는 등 재미있는 설도 많다.

369 | 세계적인 명작 〈생각하는 사람〉은 사실 '생각하고 있지 않다'

조각가 오귀스트 로댕의 가장 유명한 작품은 〈생각하는 사람〉인데, 사실 그 조각상은 무엇인가를 생각하고 있는 모습이 아니다. 원래 〈생각하는 사람〉은 〈지옥의 문〉이라는 대작의 일부로, 지옥의 문으로 떨어지는 죄인들을 내려다보는 모습이라고 한다.

〈생각하는 사람〉이라는 제목은 로댕 자신이 붙인 것이 아니라 주물업자인 루디에가 붙인 것이다. 1888년에 〈지옥의 문〉과 분리되어 코펜하겐에서 처음으로 공개되었는데 당시 작품의 제목은 〈시인〉이었으나 다음 발표 때에는 〈시인-생각하는 사람〉이 되었다고 한다.

370 | '인상파'라는 말은 험담에서 탄생했다?

'인상파'라는 명칭은 본래 미술 비평가들이 한 험담이었다고 한다.

1873년 프랑스 파리의 권위 있던 살롱(정부가 후원하는 공식 미술 전람회)에서 낙선한 모네, 세잔, 르누아르 등 약 30명의 젊은 화가들은 다음 해 살롱에 대항해서 심사를 하지 않는 단체 전시회를 열었다.

그런데 이 단체 전시회를 찾은 한 신문기자가 전시회를 혹평하며 모네가 출품한 〈인상-해돋이〉라는 그림을 "그림 벽지가 더 낫다"라며 멸시했다. 그리고 비꼬는 의미를 담아 이 그룹을 '인상파'라고 불렀다.

이렇게 세상으로부터 인정받지 못하고 조롱거리가 된 젊은 화가들은 전시회가 3회를 맞았을 때부터는 스스로 당당하게 '인상파'라는 명칭을 사용하기 시작했다고 한다.

371 | 뭉크의 〈절규〉는 절규하고 있는 것이 아니다

노르웨이 화가 에드바르트 뭉크의 작품인 〈절규〉는 세계적인 명화이다. 그림의 제목 때문에 캔버스에 그려진 인물이 절규한다고 생각하기 쉽지만, 사실 이 인물은 귀를 막고 있을 뿐이다.

〈절규〉는 1893년에 그려졌는데, 뭉크는 그보다 1년 전에 쓴 일기에서 산책할 때 '자연을 관통하는 크고 영원한 절규를 느꼈다'는 말을 남겼다.

다시 말해서 이 감정을 표현한 작품이 〈절규〉로, 캔버스에 그려진 인물은 '자연을 관통하는 크고 영원한 절규'를 듣고 공포에 떨고 있는 것이다.

372 | 권투와 프로레슬링의 사각형 경기장을 왜 '링'이라고 할까?

프로레슬링이나 권투 경기장을 '링(ring)'이라고 한다. 결혼반지를 링이라고 하는 것처럼 링이란 '둥근 고리'를 뜻한다. 그런데 왜 사각의 경기장을 링이라고 부르는 걸까?

그 이유는 올림픽 종목인 레슬링의 둥근 링을 보면 납득할 수 있다. 본래 격투기는 사각이 아니라 레슬링처럼 둥근 원형 안에서 펼쳐졌다. 예전에 격투기는 사람이 손을 잡고 원을 만든 뒤 그 안에서 경기를 했다는 것이 통설인데, 언제부터인가 관객이 보기 쉽도록 높은 곳에 올라가서 경기를 하게 되었고, 선수가 떨어지지 않도록 주변에 로프를 설치했다. 그리고 로프를 설치하기 쉽도록 링을 사각형으로 만들었다고 한다.

373 | 야구 감독이 유니폼을 입는 이유

수많은 스포츠 종목 가운데 야구 감독만이 선수와 같은 유니폼을 입는 이유는 야구가 태어났을 당시의 영향이라 생각된다. 야구는 1839년에 뉴욕의 근교인 쿠퍼즈타운에서 생겼다고 알려져 있는데, 그 무렵에는 각 팀의 주장이 팀의 지휘권을 쥐고

있었다. 당시는 선수 겸임이었기에 유니폼을 입었으며, 선수에서 물러난 뒤에도 유니폼을 입은 채 팀을 지휘하는 동안 감독이라는 포지션이 확립되었다고 한다.

참고로 현재 공인 야구 규칙에서는 감독의 유니폼 착용을 의무화하고 있지는 않다고 한다.

374 | 야구에서 삼진을 왜 'K'로 표시할까?

야구에서는 삼진을 'K'로 표기한다. 이것은 야구 발상지인 미국에서 시작되었는데, 1861년 스코어 기입 방식을 창안한 '야구 기록의 아버지'로 불리는 헨리 채드윅이 정했다.

삼진은 영어로 'Strike out'이니 'S'로 표기해야 할 듯하지만, 야구 용어에는 '희생타(Sacrifice)'나 '도루(Stolen base)'도 있어서 구분하기 어렵다. 그래서 'Strike out'에서 가장 눈에 띄는 'K'를 쓰게 됐다는 것이 정설이다. 또 K는 글자 획수가 3회여서 3스트라이크를 의미한다는 설도 있다.

375 | 소프트볼이 야구보다 커다란 공을 쓰게 된 이유는?

소프트볼은 야구와 아주 비슷한 구기 종목이지만, 규칙이나 용구, 기술 등에서 여러 가지 차이점을 보인다. 우선 소프트볼은 야구에 비해서 방망이가 가늘고, 투수는 밑으로 공을 던져야 한다. 그리고 무엇보다 공이 야구공보다 훨씬 크다.

이 '커다란 공'에 대해서 한 일화가 전해지고 있다. 1887년, 미국의 하버드대학교와 옐대학교의 풋볼 시합이 열렸다. 명문대학 간의 대결은 17대 8로 옐대학교의 승리였다. 승리의 기쁨에 옐대학교의 졸업생이 마침 옆에 놓여 있던 권투 글러브를 하버드대학교의 졸업생에게 던졌는데 그가 빗자루로 글러브를 받아쳤다.

이 장면을 보고 영감을 얻은 사람이 하버드대학교 졸업생인 조지 행콕이다. 그는 권투 글러브를 공 대신 사용하는 경기를 고안했고, 이것이 소프트볼의 기원이 되었다. 즉 그 권투 글러브가 소프트볼의 '커다란 공'이 된 것이다.

376 | 야구에서 '에이스'는 사람의 이름이었다?

야구에서 주전 투수를 의미하는 '에이스'는 1869년 미국에서 발족한 최초의 프로구단인 신시내티 레드스타킹즈 소속 투수인 에이사 브레이나드(Asa Brainard)에서 유래되었다.

당시 야구 룰에서는 투수가 오버스로로 던지는 것을 금지하고 있었기 때문에 언더스로로 던졌고, 투수는 각 팀에 1명뿐이었다. 브레이나드는 첫해 57경기에 등판해서 56승 1무를 기록했고 다음 해까지 92연승을 했다고 한다.

그래서 브레이나드의 별명인 '에이사'가 주전 투수의 대명사가 되었고 훗날 '에이스'로 변화했다고 알려져 있다.

377 | 야구에서 왼손 투수를 '사우스포'라고 부르는 이유는?

야구에서 왼손 투수를 가리키는 말은 '사우스포(southpaw)'이다. 사우스는 '남쪽', 포는 '손'을 의미하니 직역하자면 '남쪽의 손'이 된다. 그렇다면 왼손 투수는 왜 '남쪽'일까?

예전에 미국의 구장은 원칙적으로 홈베이스가 북서쪽에 오도록 만들어졌다. 그 결과 왼손 투수의 팔은 남쪽에서부터 나오기에 그와 같은 이름이 붙었다는 설이 가장 유력하다. 한편으로는 미국 남부 출신 메이저리그 투수 가운데 왼손 투수가 많았기 때문이라는 설도 있다.

378 | 야구에서 2루와 3루 사이에 '유격수'가 있는 이유

야구 내야수에는 1루수(first), 2루수(second), 3루수(third) 외에 2루와 3루 사이를 지키는 유격수(short)가 있다. 쇼트란 '쇼트스톱(short stop)'의 약자다.

오늘날 야구의 룰은 1845년에 만들어졌는데, 그 이전에는 한 팀이 10~12명이었다. 1루수, 2루수, 3루수가 각각의 루를 지키고 2명이 투수 양쪽을 지켰다고 한다. 이 2명을 짧은 거리에서 타구를 처리한다는 뜻에서 '쇼트스톱'이라고 불렀고, 9인제가 된 뒤에도 1명의 위치를 내린 형태로 남게 되었다고 한다.

그런데 쇼트는 '수비의 핵심'이라고 하는데 동양에서는 왜 '유격수'라는 공격적인 명칭이 붙은 것일까? 우리나라보다 야구를 먼저 받아들인 일본에서는 쇼트스톱을 그대로 직역해서 '단차(短遮)'라고 했는데, 베이스볼을 '야구'라고 바꿔 부른 츄마 카나에가 "부대의 대열에서 때를 가늠하며 대기하는, 수비를 굳건히 하며 움직이는 '유격(遊擊)'과 같다"라고 한 이래로

'유격수'라고 부르게 됐다고 한다.

379 | 직구는 변화구고 포크볼은 직구?

야구에는 여러 가지 변화구가 있지만 사실 '떨어지는 공'인 포크볼이 일반적인 직구고, 직구야말로 변화구의 일종이라고 한다. 왜냐하면 역학적으로 전방을 향해 던진 물체는 중력 때문에 아래쪽으로 이끌려 포물선을 그리는 것이 자연스러운 궤도라고 할 수 있기 때문이다.

그러나 직구는 인위적으로 역회전을 가함으로써 주위의 공기로부터 위로 향하는 힘을 받기 때문에 중력이 부분적으로 상쇄된다. 이에 비해서 포크볼은 옆쪽으로 약한 회전이 걸릴 뿐이기 때문에 중력에 따라서 아래쪽으로 떨어지는 평범한 직구인 것이다.

380 | 야구에서 투수와 포수를 왜 '배터리'라고 할까?

야구에서 투수와 포수를 합쳐서 건전지라는 뜻의 '배터리(battery)'라고 부르는 데에는 여러 가지 설이 있다.

유명한 설은 예전 배터리는 2개 이상의 축전지가 한 쌍을 이

뤄야 했기 때문에 서로 없어서는 안 될 존재라는 의미의 비유라는 것이다. 미국의 야구 용어 사전에는 군대에서 대포의 '발사'를 의미하는 라틴어 'battuere'에서 유래한다는 설도 소개되어 있다. 이것은 야구팀을 작은 군대, 공을 대포, 투수가 포수에게 공을 던지는 투구를 '발사'로 비유한 것이 어원이라고 한다.

381 | 바둑돌의 백과 흑은 크기가 미묘하게 다르다?

바둑은 흑백의 바둑돌을 가로세로 각각 19개의 선으로 나누어진 판 위에 서로 번갈아 가며 놓아 자신의 바둑돌로 감싼 영역의 넓이를 다투는 게임이다. 바둑돌의 숫자는 백이 180개, 흑이 181개, 합계 361개다.

사실 이 바둑돌의 크기는 백과 흑이 아주 조금 다르다. 백이 지름 21.9mm, 흑이 지름 22.2mm로 흑이 0.3mm 크다. 또한 두께도 흑이 0.6mm 정도 두껍다.

이렇게 크기가 다른 이유는 바로 '색'에 있다. 백은 팽창색이고 흑은 수축색이기 때문에 나란히 늘어놓으면 5% 정도 백이 크게 보인다. 그렇기 때문에 같은 크기일 경우는 숫자가 같아도 백이 우세하게 보여 흑을 쥔 사람이 불리하게 느끼게 된다. 같은 크기로 보이도록 백의 바둑돌을 흑의 바둑돌보다 작게 만드는 것이다.

382 | 예전 야구는 21점을 먼저 올린 팀이 승리했다

현재 야구는 9회까지지만, 19세기 최초의 야구 규칙에서는 9회가 아닌 양 팀이 아웃 횟수가 같다는 조건하에 21점을 먼저 올리는 팀이 승리하는 경기였다.

그러나 당시는 스트라이크와 볼도 없었기 때문에 하루 종일 시합을 해도 끝나지 않는 경우가 종종 있었다. 그래서 1857년, 9회 종료 시에 득점을 많이 한 팀이 승리한다는 규칙으로 변경됐다. 이기고 있는 팀도 9회 말 스리 아웃까지 플레이를 계속하고, 지고 있는 팀이 9회 말에 역전을 해도 스리 아웃까지 플레이를 했기 때문에 '굿바이 승리'도 없었다. 현재와 같은 경기 방식이 적용된 것은 1880년부터다.

383 | 아카펠라란 '성당풍으로 노래'하는 것?

반주 없이 노래하는 곡을 '아카펠라'라고 하는데 정확히 말하면 '아 카펠라'다. 카펠라라는 말은 이탈리아어로 예배당(성당)을 의미하기 때문에 '예배당(성당)풍으로'라는 의미가 되며

'acappella(a cappella)'라고 쓴다.

로마 가톨릭교회에서는 예배 시 찬미가를 부를 때 반주를 하지 않았기 때문에 반주가 없는 합창곡이나 연주를 '아 카펠라'라고 부르게 됐다고 한다.

---

384 | CD 사이즈는 베토벤의 〈9번 교향곡〉을 기준으로 만들었다? |

CD나 DVD의 직경이 모두 12cm로 정해진 것은 CD가 개발될 무렵, 베토벤의 〈제9번 교향곡〉을 전부 수록하기 위해서였다.

일본 소니와 CD를 공동 개발하던 네덜란드의 필립스가 처음

개발한 CD는 직경 11.5cm로, 60분 정도의 용량을 기록할 수 있었다. 그러나 당시 소니의 오카 부사장은 "오페라 1장이 도중에 끊기면 안 된다. 베토벤의 〈9번 교향곡〉이 전부 들어갈 수 있어야 한다"며 연주 시간이 74분인 〈9번 교향곡〉이 들어가는 직경 12cm, 기록 시간 75분의 디스크를 제안했다.
이렇게 해서 채용된 12cm 사이즈의 CD는 세계 규격이 되었고, 후일 DVD와 블루레이 디스크의 직경에도 적용되었다.

385 | 비틀거리는 복서를 '그로기'라고 부르는 이유

권투 경기에서 비틀거리는 상태를 '그로기'라고 하는데 사실 이 말은 '물을 섞은 럼주'를 뜻한다.
영국 해군에서는 예전에 병사들에게 스트레이트 럼주를 배급했다. 그런데 1740년, 해병들이 취해서 싸우는 것을 막아야겠다고 생각한 버넌 제독은 그들이 마시는 럼주에 물을 타서 지급하기로 했다. 당연히 스트레이트를 마셨을 때보다는 덜 취했지만 그래도 발걸음이 비틀거렸다.
버넌 제독이 배급한 물을 탄 럼주는 제독이 언제나 입고 있던 뻣뻣한 천으로 만든 코트인 '그로그램'에서 유래하여 '그로그'라 불렸으며, 마침내 비틀거리는 상태를 '그로기'라 부르게 된 것이다.

386 | 샌드백에 모래는 한 알도 없다

권투 연습을 할 때 사용하는 도구를 샌드백이라고 한다. 그런데 이름만 들으면 속에 모래가 들어 있다고 생각하기 쉽지만, 사실 속은 천 조각 등으로 채워져 있고 모래는 전혀 들어 있지 않다.

권투가 일본에 전해진 1920년 당시, 미국에서 샌드백은 '헤비백'이라고 불렸는데, 일본에 수입될 때에는 운반하기 쉽도록 속에 아무것도 넣지 않았다고 한다. 그래서 당시 일본 사람들은 '헤비'라는 이름에서 '무거운 것'을 연상하고 속에 모래가 들어 있다는 생각에 샌드백이라고 부르게 됐다고 한다.

387 | 신데렐라는 유리가 아닌 가죽구두를 신었다?

동화 〈신데렐라〉의 주인공 신데렐라는 유리구두 때문에 왕자와 다시 만날 수 있었고 결혼까지 하게 된다. 그런데 사실 '유리구두'는 원전의 오역이고 본래는 '가죽구두'였다고 한다.

실제로 원전을 보면 구두의 소재는 'vair'라고 나와 있다. 이 'vair'는 프랑스어로 '유리'라는 뜻이지만 예전에는 '다람쥐 모피'라는 뜻도 있었다.

당시 다람쥐 모피는 왕후 귀족밖에 사용하지 못할 정도로 고급품이었는데 시대가 흐르면서 유리보다 가치가 떨어졌다고 한다. 이런 이유 때문에 의도적으로 오역한 것이다.

388 | '사커'라고 부르는 나라, '풋볼'이라고 부르는 나라

영국에서 탄생한 축구(Football)에는 여러 가지 룰이 있었는데, 1863년에 설립된 'Football Association(FA)'이 하나로 통일시킨 룰에 의해 탄생한 것이 현재의 '사커(Soccer)'다.
풋볼 중에서 럭비는 손을 사용해도 되는 경기인데, 이 럭비가 미국으로 건너가서 미식축구(아메리칸 풋볼)가 되었다. 그래서 'FA'의 룰이 보급된 지역에서는 '풋볼'이라는 이름이 정착했고, 다른 룰이 보급된 미국과 호주 등지에서는 '사커'라는 명칭이 일반화되었다.

389 | 골프공은 반들반들하면 날아가지 않는다

골프공 표면에 있는 수많은 작은 홈을 '딤플'이라고 한다. 본래 골프공 표면은 반들반들했는데 어느 날, 표면에 상처가 난 공이 멀리 날아간다는 사실을 깨달은 사람이 있었다. 그 이래로 처음부터 공의 표면에 홈을 만들게 됐고 이것이 현재 딤플의 기원이 됐다고 한다.

톱클래스의 골퍼는 드라이버로 300yd(약 270m) 정도의 거리까지 칠 수 있는데, 만약 딤플이 없는 공이라면 비거리는 그 절반 정도로 떨어진다고 한다.

390 | 육상 트랙이 왼쪽으로 돌게 되어 있는 것은 어째서일까?

텔레비전에서 보면 육상 경기는 언제나 트랙을 왼쪽으로 돌며 달린다.

사실 1896년에 열린 제1회 근대 올림픽인 아테네 대회에서 트랙 경기는 오른쪽으로 돌게 되어 있었다. 이는 19세기 중반 영국에서 경마 코스가 오른쪽으로 돌았기에 그것을 따라한 것이라고 한다. 왼쪽으로 돌기 시작한 때는 1908년 제4회 런던 대회부터다. 그 후 1912년에 국제육상경기연맹이 설립되어 왼쪽으로 도는 것을 명확하게 규정했다.

왼쪽으로 돌아야 한다고 규정한 이유에 대해서는 여러 가지 설이 있으나 가장 유력한 것은 '심장이 왼쪽에 있기 때문'이라는 설이다. 심장을 지키기 위해서는 왼쪽으로 기울인 자세가 자연스럽다는 것이다. '오른손잡이 선수가 많기 때문'이라는 말도 있으나 어쨌든 달리기 편하다는 이유 때문에 왼쪽으로 도는 것이 채용된 셈이다.

391 | 제1회 동계올림픽의 정식 명칭은 터무니없이 길다

1924년 개최된 제1회 동계올림픽은 당초 본격적인 개최를 위해 시험적으로 열린 대회였다. 그래서 'IOC가 주관하여 제8회 올림피아드의 일부로 프랑스 올림픽위원회가 프랑스 동계경기연맹과 프랑스 알펜클럽 공동으로 샤모니·몽블랑 지방에서 개최하는 동계스포츠 대회'라는 애매모호하고 터무니없이 긴 명칭이 되었다.

이 대회는 날씨도 좋아서 대성공을 거두게 되었고, 다음 해 프랑스에서 개최된 국제올림픽위원 총회에서 '제1회 동계올림픽 경기 대회'로 추인되었다.

392 | 올림픽 마라톤에서 부정행위로 우승한 선수가 있었다

1904년, 미국 중서부 세인트루이스에서 행해진 하계올림픽 남자 마라톤 경기에서 부정행위가 벌어져 물의를 빚었다.
부정행위를 저지른 사람은 미국의 프레드 로츠 선수다. 15km 부근에서 일사병에 걸려 쓰러져 있었는데 마침 지나가던 차의 도움을 받아 경기장으로 향했으나 8km를 남겨놓은 지점에서 차가 고장 나고 말았다. 그 바람에 차에서 내린 로츠는 다시 레이스를 재개했고 그대로 1위로 골인했다.
그 뒤 그는 아주 태연한 얼굴로 시상대에 올랐으나 차의 운전수가 경기장에 도착하여 부정행위가 발각됐다. 로츠의 우승은 취소되었고 마라톤계에서 영원히 추방당할 뻔했지만 이후 로츠가 사죄하여 처분은 철회되었다.

393 | 올림픽의 제1공용어는 프랑스어다

근대 올림픽의 시작은 1896년 아테네 대회다. 이 대회의 개최를 제창한 사람은 "참가하는 데 의의가 있다"라는 말을 남긴 프랑스의 피에르 드 쿠베르탱 남작이다.

그의 공적으로 인해 지금도 올림픽에서는 프랑스어가 제1공용어(영어는 제2공용어)로 쓰이고 있다. 그래서 공식 문서에서 프랑스어판과 영어판 원문에 다른 점이 있으면 프랑스어판이 우선시된다.

개폐회식 안내 방송에서 제일 먼저 나오는 말도 프랑스어다. 각국 선수단의 국명 플래카드에도 프랑스어 국명이 제일 위에 기재되어 있다.

394 | 럭비와 축구가 다른 경기가 된 계기

럭비는 영국의 럭비고등학교 학생이 축구 시합 도중에 공을 손에 들고 상대편 진영으로 달려간 반칙에서 태어났다고 하는데, 이것은 후세 사람들이 만들어낸 이야기다.

19세기 초, 아직 룰이 정해지지 않았던 축구에서는 공을 손으로 다루는 것도 인정되었다고 한다. 그런데 1845년 럭비고등학교의 성문화된 룰에는 공을 손에 들고 달리는 것이 명기되어 있던 반면, 새롭게 설립된 이튼고등학교 룰에서는 손의 사용이 금지되었다.

그 뒤, 두 학교별로 룰이 정비되어서 '럭비'와 '축구'의 원형이 탄생했다고 한다.

395 | 볼링 선수처럼 '훅'을 구사하는 것은 무리?

프로 볼링 경기에서 공에 회전을 가해 휘어지게 하는 '훅(hook)'으로 스트라이크를 잡는 장면을 많이 볼 수 있다. 여기에는 여러 가지 테크닉이 숨겨져 있다.

먼저 공이 휘어지게 하는 방법에 영향을 주는 가장 큰 요인 중 하나는 공의 소재에 있다. 일반적으로 프로 선수의 경우, 마찰 계수가 높고 휘어지기 쉬운 우레탄을 소재로 한 공을 사용한다. 그에 비해 볼링장에 비치되어 있는 공은 하우스 볼이라고 해서 마찰 계수가 낮고 잘 미끄러지는 플라스틱제가 많다. 그래서 볼링장에 비치되어 있는 공은 프로가 던져도 그다지 휘어지지 않는다고 한다.

396 | 올림픽 금메달은 은으로 만들었다?

올림픽 메달에는 사이즈와 같은 규격이 정해져 있다. 올림픽 헌장에 의하면 메달의 규격은 최소한 직경 60mm, 두께 3mm다. 1위 및 2위의 메달은 최소한 은으로 제작되어야 하며, 또 순도 1000분의 925의 은을 사용하고 우승 메달은 최소한 6g의 순금으로 도금해야 한다고 정해져 있다.

397 | 배드민턴 심판은 판정을 '포기'할 수 있다

배드민턴은 셔틀콕이 작고 속도가 빠르기 때문에 선상을 노리고 치면 가끔 선수의 몸에 가려 낙하지점이 보이지 않는 경우가 있다.

요즘의 스포츠 경기에서는 비디오 판독이 당연시되고 있어 사람보다 기계를 신용하는 풍조가 있으나, 배드민턴은 다르다. 선상에 떨어진 셔틀콕이 인인지 아웃인지 판정할 수 없을 때, 선심은 두 손으로 눈을 가린다. 다시 말해서 '모르겠다'는 제스처를 하는 것이다.

선심이 이런 제스처를 취한 경우 그 판정은 주심에게 일임된다. 만약 주심도 판정이 불가능한 경우는 '레트'가 선언되고 플레이는 무효가 되어 다시 시작하게 된다.

398 | 오케스트라 튜닝은 왜 '오보에'를 사용할까?

오케스트라는 여러 가지 악기들로 이루어져 있기 때문에 악기의 음정을 사전에 튜닝해야 한다. 특히 연주 전에는 오보에의 음에 맞춰 최종 튜닝을 하는데 여기에는 이유가 있다.
먼저 현악기에 비해 관악기는 음정이 비교적 흔들리지 않는다. 또 오보에는 다른 악기의 음정에 맞출 수 없기 때문에 튜닝용 악기로 선택됐다고도 한다. 그 외에도 오보에의 음이 길고 잘 울려서 다른 단원들이 잘 들을 수 있다는 이유도 있다고 한다.

399 | 수영 경기에는 왜 '크롤'이 없을까?

수영에서 사용되는 영법에는 크롤, 평형, 접영, 배영 4가지가 있다. 그런데 신기하게도 '크롤'이라는 경기명은 존재하지 않고 크롤로 시합하는 경기는 '자유형'이라고 한다.

당초 올림픽에는 자유형밖에 없었는데 당시 주류는 크롤이었다. 그러나 1900년 파리 대회에서 배영, 1904년 세인트루이스 대회부터는 평영이 새로운 경기 종목으로 독립했고, 1956년 멜버른 대회에서는 접영이 추가됐다.

자유형은 말 그대로 영법이 자유로운 경기지만 현재 가장 빠른 것은 크롤이기 때문에 '크롤=자유형'이 된 것이다.

400 | 볼링 핀은 10개가 아니라 9개였다

볼링은 기원전 5000년 경, 이집트에서 종교 의식의 일종으로 행해졌다고 한다. 이것을 경기로 만들고 룰을 통합한 사람은

독일의 신학자 마틴 루터였다. 당시 볼링은 '나인 핀즈'라고 불렸는데 핀 9개를 다이아몬드 형태로 세웠다고 한다.

그 뒤, 네덜란드 이주민에 의해 볼링이 미국에 전해졌는데 점차 사행성 게임으로 변질되자 1865년 미국 정부는 '나인 핀즈 금지법'을 시행했다. 그러자 법을 피하기 위해 볼링 핀을 10개로 변형한 오늘날의 '볼링'이 탄생했다고 한다.

401 | 골프 캐디는 원래 귀족이었다?

골퍼의 클럽을 옮기거나 조언을 하는 '캐디(caddie)'의 어원은 프랑스어 '카데(cadet)'다. 카데는 본래 귀족의 장남 이외의 아들을 의미하며, 좋은 가문의 젊은이를 가리킨다.

캐디는 16세기, 골프를 좋아하던 스코틀랜드 여왕인 메리 스튜어트가 프랑스 귀족 출신의 젊은이, 즉 카데에게 클럽 가방을 들게 하고 골프를 친 데서 유래한다. 이후 '카데'라는 말이 스코틀랜드에서 '캐디'로 변하여 오늘날에 이르렀다고 한다.

402 | 수천 명이 참가하는 축구 대회가 있다

축구의 명가인 영국의 더비셔주 애쉬본에서는 마을 전체가 경기장으로 변하는 축구 대회가 열린다.

현재도 1년에 두 번 열리는 이 '로얄 쉬로브타이드 풋볼 매치(Royal Shrovetide Football Match)'의 기원은 12세기 무렵이다. 마을 사람들은 마을 한가운데를 흐르는 강을 경계로 북쪽과 남쪽, 두 팀 중 자신이 태어난 곳에 속해서 공 하나를 두고 뺏고 뺏기는 난투극을 벌이며 마을의 양쪽 끝에 있는 골로 향한다. 양쪽 골 지점 간의 거리는 약 5km이고, 그 한가운데 있는 마을은 물론 초원과 강을 경기장 삼아 수천 명의 사람이 뛰어다니는 모습은 말 그대로 장관이라고 한다.

403 | 격하된 스키 점프의 'K점'

원래 'K점'이란 독일어 'Kritischer Punkt'의 약자로 이 이상 뛰면 위험하다는 점프 경기장의 극한점을 의미했다. 그런데 점프 기술의 향상과 용구의 개량, 경기장의 대형화 등으로 인해 일류 선수에게 있어서 K점은 목표가 되는 극한점이 아니라 단지 통과점이 되어버리고 말았다.

이에 나가노 올림픽으로부터 8년 뒤에 열린 토리노 올림픽에서는 K점 대신 안전하게 착지할 수 있는 최대 거리라는 의미로 영어인 '힐사이즈(HS)'를 채용했고 극한점을 의미했던 K점 대신 2대째 K점이 등장했다. 2대째 K점은 독일어로 건축 기준점을 의미하는 'konstruktionspunkt'의 약자며, 머리글자는 같지만 의미는 전혀 다르다. 안전과 위험의 경계선이자 극한점인 2대째 K점은 힐사이즈이고, 이제 K점은 단순히 기준을 넘어섰다는 정도의 의미가 되어버렸다.

404 | 테니스의 득점 용어인 '0'은 왜 '러브'라고 하는 걸까?

테니스의 득점을 헤아리는 방법은 독특해서, 15부터 시작해 30, 40으로 가산된다. 무득점인 0에도 '러브'라는 이름이 붙어 있는데 그 유래에는 여러 가지 설이 있다.

프랑스에서 기원했다는 설이 가장 유력한데, 0이 달걀의 모양과 비슷하기 때문에 프랑스어로 달걀을 의미하는 '러프'라고 불렸으며, 그것이 영어의 '러브'로 바뀐 것이라는 설이다. 이 외에도 네덜란드어로 명예를 건 승부를 의미하는 'LOT'가 바뀐 것이라는 설, 프랑스어로 처음부터를 의미하는 'ab ovo'가 바뀐 것이라는 설 등이 알려져 있다.

405 | 해트 트릭의 '해트'는 크리켓의 모자?

축구에서 한 선수가 3골 이상 넣는 일을 '해트 트릭(hat trick)'이라고 하는데 이것은 영국이 발상지인 크리켓에서 유래한다. 크리켓은 야구와 유사한 경기다. 한 팀의 선수가 11명이며, 투수가 공 3개로 3명의 타자를 연속으로 잡으면 해트 트릭이라고 한다. 한 타자를 공 하나로 잡는 것은 드문 일이 아니지만 각각의 공 하나로 세 타자를 연속으로 잡는 것은 대단히 어려운 일이다.

해트 트릭이란 이름은 19세기 후반, 이런 위대한 기록에 존경을 표하기 위해 크리켓 투수에게 모자를 준 것에서 유래했다고 한다.

406 | 피카소의 너무나 긴 본명

화가 피카소는 1881년 10월 25일 에스파냐의 안달루시아 지방에 있는 말라가에서 태어났다. 이름이 길수록 행복이 깃든다는 이 지방의 전통에 따라 피카소는 교회에서 세례를 받고 '파블로 디아고 호세 프란시스코 데 파울라 후안 네포무세노 마리아 데 로스 레메디오스 크리스핀 크리스피노 데 라 산티시마 트리니다드 루이스 이 피카소(Pablo Diego José Francisco de Paula Juan Nepomuceno María de los Remedios Crispín Crispiano de la Santísima Trinidad Ruiz y Picasso)라는 이름을 얻었다.

그러나 피카소는 평생 자신의 이런 본명을 사용한 적이 거의 없다고 한다.

407 | 악보는 왜 이탈리아어로 표기할까?

악보에 '알레그로(빠르게)'나 '포르테(강하게)'와 같이 곡을 어떻게 연주하고 노래할지를 나타내는 지시어는 모두 이탈리아어다. 그런데 지시어뿐 아니라 오페라나 소나타, 콘체르토라는 단어도 모두 이탈리아어다.

독일어권 음악가인 모차르트, 바흐, 베토벤도 음악에서 사용하던 언어는 물론 이탈리아어였고 영국과 프랑스의 작곡가도 마찬가지다.

이것은 클래식 음악의 기초는 이탈리아에 있고 17~19세기 초반의 음악가들이 이탈리아를 동경했기 때문이라고 한다. 일단 이탈리아어 용어와 표기가 정착된 뒤에는 각 나라의 언어로 번역하는데 시간이 걸려서 음악가에게 이탈리아어가 공통어가 된 것이다.

408 | 《개미와 베짱이》의 베짱이는 매미였다?

《개미와 베짱이》는 우리나라에서도 잘 알려진 이솝우화 가운데 하나다. 이솝우화는 고대 그리스의 역사가인 헤로도토스의 저작인 《역사》에 등장하는 이솝이라는 사람이 만들었다고 알려졌는데, 후세에 더해진 이야기도 있다고 한다.

그런데 이 《개미와 베짱이》에 나오는 베짱이가, 사실은 매미였다고 한다. 여름에 일하지 않고 노래를 부르며 지내던 매미는 겨울이 되자 개미의 집으로 찾아가서 식량을 나눠달라고 청한다. 그러자 개미는 밀을 쌓아두었으면서도 매미에게 이렇게 말했다. "겨울에는 춤을 추게."

그렇다면 어째서 매미가 베짱이로 변한 것일까? 매미는 라틴어로 '우는 벌레'를 의미하는 곤충인데 매미가 없는 프랑스 북부에서는 다른 우는 벌레, 즉 베짱이를 나타내게 되었다고 한다.

409 | 골프 홀의 숫자는 왜 18개일까?

골프는 1라운드 18홀에서 펼쳐지는 스포츠다. 그렇다면 왜 18홀이라는 어중간한 숫자일까? 위스키를 1홀마다 마셨더니 18번째 홀에서 병이 비었기 때문이라는 속설도 있지만, 세계에서 가장 오래된 코스인 스코틀랜드의 세인트 앤드류스 올드 코스에 그 답이 있다.

이 코스는 원래 11개의 그린을 2개의 홀로 공유하는 22홀이었다. 그런데 19세기 중반에 2개의 그린이 시에 의해 몰수되어 합계 4개 홀이 줄어든 18개 홀이 되었다. 당시는 매치 플레이가 주류였기에 홀의 숫자는 그렇게 중요하지 않았지만, '1라운드의 시간은 18홀이 가장 좋다'는 의견이 많았기에 세계의 모든 골프장이 거기에 따른 것이라고 한다.

410 | 윔블던 대회의 드레스코드는 흰색으로 정해져 있다?

1877년에 열린 제1회 윔블던 대회는 세계에서 가장 오래된 테니스 대회다.

윔블던 대회는 드레스코드가 정해져 있어서 대회에 출전하는 선수는 모두 '흰색 옷'을 착용해야 한다. 최근에는 속옷까지 흰색으로 통일하도록 규정을 변경해서 논란이 일고 있다. 이드레스코드의 기원으로 알려진 것은 1884년에 열린 제1회 여자 테니스 대회다.
이 대회에서 우승한 영국의 모드 왓슨이라는 선수가 흰색 유니폼을 입고 등장해서 주목을 받은 것이 발단이라고 한다.

411 | 고흐의 '자화상'은 생전에 1장밖에 팔리지 않았다

네덜란드의 화가인 빈센트 반 고흐는 젊은 시절 기독교 전도사가 꿈이었는데 그 꿈을 이루지 못하자 예술가가 되기로 마음먹었다. 고흐는 정식 미술 교육을 받은 적이 없었고 가족들 역시 모두 반대했다. 그러나 동생 테오만큼은 형인 고흐의 비범한 재능을 깨닫고 그를 지원했다.

고흐는 그림에 열중한 10년 동안 2천 점의 작품을 남겼는데 생전에 팔린 그림은 불과 한 점뿐이었다. 37살로 비극적인 죽음을 맞이한 고흐의 작품들은 그가 죽은 뒤에 재평가되어 현재는 세계의 사랑을 받고 있다.

412 | 우쿨렐레와 벼룩의 깊은 관계

우쿨렐레는 줄이 4개인 하와이의 현악기인데 우쿨렐레와 벼룩 사이에는 깊은 관계가 있다고 한다.

1870년대 포르투갈인이 하와이에 이주할 당시, 마체테(Machete)라고 하는 사현악기를 가지고 왔다. 10년이 지난 후, 카라카우아왕의 부시종을 맡고 있던 한 영국군 장교가 어느 날 누군가 마체테를 연주하는 소리를 들었다.

장교는 그 악기에 흥미를 느껴 연주법을 배웠고 곧 궁정에서 연주를 하게 되었다. 그런데 몸집이 작았던 장교는 연주를 할 때, 흡사 벼룩이 뛰는 것처럼 우스꽝스러운 몸짓으로 마체테를 연주했다고 한다. 하와이 말로 벼룩을 '우쿨(uke)'이라고 하며 튀어 오르는 것을 '렐레(lele)'라고 한다. 그래서 장교에게 '튀는 벼룩'이라는 뜻의 '우쿨렐레'라는 별명이 붙여졌고 그가 연주한 악기도 우쿨렐레라고 부르게 됐다고 한다.

413 | 연주에 18시간 이상 걸리는 곡이 있다?

〈짐노페디〉를 비롯하여 마음이 편안해지는 악곡을 낳은 작곡가 에릭 사티(1866~1925)는 '이단아', '괴짜' 등으로 불렸으며, 특이한 작품을 남긴 것으로도 유명하다.

그중 대표적인 작품이 〈벡사시옹〉이다. 세계에서 가장 긴 피아노 연주곡으로 기네스북에서도 인정했으며, 연주하는 데 자그마치 18시간 이상이나 걸린다. 악보 역시 상당히 길 것 같지만 사실은 겨우 1페이지 분량 정도다. 박자 기호도 소절을 나눈 선도 없는 악보에 늘어서 있는 52박자 분량의 음을 840번 되풀이하게 되어 있는데, 템포에 대한 지시는 '매우 느리게'이기 때문에 1번 치는 데 1분 30초 정도 소요된다.

414 | 올림픽에 이런 경기도 있었다?

근대 올림픽은 1896년에 창시되었다. 이후 여러 가지 경기가 더해졌으나, 반대로 사라져버린 '진귀한 경기'도 있다.

1900~1920년에 걸쳐서 행해졌던 경기는 운동회에서 친숙하게 볼 수 있는 '줄다리기'였다. 규칙은 운동회와 마찬가지로 2개의 팀이 반대 방향으로 줄을 당겨 줄의 중간 지점을 자신의 진영 안으로 끌어들이면 이기는 방식이었다.

1900년 파리 올림픽에서만 행해졌던 경기도 있는데 바로 '비둘기 사격 경기'이다. 지금은 올림픽에서 평화의 상징으로 여겨지는 비둘기지만, 이 당시 경기에서는 살아 있는 비둘기를 표적으로 삼아 사격했다. 참고로 여기에 참가한 나라는 미국과 영국 2개국이었고 미국이 금메달을 획득했다.

415 | 언어의 장벽 때문에 생겨난 축구의 레드카드

축구 시합에서 주심이 옐로카드와 레드카드를 꺼내게 된 것은 1966년에 개최된 잉글랜드 월드컵 대회 준준결승, 잉글랜드 대 아르헨티나전이 계기가 되었다고 한다.

이 시합은 거친 플레이가 끊이지 않는 일대 난전이 되었다. 아르헨티나의 안토니오 라틴 주장이 퇴장 선언을 받았을 때, 독일어밖에 모르는 주심에게 에스파냐어 통역을 불러 달라고 요청했으나 라틴어 심판에게 위협을 가하려는 것이라는 오해를 사게 되었다. 결국 선심을 맡고 있던 영국인 캔 아스톤이 에스파냐어를 할 줄 알았기에 중재에 나섰고 사태가 마무리됐다.

말이 통하지 않아도 누구나 이해할 수 있는 신호의 필요성을 통감한 아스톤은 도로 신호에서 영감을 얻어 경고인 경우에는 '노란색', 퇴장인 경우에는 '빨간색' 종이를 내보이는 방법을 고안했고, 이것이 1968년 멕시코 올림픽에 채용되었으며 월드컵에는 1970년 멕시코 대회 때부터 정식으로 도입되었다.

416 | 축구의 스로인을 두 손으로 던지게 된 이유는?

축구 시합에서는 공이 터치라인 밖으로 벗어나면 '스로인'으로 경기를 재개한다. 그때는 두 발을 지면에 대고 '두 손'으로 던져야 한다는 규정이 있다. 그런데 이 스로인을, 원래는 '한 손'으로 던졌다고 한다.

한 손에서 두 손으로 던져야 한다고 규정을 바꾸게 한 원인을 제공한 사람은 윌리엄 건이라는 선수였다. 어깨 힘이 좋았던 그는 공을 가볍게 50m 정도 던질 수 있었다. 이는 센터 서클에서 골까지 닿을 정도의 거리다. 당연히 그의 스로인은 커다란 전력이 되었다고 한다. 그러자 '아무리 그래도 이건 아니다'라는 의견이 높아지기 시작했고, 스로인의 공격성을 약화시키기 위해 규칙이 개정되어 1882년부터는 두 손으로 던지는 것이 의무화되었다고 한다.

417 | '프로듀서'와 '디렉터' 가운데 누가 더 위일까?

텔레비전 방송이나 영화 등을 보고 있으면 '프로듀서', '디렉터'라는 말이 나온다. 둘 모두 제작을 담당하는 역할인 것은 알겠는데, 그 역할은 대체 어떻게 다를까?

프로듀서는 프로그램이나 프로젝트를 총괄하는 사람을 일컫는다. 기획이나 스폰서·광고주와의 협의, 예산·스케줄 관리, 스태프나 캐스트의 분담 등을 행한다. 한편 디렉터는 이른바 '현장 감독'을 말한다. 원활하게 방송을 제작할 수 있도록 카메라나 조명 스태프, 출연자에게 적절한 지시를 내린다.

그렇다면 프로듀서와 디렉터 가운데 누가 더 위일까? 일반적으로는 금전적인 부분을 포함해서 제작의 모든 책임을 지고 있는 프로듀서 쪽이 위에 서게 된다. 단, 경우에 따라서는 프로듀서가 디렉터를 겸임하는 경우도 있다.

418 | 테니스의 '서비스'는 말 그대로 '봉사'하는 것이었다?

테니스에서 '서비스'는 상대방 선수가 받아치지 못하도록 넣는 것이 기본이다. 프로 선수의 경우 시속 200km에 가까운 스피드로 서비스를 넣는 경우도 있다. 그런데도 어째서 '서비스(봉사)'라고 부르는 걸까?

테니스의 원형은 13세기 프랑스 귀족들의 게임인 '주 드 폼'으로, 하인(서번트)이 "나리, 갑니다"라고 말한 뒤 공을 코트에 던지면 똑 떨어진 공을 치는 것으로 플레이가 시작되었다고 한다. '서비스'는 정말 '봉사'하는 것이었던 셈이다.

스스로 서비스를 넣어 공격적인 의미가 강해진 것은 테니스를 비롯한 스포츠 전반에 스피드가 요구되기 시작한 결과다. 예전에는 봉사였던 서비스가 지금은 시합의 승패를 결정짓는 요인이 된 것이다.

419 | 헛스윙한 공이 포수 마스크에 끼면?

야구 경기에서 투 스트라이크 이후, 타자가 헛스윙을 했는데 그 공이 포수의 마스크에 끼면 어떻게 될까?

이런 경우에 타자는 1루로 진루하게 된다. 심판의 마스크에 낀 경우도 마찬가지인데, 이는 '투구가 포수나 심판의 마스크

또는 용구에 껴서 멈췄을 때 모든 주자는 진루한다'는 야구 규칙 5.09(g)항 때문이다.

단 여기에는 조건이 있는데 노아웃이나 원아웃으로 1루에 주자가 있는 경우에는 삼진을 잡은 투구가 마스크에 껴도 타자는 아웃이 된다.

420 | 릴레이의 마지막 주자를 왜 '앵커'라고 할까?

육상 경기의 릴레이 종목에서 마지막 주자를 '앵커'라고 한다. 앵커란 배를 해안가에 정박해두기 위해 해저에 내리는 '닻'을 뜻한다. 본래의 뜻을 생각하면 오히려 다른 선수의 발목을 잡는 선수가 아닌가 하는 인상이 들기도 하는데, 실은 '앵커'란 과거 올림픽 정식 종목이었던 '줄다리기'에서 사용되던 용어이다.

줄다리기에서 상대편이 밧줄을 자신들 쪽으로 잡아당기지 못하도록 버티는 역할을 하는 사람을 배의 닻에 빗대어 앵커라고 불렀다. 앵커는 가장 체중이 무거운 선수가 뽑혀서 유일하게 줄을 어깨에 걸 수가 있었다.

이 줄다리기의 앵커라는 말이 훗날 다른 경기에도 사용되어 릴레이의 최종 주자도 앵커라고 부르게 된 것이다.

알면
도움이 되는
과학·수학
상식

사회생활 | 신체의학 | 세계 | 동물·곤충·식물 | 예술스포츠 | 과학수학 | 음식 | 역사

421 | 지구가 탄생했을 무렵, 하루는 5시간밖에 되지 않았다?

하루의 길이는 지구의 '자전'에 의해서 결정된다. 46억 년 전에는 자전이 지금보다 4~5배 빨랐기 때문에 하루의 길이도 5~6시간밖에 되지 않았다.

지구의 자전 속도가 늦어진 원인은 '달'의 존재에 있다. 대략 38만 km 떨어져 있는 달의 인력이 브레이크 역할을 해서 점차 지구의 자전 속도가 늦어지게 된 것이다. 만약 당초의 5시간에서 지금의 24시간까지 균등하게 늦어졌다고 가정한다면 매년 0.000014초씩 늦어진 셈이 된다.

참고로 지구의 자전은 지금도 계속 늦어지고 있어서 1억 8천만 년 뒤에는 하루가 25시간이 될 것이라고 한다.

422 | 태양은 50억 년 뒤에 사라진다?

태양은 지구가 생기기 수천 년 전에 탄생했다고 한다. 지금으로부터 약 46억 년 전의 일이다.

태양의 수명은 100억 년, 즉 앞으로 50억 년 정도 남았다고 한다. 태양은 수명이 다함에 따라 서서히 크게 부풀어 오르고 거대한 항성인 '적색 거성'으로 모습을 바꾼다. 어느 정도 커지는지 정확하지 않지만 일설에 의하면 현재의 200~300배로 부풀어 오른 뒤 마지막에는 작아져 지구 정도의 크기인 '백색왜성'으로 남을 것이라고 한다.

그럼 태양이 부풀어 올랐을 때 지구는 어떻게 될까? '태양에 빨려 들어간다'는 설과 '현재보다 외측 궤도로 이동해서 빨려 들어가지 않는다'라는 설이 있는데 본래 10~20억 년 뒤에는 태양의 온도가 조금씩 올라가서 지구는 이미 생물이 살 수 없는 별이 되어 있을 것이라고 한다.

423 | 스마트폰으로는 방울벌레의 울음소리를 들을 수 없다?

벌레 소리는 정감 넘치는 방울벌레 소리에서부터 요란스러운 매미의 울음까지 그 종류가 여러 가지다. 이와 같은 벌레들의 울음소리는 사실 휴대전화를 통해서는 상대방에게 들려줄 수가 없다.

그 비밀은 스마트폰을 비롯한 휴대전화가 대응하고 있는 음성의 주파수에 있다.

통화 음성을 잘 들을 수 있도록 하기 위해 휴대전화는 사람 목소리의 높이에 해당하는 300~3500Hz의 주파수에 대응하고 있는데 방울벌레나 매미의 울음소리는 4000Hz 이상이다. 사람의 목소리보다 주파수가 훨씬 높기 때문에 전화기 너머에 있는 사람에게는 들리지 않는 것이다.

424 | 원래 '해커'는 나쁜 사람일까?

우리는 해커에게 어떤 이미지를 가지고 있을까? 보통 컴퓨터에 바이러스를 퍼뜨려서 문제를 일으키는 나쁜 사람이라고 생각하기 쉽지만 그것은 잘못된 생각이다.

해커란 '해킹을 하는 또는 해킹을 하는 능력을 지닌 사람'이라는 의미로, 본래 뛰어난 프로그램을 세상에 내놓는 컴퓨터에 정통한 인물에 대한 존경의 의미로 사용되는 말이다. 1950~1960년대에 미국 매사추세츠공과대학교 철도모형클럽에서 고도의 기술로 시스템 개선을 한 회원을 '해커'라고 부른 것이 단어의 시초다.

분명 해커 중에는 부정한 방법으로 컴퓨터에 침입하거나 프로그램을 파괴하는 기술을 지닌 사람도 적지 않지만, 그런 '범죄자'는 해커가 아니라 '크래커(파괴자)'라고 구별해서 부르고 있다.

425 | 애플의 사과 로고에 담긴 비밀

아이폰을 비롯한 세련된 디자인으로 유명한 애플의 로고는 '사과'다. 이것은 뉴턴이 사과나무 아래에서 만유인력의 법칙을 발견한 데에서 유래한다고 한다.

그런데 이 사과 로고를 보면 오른쪽이 떨어져 나간 모양을 하고 있는데 그 이유에는 여러 가지 설이 있다. 구약성서의 아담과 이브의 금지된 과실이라는 설부터 'bite(베어 물다)'와 'byte(단위 바이트)'를 연관 지었다는 설 등이 있지만, 실은 '앵두로 혼동하지 않도록' 하기 위해서라고 한다.

426 | 다이아몬드의 비밀

자연계에 있는 물질 중에서 다이아몬드의 강도가 가장 세다는 사실은 널리 알려져 있다.

물질은 원자라는 기본 입자로 이루어져 있는데 다이아몬드의 기본 입자는 탄소 원자이다. 그런데 연필심으로 사용되는 흑연 또한 탄소 원자로 이루어져 있다. 즉 다이아몬드와 연필심은 같은 원소(원자)로 이루어져 있는 것이다.

그럼에도 다이아몬드는 강하고 연필심(흑연)이 약한 이유는 둘의 원자 배열이 다르기 때문이다. 다이아몬드는 탄소 원자가 정사면체의 각 점에 배열하고 이것이 차례로 결합한 구조를 이루고 있다. 즉 4곳에서 옆에 있는 원자와 견실하게 연결되어 있어서 강한 강도를 지니고 있다.

한편 연필심은 평면상의 6곳의 원자가 육각형으로 나열되어 연결된 평판 형상이 겹겹이 쌓인 구조이다. 그래서 외부에서 가해지는 힘에 대한 저항력(강도)이 약한 것이다.

427 | 전자레인지는 왜 회전을 할까?

전자레인지에 조리하는 음식을 넣고 전원을 켜면 음식을 올려놓는 판이 회전을 하는데 왜 그런 것일까?

전자레인지는 전파(전자파)로 식품을 가열하는데 여기에는 마그네트론이라는 일종의 진공관이 있다. 그곳에서 전파(고주파 마이크로파)가 발사되며 이것이 식품 속에 들어 있는 수분을 격렬하게 진동시킨다. 그러면 물 분자가 서로 부딪히며 마찰열을 발산해서 식품을 내부에서 가열한다.

마그네트론에서 발사된 전파는 회전날개를 통해 교반(攪拌-휘저어 섞음)되어 전자레인지 안을 난반사하면서 식품에 닿는다. 전파가 식품에 골고루 닿지 않으면 식품은 균일하게 가열되지 않아서 뜨거운 부분과 차가운 부분이 생긴다.

전자레인지의 판을 회전시키는 이유는 조리를 하는 음식에 골고루 전파가 닿도록 하기 위해서다.

428 | 고무지우개의 원리

종이 위에 연필로 쓴 글자를 고무지우개로 지울 수 있다는 사실은 누구나 알고 있지만 원리를 설명할 수 있는 사람은 얼마 되지 않는다.

종이의 표면은 일견 매끈해 보이고 손으로 만져도 부드럽지만 실은 울퉁불퉁하다. 연필로 종이 위에 쓴 글자는 종이의 요철에 연필심의 미세한 입자가 걸린 것이다. 그래서 글자를 지우려면 미세한 입자를 제거한 후 다시 본래 상태로 되돌아가지 않도록 덮어주면 된다.

고무지우개는 바로 이런 원리를 이용하고 있다. 고무지우개는 종이의 요철에 걸린 입자를 지우는 동시에 안으로 둥글게 말아버리기 때문에 깨끗하게 글자를 지울 수 있다.

참고로 고무가 연필로 쓴 글자를 지울 수 있다는 사실을 발견한 사람은 18세기 영국의 화학자인 조셉 프리스틀리이다. 그가 발견한 것은 많은데 산소도 그중 하나이다.

429 | 탄소섬유 강도의 비밀

탄소섬유(carbon fiber)는 골프채를 비롯해서 테니스 라켓, 낚싯대 등 다양한 제품에 사용된다.

탄소는 목탄이나 연필심처럼 무르고 약하지만 탄소섬유는 대단히 강하다. 그 이유는 무엇일까?

초기의 탄소섬유는 셀룰로오스 계열의 섬유로 만들었지만 지금은 아크릴 계열의 섬유로 만든다. 이것을 탄소가 없는 곳에서 1000~2000도의 고온으로 구워서 만든다.

목탄 등에서 탄소는 서로 적당한 상태로 결합되어 있지만 탄소섬유는 굽는 단계에서 다이아몬드와 같은 순도 높은 탄소가 공유결합(共有結合)하기 때문에 높은 강도를 지니게 된다. 또 탄소섬유는 내열성이 강하고 가볍고 탄력성이 풍부하며 약품 등에도 강하다.

430 | 접착제의 원리

단 한 방울로 물건을 순식간에 붙이는 순간접착제에는 여러 종류가 있다. 그런데 접착제가 붙는 원리는 무엇일까?

접착제로 물건을 붙이는 원리에는 크게 두 가지가 있는데, 한 가지는 투묘(投錨) 효과 혹은 앵커(Anchor) 효과를 이용한 것이다. 표면이 매끈하게 보이는 물체를 현미경으로 보면 작은 요철이 있다. 이 요철에 접착제가 스며들어 굳으면 떨어지지 않는다. 배의 앵커(닻)를 해저에 걸리게 하는 것과 같은 효과라는 뜻에서 앵커 효과라고 한다.

또 한 가지는 분자결합이다. 분자들은 서로 당기는 힘이 있는데 접착제로 물건을 붙이면 물건의 분자와 접착제의 분자 사이에 끌어당기는 힘이 강하게 작용한다. 접착제는 주로 이 두 가지 작용으로 물건을 붙이는 것이다.

431 | 얼음을 넣고 탄산음료를 따르면 왜 거품이 날까?

사이다나 콜라와 같은 탄산음료를 컵에 따르면 거품이 생긴다. 이 거품은 액체 중에 녹아 있는 탄산가스(이산화탄소)가 분리(기화)한 것이다. 거품은 컵에 따르기만 해도 생기지만 얼음을 넣고 따르면 거품은 더 강하고 많이 생긴다. 왜 그럴까?

액체 중에 녹아 있는 탄산가스는 보통 상태에서는 비교적 안정되어 있는데, 맥주병을 흔든 다음 뚜껑을 따면 거품이 솟아오르는 것처럼 물리적 충격이 가해지면 액체에서 분리하기 쉬워진다. 탄산음료를 얼음이 든 컵에 따르면 컵과 얼음에 부딪혀 자극을 받아서 거품이 생기는 것이다.

또한 얼음과 접촉해서 온도가 급격히 내려가면 액체의 체적이 수축하는데 이것이 탄산가스에는 자극이 된다. 즉 컵에 얼음이 들어 있으면 탄산가스는 더 많은 자극을 받게 되어 거품이 잘 생기는 것이다.

432 | 수평선까지의 거리는 얼마나 될까?

해변에서 수평선을 바라볼 때 '몇 km 앞까지 보이는 걸까?' 하고 생각한 적이 있을 것이다.

빛의 굴절 등으로 인해 복잡하기는 하지만 수평선까지의 대략적인 거리는 중학교 때 배운 피타고라스 정리(삼평방의 정리)로 구할 수 있다. 지구의 반경을 약 6378km라고 하면 미터 단위로 '높이의 평방근×3572배'라는 간단한 근사계산식을 도출할 수 있다.

이 계산식을 사용해서 신장 160cm의 사람이 볼 수 있는 수평선의 거리를 계산하면 1.6m(160cm)의 평방근은 1.2649……이 되며, 여기에 3572를 곱하면 4518m가 된다. 즉 약 4.5km 앞까지 보인다고 할 수 있다.

433 | 저물어가는 저녁 해가 커다랗게 보이는 이유

지평선이나 수평선으로 저물어가는 태양은 하늘 높이에 있을 때와는 달리 크게 보인다. 물론 이는 태양이 실제로 커진 것이 아니라, 눈의 착각이 일으키는 현상이다.

그 이유는 석양의 붉은색이 팽창돼서 보이기 때문이거나, 지평선 가까이에 있으면 실제 크기는 변하지 않으나 멀리에 있는 것처럼 착각하기 때문이라는 등 여러 가지 설이 있지만 전부 설득력이 떨어진다.

가장 유력한 설은 지상의 건물이나 나무가 눈에 들어오기 때문에 무의식적으로 비교해서 크게 느끼기 때문이라는 견해다. 태양에 의식이 집중되기 때문에 주위 풍경이 작게 보여 상대적으로 크게 느껴지는 것이라는 설도 있다.

434 | 야광 도료가 빛을 발하는 이유

시계 등에 사용되는 야광 도료는 주위가 어두워지면 빛을 발하는데 왜 그럴까?

야광 도료는 축광(蓄光) 도료와 발광 도료로 나뉜다. 축광 도료는 황화아연을 주원료로 만드는데 여기에 빛을 비추면 황화아연이 빛을 일시적으로 저장해서 조금씩 방출하는 원리이다. 축광 도료는 주로 형광등과 광고 문자 등에 사용된다.

발광 도료는 축광 도료에 미량의 라듐을 넣은 것인데 라듐선의 자극에 의해 황화아연이 빛을 발한다. 발광 도료는 야간 표식과 시계(형광 시계)의 문자판 등에 이용된다.

야광 시계를 장시간 사용하면 발광력이 약해지는데 이는 황화아연에는 변화가 없지만 라듐이 약해지기 때문이다. 그래서 빛이 약해진 야광 시계를 전등에 대면 황화아연이 빛을 저장해서 다시 밝게 빛을 발하며, 저장한 빛이 방출되면 다시 빛은 약해진다.

435 | 컴퓨터 바이러스를 최초로 퍼뜨린 사람은 누구?

컴퓨터나 소프트웨어에 침입해서 데이터를 파괴하는 '컴퓨터 바이러스'. 인터넷이 보급된 1990년대 후반부터 피해가 급속히 확산했는데 대표적인 바이러스로는 '트로이 목마'나 '웜' 등이 있다.

최초의 바이러스는 1986년, 미국의 하버드대학교에서 발견된 '브레인(brain)'인데, 이것은 파키스탄에서 컴퓨터 가게를 하는 암자드 형제가 만든 5.25인치 플로피디스켓의 부트 섹터(보조 기억장치 디스크 섹터)를 감염시키는 MS-DOS용 바이러스였다. 플로피디스켓의 작동을 느리게 하고 메모리 일부를 사용하지 못하게 하는 브레인은 누계 약 10만 개의 플로피디스켓을 감염시켰다고 한다.

436 | 색이 변하는 선글라스의 원리

빛의 세기에 따라 렌즈의 색이 변하는 선글라스가 있다. 햇빛 아래에서는 렌즈가 검어지고 집 안으로 들어가면 색이 사라져서 보통의 안경과 똑같아진다. 그럼 왜 색이 달라지는 걸까? 렌즈에 어떤 가공을 한 것일까?

빛의 양에 따라 색이 달라지는 렌즈를 '조광 렌즈'라고 하는데 은과 할로겐이 사용된다. 글라스(렌즈)를 만들 때, 은과 할로겐을 첨가하면 글라스 속에서 은과 할로겐이 결합해서 할로겐화은(Agx)이 된다. 이렇게 만든 글라스에 강한 빛이 비치면 광분해(光分解)가 일어나서 할로겐과 은으로 분해되어 은이 빛을 차단하기 때문에 렌즈가 검어진다. 반대로 빛을 차단하면 할로겐과 은이 다시 결합해서 할로겐화은으로 돌아가기 때문에 렌즈는 투명해진다.

색의 변화는 온도와 관계가 있다. 온도가 높으면 할로겐과 은의 결합과 분해 반응이 빠르다. 그래서 겨울보다 여름에 빛이 닿으면 금방 색이 나타나고 빛을 차단하면 이내 색이 사라진다.

437 | TV에서 바퀴가 역회전하는 것처럼 보이는 이유

TV를 보면 마차 바퀴나 선풍기 날개가 멈춰 있거나 역회전하는 것처럼 보이는 경우가 있다. 이것은 바퀴나 날개의 회전 속도와 TV 화면의 수와 관계가 있다.

TV는 1초 동안 30개의 화면을 투영하는데 화면 사이는 아무것도 비치지 않는 '어둠'의 공간이다. 그런데 사람의 눈에는 잔상 현상이 있어서 보통 상태에서는 화면 사이의 '어두운' 부분을 느끼지 못한다.

마차의 바퀴는 바큇살이 방사상으로 이루어져 있어서 바큇살이 '어둠' 사이를 어떻게 움직이는가에 따라 멈춰 있는 것처럼 보이거나 역회전하고 있는 것처럼 보인다.

즉 '어둠' 사이에 하나의 바큇살이 이웃한 바큇살의 위치로 이동하면 멈춰 있는 것처럼 보이며, 그보다 빨리 돌아가고 있으면 바큇살은 정상적으로 회전하고 있는 것처럼 보인다. 반대로 바로 옆 바큇살의 위치로 이동하지 않은 상태면 역회전을 하는 것처럼 보인다.

438 | '태풍'과 '허리케인'의 차이는?

'태풍', '허리케인', '사이클론'은 전부 열대성 저기압이 강해져 발생하는 같은 부류라 할 수 있다. 그러나 각각의 정의에는 차이가 있다.

대서양과 동경 180도보다 동쪽에서 발생한 것을 '허리케인',

동경 180도보다 서쪽의 북태평양과 남중국해에서 발생한 것을 '태풍', 인도양과 남반구의 오스트레일리아 근해에서 발생한 것을 '사이클론'이라고 한다. 발생 장소에 따라서 부르는 이름이 달라지는 것이다.

태풍은 중심의 최대풍속이 17.2m/s 이상인 것부터 인정하는 데 비해서 허리케인은 33m/s 이상인 것부터 인정하고 있는 것처럼, 강도의 하한선에도 차이가 있다.

439 | 형광등 끝부분은 왜 검게 변할까?

형광등을 오래 쓰면 끝부분이 검게 변한다. 검은 부분이 짙어지면 깜빡거리고 머지않아 수명이 다한다. 끝부분의 검게 변한 정도가 형광등 교체의 기준인데, 그럼 왜 형광등은 오래 쓰면 검게 변할까?

보통 전구는 전선 안에 전기가 흘러서 전선이 빛을 내며, 형광등은 방전등으로 방전을 통해 형광체가 빛을 낸다. 즉 형광등에 전기가 통하면 양 끝부분의 전극에서 전자가 방전되고 그 전자가 관내의 수은전자와 충돌해서 자외선을 발생시킨다. 이것이 관의 내부에 칠해진 형광체에 닿아서 눈에 보이는 가시광선으로 변환된다.

양쪽의 전극에는 방전을 쉽게 하기 위해 방전물질(바륨 등의 산

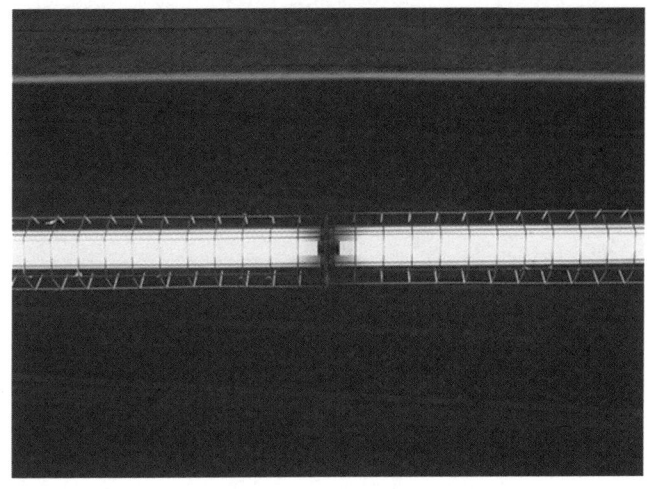

화물)이 코팅되어 있는데 계속 사용하면 형광등의 열 등에 의해 벗겨진다. 형광체의 끝이 검게 변하는 이유도 이 방전물질이 벗겨져서 없어지기 때문이다.

440 | 배의 속도는 어째서 '노트'일까?

배나 비행기의 속도를 나타낼 때는 '노트(knot)'라는 단위를 쓴다. 이 노트는 1시간에 1해리(1852m)를 전진하는 속도로, 시속 약 2km 정도다.

16세기에는 배의 속도를 계측할 때 5패덤(9.144m) 길이로 매듭을 지은 로프를 사용했다. '패덤'이란 수심을 잴 때 사용하던 단위였다. 당시는 이 로프 끝에 부표를 묶어 띄워 놓은 뒤, 모래시계로 28초 경과할 때마다 매듭 몇 개가 풀리는지를 헤아렸다. 그리고 그 매듭을 '노트'라고 불렀기에 배의 속도를 노트로 표시하게 된 것이다.

441 | 뜨거운 물은 저으면 왜 더 뜨거워질까?

뜨거운 물을 받아 놓은 욕조에 들어가 있을 때, 가만히 있으면 그다지 뜨겁게 느껴지지 않는다. 그런데 뜨거운 물을 휘젓거나 몸을 움직일 때 더 뜨겁게 느껴져서 참지 못하고 욕조에서 튀어나온 경험이 있을 것이다. 같은 온도의 물인데 왜 휘저으면 더 뜨겁게 느껴질까?

뜨겁게 느끼는 것은 착각이 아니고 실제로 피부 주위의 물이 뜨겁기 때문에 피부가 뜨겁게 느끼는 것이다. 욕조에 들어가면 몸이 따뜻해진다. 몸이 따뜻해진다는 것은 관점을 달리하면 몸이 뜨거운 물의 열을 빼앗는다는 뜻이며 열을 빼앗긴 뜨거운 물은 그만큼 온도가 낮아진다.

욕조 안에서 움직이지 않고 가만히 있으면 뜨거운 물은 몸에 열을 빼앗겨서 온도가 내려간다. 그래서 뜨거운 물속이라도 가만히 있으면 참을 수 있다.

그러나 뜨거운 물을 휘저으면 열을 빼앗겨 온도가 내려간 물이 밀려나고 바깥에 있던 뜨거운 물이 들어와서 피부에 닿기 때문에 다시 뜨거워진다.

442 | 계산기를 이용한 숫자 매직

계산기를 사용해서 할 수 있는 숫자 매직을 소개한다. 먼저 8을 제외한 '12345679'를 입력한다. 그리고 거기에 1부터 9까지 중에서 임의의 숫자 하나를 선택해서 곱한 후 다시 거기에 9를 곱하면 재미있는 답이 나온다.

가령, 임의의 숫자가 1인 경우는 '11111111', 2인 경우는 '22222222', 3인 경우는 '33333333'처럼 같은 숫자가 계속 나온다.

443 | 린스가 들어 있는 샴푸의 원리

보통 우리는 샴푸로 머리를 감은 후에 린스를 한다. 샴푸는 머리카락에 생긴 기름기나 오염물질을 제거하는 음이온 계면활성제로 만들기 때문에 머리카락이 뻣뻣해진다. 그래서 머리카락을 부드럽게 하기 위해 린스를 사용한다.

린스의 주원료는 양이온 계면활성제인데, 샴푸로 인해 마이너스 전기를 띠게 된 머리카락을 플러스 전기로 바꿔주며 기름 성분을 보충하는 작용도 한다.

그런데 린스 기능이 있는 올인원 샴푸가 있다. 샴푸에 포함되어 있는 계면활성제는 음이온, 린스는 양이온인데 이 둘을 그대로 섞으면 서로 결합해서 침전한다. 그래서 린스가 들어 있는 샴푸는 음이온과 양이온이 결합하지 않는 상태로 만든다. 그러나 샴푸와 린스를 따로 할 때보다 효과는 떨어진다.

444 | 병 속의 물을 빨리 빼는 방법

병 속에 물이 가득 들어 있을 때, 대부분의 사람은 물을 밖으로 빼기 위해 흔히 병을 거꾸로 세운다. 그런데 모래시계처럼 병을 거꾸로 세워도 물은 조금밖에 빠지지 않고 전부 빠질 때까지는 시간이 걸린다. 실험을 해보면 이 사실을 잘 알 수 있다.

병 속의 물을 빨리 빼는 방법은 없을까? 실은 조금만 궁리하면 물을 빨리 뺄 수 있는데, 병을 거꾸로 하고 회전시키면 된다.

이유가 무엇일까? 병을 빙글빙글 회전시키면 병 속의 물에 소용돌이 하나가 생기는데 이 소용돌이가 바로 물을 빨리 빠지게 하는 원인이다. 소용돌이로 인해 공기가 병 속에 들어가서 물이 빨리 빠지는 것이다.

445 | 번개는 왜 톱날과 같은 모양일까?

사진이나 그림에서 보는 번개의 모습은 직선이 아니라 흡사 톱날과 같은 모양이다. 그럼 번개는 왜 생기는 걸까?

구름 속에 생긴 크고 작은 얼음 알갱이가 서로 격렬하게 부딪치면 전기가 생기고 구름이 다 감당할 수 없는 전기는 땅을 향해 흘러내리게 되는데 이것이 번개의 정체다.

전기가 지면을 향해 흐르는 순간, 1만 볼트 이상의 고온이 된 공기 분자가 격렬하게 활동하는데 이것이 빛과 소리의 근원이 된다. 번개에는 공기 중의 전기가 흐르기 쉬운 부분을 통과하는 성질이 있다. 번개가 톱날 모양처럼 보이는 이유는 방전 시에 공기 중의 수분이 많은 부분을 통과하기 때문이다.

446 | 신기한 산수

아무런 도움이 되지 않을지 모르지만 신기한 산수가 있다. 1부터 6까지 더하면 21이고, 1부터 66까지 더하면 2211이다. 자, 여기서 규칙성을 발견할 수 있다.

1부터 666까지 더하면 222111, 또 1부터 6666을 더하면 22221111, 1부터 66666까지 더하면 2222211111이 된다. 이젠 규칙성을 좀 더 명확히 알 수 있을 것이다. 6이 늘어날 때마다 2와 1도 하나씩 늘어나게 된다.

447 | 상대의 나이와 태어난 달을 알 수 있는 방법

상대방에게 어떤 계산을 하게 하면 상대방의 태어난 달과 나이를 알 수 있는 방법이 있다.

먼저 상대방이 태어난 달에 2를 곱한 후 거기에 5를 더한다. 다시 이 수에 50을 곱한 후에 거기에 나이를 더한다. 이렇게 하면 결과는 얼마일까?

만일 상대가 6월생이고 현재 25살이라고 하면, 875가 될 것이다. 여기에서 250을 빼면 상대방이 태어난 달과 나이를 알 수 있다. 875에서 250을 빼면 625가 되는데 처음의 '6'이 태어난 달, 다음의 '25'가 나이가 된다.

448 | 40명 학급에 생일이 같은 아이가 있을 확률

한 학급에 40명의 학생이 있다고 가정하면 생일이 같은 아이가 있을 확률은 얼마나 될까?

'2% 정도?' 또는 '10% 정도?'라고 직감적으로 생각하는 사람도 있겠지만 정답은 약 90%다.

'적어도 2명의 생일이 같은' 확률을 구하기 위해서는 '아무도 생일이 일치하지 않을 확률'을 구한 후 '일어날 수 있는 모든 확률'인 1에서 뺀다. 365/365(한 명째)×364/365(두 명째)×363/365(세 명째)…… 이렇게 40명 모두의 생일이 일치하지 않을 확률을 계산하면 0.108(10.8%)이 된다. 그리고 1에서 이 수치를 빼면 0.892(89.2%), 즉 약 90% 확률로 두 사람의 생일이 일치하게 된다. 또 23명이면 확률은 50%를 넘고 30명이면 70%가 넘는다.

449 | 연필심 하나로 그릴 수 있는 선의 거리는?

만약 연필심으로 계속해서 선을 긋는다면 HB 한 자루로 약 50km 길이의 선을 그을 수 있다고 한다.

단 이것은 현실적인 수치가 아니다. 연필 끝을 0.6mm로 깎고 1mm까지 사용한 후 다시 깎는 방법이다. 연필심 전장의 60%

에 해당하는 105mm까지 사용한 경우, 그 거리는 HB가 530m, H는 1500m밖에 되지 않는다. 덧붙이자면 길이 60mm의 샤프펜슬의 심(HB)을 모두 사용한 경우에 필기 선은 약 240m, 볼펜은 1000~1500m 정도라고 한다.

450 | 시곗바늘은 왜 오른쪽으로 돌까?

모든 시계의 시곗바늘은 오른쪽으로 돈다. 이것은 당연한 일 같지만 왜 처음 시계를 만들 때 왼쪽이 아니라 오른쪽으로 돌게 만들었을까?

시곗바늘의 회전 방법은 먼 옛날부터 시간을 알기 위해 이용된 '해시계'가 기원이다. 해시계에서 그림자가 오른쪽으로 움직이기 때문에 시곗바늘도 오른쪽으로 회전하게 된 것이다. 그런데 남반구에서 해시계는 왼쪽으로 움직이는데도 오른쪽 회전이 세계 표준이 된 이유는 북반구 사람이 시계를 발명했기 때문이다.

451 | 현재 알려진 최대 소수는 2233만 8618자리 수이다

1과 자신 이외에는 나눌 수 없는 숫자를 소수라고 한다. 예를 들어 2, 3, 5, 7, 11, 13 등이 소수이다.

그런데 이 소수가 '무한히 있다'는 것은 증명되었지만 어떻게 출현하는지는 지금도 알지 못한다.

지금까지 알려진 가장 큰 소수는 '3003764180……1086436351'이라고 하는 2233만 8618자리 숫자이다. 이 어마어마한 자릿수의 소수를 발견한 사람은 미국 센트럴미주리대학교의 커티스 쿠퍼 교수이다.

쿠퍼 교수는 세계 곳곳의 컴퓨터를 연결해서 소수를 찾아내는 'GIMPS'의 멤버로 '2n-1(2를 n승해서 1을 뺀 수)'로 나타나는 메르센 수를 이용해서 소수를 찾고 있었다.

그리고 2013년 1742만 5170자리의 소수를 발견했다. 또 2016년 1월에는 800대에 가까운 컴퓨터를 사용하여 앞에서 말한

거대 소수를 찾아냈다.

---

452 | '3의 배수', '9의 배수'를 바로 알 수 있는 비결

숫자를 보았을 때, 3의 배수인지 9의 배수인지를 바로 알 수 있는 방법이 있다.

먼저 3의 배수를 판별하는 데에는 그 숫자 하나하나를 모두 더해서 그것이 3의 배수가 되는지를 보면 된다. 가령 123은 '1+2+3=6', 345는 '3+4+5=12'이기 때문에 두 개 모두 3의 배수인 것을 알 수 있다.

마찬가지로 9의 배수를 판별하는 데에도 모든 숫자를 하나씩 더한 합계가 9의 배수인지를 조사하면 된다. 가령 36은 '3+6=9', 171은 '1+7+1=9', 5472는 '5+4+7+2=18'이니 모두 9의 배수이다.

---

453 | TV 브라운관 옆에 가면 털이 솟는 이유

TV의 전원을 켤 때, 손을 화면으로 가까이 하면 몸의 솜털이 솟거나 미세한 먼지가 들러붙는 현상이 발생한다.

화면(브라운관) 안에는 전자총이 있는데 전원을 켜면 그곳에서 전자빔이 발사된다. 브라운관의 표면에는 형광체가 칠해져 있기 때문에 전자빔이 충돌하면 형광체가 빛나고 영상이 비친다. 그러면 브라운관 표면의 유리에 전자가 쌓이게 되고 마이너스 전기를 띤 상태가 된다.

인간의 몸과 먼지는 플러스와 마이너스 전기를 동등하게 가지고 있으며 전기적으로는 중성인데, 마이너스 전기를 띤 브라운관에 손을 가까이 하면 인간의 체내와 먼지 내부에 전자가 이동해서 중성 상태였던 전기가 플러스와 마이너스로 나뉜다. 이 나뉜 플러스 전기와 브라운관이 띤 마이너스 전기가 서로 끌어당기기 때문에 털과 먼지가 이끌리는 것이다.

454 | 태양에 가까운 산 정상이 평지보다 추운 이유

표고가 높은 산의 정상은 태양에 가까워서 표고 0m의 평지보다 기온이 높아 보이지만 실제로 산 정상은 표고가 높아질수록 추워진다.

세계에서 가장 높은 산인 에베레스트의 정상이 지상보다 태양에 가깝다고 해도 기껏 9km 정도일 뿐이다. 지구와 태양의 거리가 약 1억 5천만 km나 된다는 사실을 생각하면 9km는 새발의 피에 불과하다.

산 정상의 추위는 '공기'와 관계가 있다. 지구 주위를 둘러싸고 있는 공기(대기)는 위로 갈수록 양이 적어지는 동시에 기압도 낮아진다. 공기는 압력이 낮아지면 온도가 내려가는 성질이 있어서 위로 갈수록 압력이 내려가고 기온도 내려간다.

그래서 100m를 오를 때마다 0.65도 정도 기온이 내려간다고 한다.

455 | 수성의 낮과 밤의 기온 차는 약 600도나 된다

수성은 태양계의 가장 안쪽을 도는 혹성이다. 직경은 지구의 약 5분의 2인 4880km로 달보다 조금 크다.

수성은 태양에 가장 가까이 있기 때문에 태양으로부터 지구의 7배에 이르는 강렬한 빛과 열을 받는데, 태양이 내리쬐는 한낮의 지표 온도는 430도에 이른다. 수성(水星)이라는 이름을 가지고 있지만 이 정도로 고온인 탓에 당연히 물은 존재하지 않는다.

수성에는 대기가 거의 없으며 자전 주기가 느리기 때문에 태양광이 비치지 않는 밤에는 대부분의 열을 잃어버린다. 가장 온도가 낮은 새벽녘 전에는 무려 마이너스 160도로 내려가기 때문에 낮과 밤의 온도 차가 약 600도에 이른다.

456 | 미국에서 진행되고 있는 '바퀴벌레 사이보그' 프로젝트

곤충을 원격 조종할 수 있는 사이보그로 만들어 재해 구조에 활용한다는 꿈같은 연구가 미국 국방부 산하의 국방고등연구계획국(DARPA) 주도하에 수많은 대학 등에서 이루어지고 있다.

곤충은 자유자재로 날아다니거나 자신보다 무거운 물건을 들고 옮기는 신체능력이 뛰어난 생물이다. DARPA는 촉각이나 근육에 자극을 주는 장치를 사용해서 곤충을 재해 시 수색 활동과 테러 방지, 핵 검출 등에 활용하려고 한다.

특히 곤충 중에서도 주목받는 것이 바퀴벌레다. 병에 잘 걸리지 않고 먹이가 없어도 장기간 생존이 가능한 질긴 생명력을 가졌기에 바퀴벌레는 사이보그 곤충의 유력 후보라고 한다.

457 | 석양이 붉은 이유

태양광은 백색광이라고 하며 무지개의 일곱 색깔(빨주노초파남보)이 섞여서 생긴 것이다. 이 일곱 가지 색의 빛은 대기 중에 떠 있는 공기 분자에 닿으면 산란하는데, 특히 파장이 짧은 빛은 더 강하게 산란한다. 하늘이 파랗게 보이는 이유도 공중에서 산란한 파장 중 가장 짧은 파란색 빛이 우리 눈에 들어오기 때문이다.

한편 빨간색 빛은 파장이 길어서 잘 산란하지 않고 더 멀리까지 간다. 석양이 붉게 보이는 이유는 해 질 무렵 태양광이 대기를 통과할 때의 거리가 한낮에 비해 길어져서 붉은빛만 산란하지 않은 채 우리 눈에 들어오기 때문이다.

458 | 투명인간은 사물을 볼 수 없다?

허버트 조지 웰스가 쓴 《투명인간》이라는 소설이 있다. 남자들은 누구나 한 번쯤 투명인간이 되어 여탕에 몰래 들어가는 상상을 한 적이 있지 않을까.

하지만 투명인간이 된들 그런 일은 불가능하다. 투명인간은 사물을 볼 수 없기 때문이다. 물질이 투명해진다는 것은 그 물질이 빛을 투과시키고 또한 빛의 굴절률이 공기의 굴절률과 같아야 함을 의미한다. 빛의 굴절률이 공기의 굴절률과 다르면 사물은 투명하게 보여도 그것이 거기에 있다는 것을 알 수 있다. 투명인간은 눈도 투명하다. 눈이 투명하다는 사실은 눈도 공기와 빛의 굴절률이 똑같다는 말이다. 이렇게 되면 빛은 굴절하지 않고 눈을 통과해서 망막 위에 상이 맺히지 않는다(망막도 투명해서 통과해버린다). 따라서 투명인간은 사물을 볼 수 없게 된다.

459 | 자석을 자르면 한쪽 극만 있는 자석이 된다?

자석에는 N극과 S극이 있는데 한가운데를 자르면 N극이나 S극만 있는 자석이 될까?

결론부터 말하면 자석을 각각의 극으로 나눌 수는 없다. 어떻게 잘라도 자른 순간, 새로운 N극과 S극이 생겨서 다시 N극과 S극이 있는 자석이 된다.

본래 자석이란 작은 자석들의 집합이다. 1억분의 1cm인 원자 중심에 더 작은 전자핵이 있고 그 주위에는 전자가 흩어져 있다. 이 전자 하나하나가 작은 자석이기 때문에 전자를 나누는 것은 불가능하다.

460 | 마력의 기원

자동차 엔진 등의 능력을 나타내는 '마력'은 18세기 영국의 제임스 와트가 증기 기관의 성능을 나타내기 위해 말이 짐을 끄는 힘을 토대로 고안했다.

와트는 1마력을 500파운드(약 250kg)의 짐을 1초 동안 1피트(약 30cm) 움직이는 힘이라고 정의했지만, 미터법을 사용하는 나라에서는 환산하는 데 애를 먹었다. 그래서 프랑스에서는 75kg의 짐을 1초 동안 1m 이동시키는 힘이 1마력이라고 정의했다. 즉 프랑스의 1마력은 영국의 0.098마력이 되는 것이다.

이처럼 마력의 기준이 된 것은 말 그대로 '말'인데, 현재 경주마로 이용되는 서러브레드가 전력 질주를 하면 대략 3마력이며, 인간도 순간적으로 1마력을 낼 수 있다고 한다.

461 | 스테인리스가 녹이 슬지 않는 것은 본래 녹이 슬었기 때문이다?

고온에 강하고 녹이 슬지 않는 스테인리스는 20세기 초 영국에서 발명되었다. 철과 크롬의 합금인 스테인리스(stainless)의 어원은 'stain'이 '녹', 'less'가 '없다'라는 의미처럼 '녹슬지 않는'이라는 뜻이다.

스테인리스가 녹이 잘 슬지 않는 이유는 크롬이 녹이 슨 것, 정확하게 말하면 크롬의 산화물이 합금 표면에 막을 만들고 있기 때문이다. 독특한 광택도 녹에 의해 만들어진 것이다. 즉 스테인리스가 녹이 슬지 않는 이유는 애초에 녹이 슬어 있기 때문이다.

462 | 병맥주 뚜껑의 톱니는 왜 21개일까?

예전에는 병맥주 뚜껑을 코르크로 만들었는데 1892년 영국의

윌리엄 페인터가 철로 된 '왕관 뚜껑(crown cap)'을 발명하고부터는 이것이 일반화되었다.

이 왕관 뚜껑에는 '스커트'라고 하는 톱니 모양이 있는데 사실 이 톱니의 개수는 21개로 정해져 있다.

그 이유는 역학적으로 3배수가 가장 안정적이기 때문인데 18개의 경우는 뚜껑이 빠지기 쉽고 24개면 너무 강해서 열기 힘들었기에 21개로 통일했다고 한다.

463 | 우주에 가면 키가 커진다

인간의 등뼈는 경추가 7개, 흉추가 12개, 요추가 5개로 모두 24개의 뼈가 연골을 쿠션 삼아서 연결되어 있다. 신장은 보통 똑바로 선 상태에서 측정하는데 땅에서 직립하고 있을 때는 항상 머리에서 발 쪽으로 중력이 작용하기 때문에 각각의 연결매가 압축된 상태가 된다.

그런데 무중력 상태인 우주에 가면 압축되었던 분량만큼 늘어나기 때문에 신장이 몇 cm 정도 늘어난다. 이 때문에 우주 비행사 중에는 신장이 7cm 이상 늘어난 사람도 있다고 한다.

참고로 따로 우주에 가지 않아도 잠을 잘 때에는 지상에서도 등뼈가 늘어난다. 아침에 일어났을 때, 낮보다 키가 조금 커진 것은 이 때문이다.

464 | 빗방울의 진짜 모습

우리는 흔히 비의 형태를 동그란 물방울 모양으로 표현한다. 그러나 비의 진짜 형태는 찌그러진 구형인데 그 이유는 '공기 저항' 때문이다. 보통 물방울은 표면 장력에 의해 둥그런 형태인데, 공중에서 낙하할 때는 빗방울 아래쪽이 공기 저항을 받아서 평평해지고 윗부분은 표면 장력밖에 가해지지 않기 때문에 둥그런 모양을 그대로 유지한다.

단 빗방울이 작은 안개비의 경우는 공기 저항을 거의 받지 않기 때문에 둥근 구체 형태를 띤다.

465 | 녹음한 자신의 목소리가 낮설게 들리는 이유

녹음한 자신의 목소리가 늘 듣던 자신의 목소리와 다르게 들리는 원인은 '소리가 들리는 방법'에 있다.

보통 소리는 공기를 통해서 귀로 들어오면 고막 안에 있는 속귀에서 전기 신호로 바뀌어 뇌에 전달된다. 자신의 목소리는 두개골에 직접 울려서 속귀에 도달하기 때문에 밖에서 나는 소리보다 울림이 있는 소리로 들린다. 또 저음은 공기를 지나면 고음보다 약해지기 쉬운데 두개골에 직접 울리는 경우는 저음이 강조되기 때문에 한층 안정된 소리로 들린다. 그래서 녹음한 목소리는 늘 듣던 자신의 목소리와 다르게 들린다.

466 | 전화와 전자계산기의 버튼 순서가 다른 이유는?

보통 전자계산기의 숫자는 아래부터 0, 1, 2, 3순으로 되어 있고, 휴대전화와 일반전화는 위에서 1, 2, 3순으로 나열되어 마지막에 0이 온다.

전자계산기의 숫자는 계산할 때 가장 많이 사용하는 0을 바로 앞에 배열해 편리하게끔 만들었다. 예전에는 각 행마다 버튼이 세로로 10개씩 나열된 전자계산기도 만들어졌는데 지금은 ISO(국제표준화기구)에서 0, 1, 2, 3식으로 나열된 숫자 배열 버튼을 전자계산기와 컴퓨터에 채택하고 있다.

467 | 타이어는 왜 검은색일까?

자동차 타이어에 쓰이는 고무는 본래 우윳빛에 가까운 색이다. 타이어가 검은색이 된 이유는 고무를 강하기 하기 위해 넣는 보강재 때문이다.

1912년, 탄소 가루인 카본블랙이라는 검은 물질을 고무에 섞으면 강도가 비약적으로 향상된다는 사실이 밝혀진 뒤부터 검은 타이어가 탄생해 현재까지 쓰이고 있다.

또한 타이어는 일반적으로 고무 100에 카본블랙을 50% 비율로 섞어서 만든다. 다른 보강재를 섞으면 다른 색의 타이어도 만들 수 있지만 카본블랙 이상의 강도는 기대할 수 없어서 검은색 타이어를 그대로 쓰고 있는 것이다.

468 | 산소가 없는데 태양은 왜 불탈까?

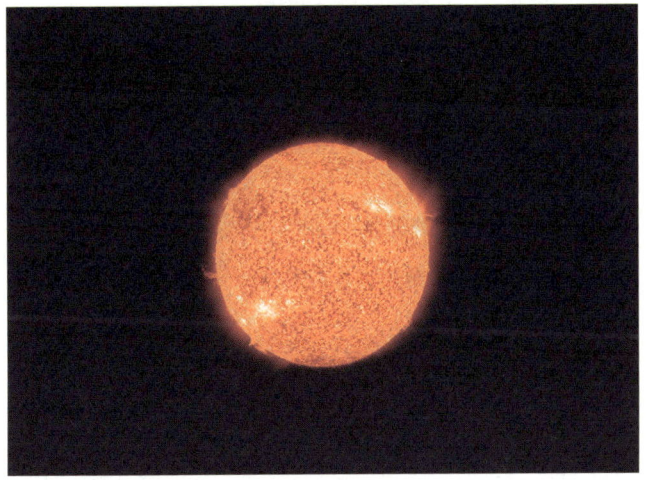

태양은 마치 불타고 있는 것처럼 보인다. 사물이 불타는 데에는 산소가 필요한데 우주에는 산소가 없다. 그럼 태양은 산소가 없는 우주에서 어떻게 불타고 있는 걸까?

사실 태양은 지구상에서 사물이 불타는 것과 같은 원리로 불타고 있는 것이 아니다. 태양은 핵융합반응에 의해 빛나고 열을 방사하고 있다. 태양은 4분의 3이 수소, 4분의 1이 헬륨으로 된 거대한 가스덩어리이다.

중심부에는 반경 약 10만 km의 핵이 있어서 여기에서 핵융합반응, 즉 수소 원자가 서로 결합해서 헬륨 원자로 바뀌는 반응이 일어나는데 이때, 막대한 에너지가 생기고 이것이 태양의 열과 빛이 된다. 즉 태양은 수소폭탄과 비슷한 원리로 열과 빛을 만들어내고 있는 것이다.

469 | 연필이 육각형, 색연필이 원형인 이유는?

연필이 육각형인 이유는 잘 구르지 않도록 하기 위해서다. 또 연필을 손에 쥐었을 때, 손가락 세 개(엄지, 검지, 중지)만으로 잡을 수 있는데 3의 배수면 힘이 균등하게 들어서 쥐기 쉽다는 이점도 있다.

한편 색연필이 원형인 이유는 연필심과 달리 부드럽고 부러지기 쉬운 심의 특성 때문이다. 심 주변을 원형의 축으로 감싸서 떨어졌을 때 받는 충격을 분산시키고, 부러지지 않도록 하기 위해서다. 또 색연필은 그림을 그릴 때에도 사용되기 때문에 쓰임새에 따라 다양한 방법으로 손에 쥘 수 있도록 잡기 편리한 원형이 채택된 것이다.

470 | 바닷물은 왜 짤까?

지금부터 46억 년 전에 탄생한 지구는 당시 너무 뜨거워서 물은 증발한 상태로 존재했다고 한다. 그 뒤, 지구가 식으면서 수증기는 비가 되어 지상으로 떨어졌는데 대기 중의 염소 가스가 녹아들어서 대지에는 강한 산성물이 축적됐다. 바로 이것이 지금부터 38억 년 전의 바다의 시작이라고 한다.

이 산성 바다에는 암석에서 나온 나트륨이 흘러들었고, 서서히 중화되어 염화나트륨을 포함한 물이 되었다고 한다. 이때부터 바닷물은 짜게 변했고 현재까지 염분 농도는 거의 변함이 없다고 한다.

471 | 터널은 왜 안으로 들어갈수록 어두울까?

터널에 들어가면 입구 부근은 조명이 밝은데 비해 안으로 들어갈수록 조명이 어둡다.

이는 밝은 곳에서 갑자기 어두운 곳으로 이동하면 사람의 눈이 어둠에 익숙해지기까지 시간이 걸리기 때문이다. 눈이 어둠에 조금씩 적응할 수 있도록 터널 입구 부근은 조명을 밝게 하고, 안쪽으로 갈수록 어두워지게 조정해놓은 것이다.

한편 터널의 조명은 오렌지색의 나트륨등이 많았는데 이는 먼지 등의 영향을 덜 받고 소비 전력이 낮으며 수명이 길다는 이점이 있었기 때문이다. 최근에는 형광 램프의 품질이 좋아졌기 때문에 백색등이 이용되고 있다.

472 | 태양의 수명은 몇 년?

지구는 태양의 인력에 의해 공간 운동을 하며, 지구에 사는 생물에게 태양은 생명의 원천이라고 할 수 있다. 인간은 태양으로부터 존재에 필요한 빛과 열을 얻는다.

태양의 탄생은 지금으로부터 45~50억 년 전으로 추정된다. 그렇다면 태양의 수명은 앞으로 얼마나 남았을까?

태양은 고온의 가스로 이루어져 있고 수소 원자의 핵융합반응이 일어나고 있다. 앞에서 설명한 것처럼 태양은 거대한 수소폭탄이 연속해서 폭발하고 있는 것과 같다.

오늘날 태양의 수명은 100억 년 정도로 추정된다. 태양의 나이는 현재 약 45~50억 년 정도이므로 앞으로 50억 년은 더 건재할 것이기 때문에 적어도 우리가 사는 동안 태양이 사라질 걱정은 하지 않아도 된다.

473 | 눈의 결정은 왜 육각형일까?

눈의 결정은 크게 기둥 모양과 판 모양으로 나누는데 판 모양에는 나뭇가지 모양과 별 모양 등이 있다. 눈 결정의 형태는 다양하지만 모두 육각형 모양을 이루고 있다.

눈은 공기 중의 수증기가 공기 중에 떠 있는 미세한 먼지를 핵으로 해서 물방울이 되어 언 것이다. 둥근 빗방울은 얼면 둥근 얼음 알갱이가 되는데 이것이 이윽고 육각형으로 변한다. 그리고 온도와 온도의 차이에 의해 이 육각형 결정은 변화하여 세로로 길어지거나 가로로 넓어지지만 육각형 형태는 그대로 유지된다.

눈 결정이 육각형이 되는 이유는, 근간이 되는 물 분자(산소 원자와 수소 원자)가 정육각형의 조합을 기본으로 결정을 만들기 때문이다. 즉 육각형 형태가 물 분자 배열에 있어 가장 안정적이기 때문에 눈 결정은 육각형 형태를 이루는 것이다.

474 | 지도에 그려진 해안선은 만조일까, 간조일까?

바다에는 간만의 차가 있기 때문에 만조 때와 간조 때에 육지가 완전히 다르게 보인다. 이것을 지도에 표시하는 경우, 육지와 바다의 경계선 표기는 지형도와 해도가 서로 다르다.

지형도에서는 만조 때의 해안선이 기본인데, 그 이유는 지형도가 주로 육지 쪽에서 사용되기 때문이며 일상적으로 이용되는 토지의 범위가 표시되어 있다.

한편 항해용 지도인 해도에서 기본이 되는 것은 간조 때의 해안선이다. 만조 때 사라지는 육지나 작은 섬의 존재를 알려 주지 않으면 배가 좌초하거나 전복되는 사고가 일어나기 때문이다.

475 | '우주는 무중력'이라는 말은 틀렸다?

우주 정거장에서 물건이 공중에 뜨는 것을 보고 우주는 무중력이라고 생각하기 쉽지만, 우주 공간 자체는 무중력이 아니다. 공을 손에서 놓으면 지구의 중력 때문에 공이 땅으로 떨어지듯 지구 주위에 있는 모든 것은 중력의 영향을 받고 있다.

그러나 우주 정거장은 지구 주위를 초속 약 8km 속도로 돌고 있기 때문에 바깥쪽을 향해 뛰어나가려고 하는 힘(원심력)이 생기고, 이것이 중력과 어울려서 마치 중력이 없는 것처럼 느끼게 된다. 즉 무중력이 아니라 정확하게 말하면 '무중력 상태'인 것이다.

476 | 지구의 자전 속도에 숨겨진 비밀

지구가 태양의 주위를 돌면서 자전한다는 사실은 누구나 알고 있다. 이것은 목성과 토성도 마찬가지며, 태양계가 형성된 때부터 공전과 자전을 반복하고 있다.

지구는 약 24시간 동안 한 번 회전(자전)한다. 그런데 자전의 속도가 늦어지거나 빨라지는 일은 없을까?

답을 먼저 말하면 지구의 자전 속도는 늦어지고 있다. 그 원인 중 하나가 조석(潮汐) 작용이다. 조석이란 달의 인력으로 인해 해수면이 주기적으로 상승과 하강하는 현상을 말한다.

해수면이 이동하면 자전하고 있는 지구가 마찰을 일으키기 때문에 속도가 늦어진다.

그러나 조석에 의해 속도가 늦어지는 것은 10만 년에 1초 정도로 아주 미미하다. 또 지구 내부의 액체(철, 니켈, 유황 등이 녹은 물질)가 브레이크 역할을 하기 때문에 크게 걱정할 일은 없다. 지금 상태라면 지구의 자전 속도가 극단적으로 늦어질 일은 없다.

477 | 대기는 왜 우주로 나가지 않는 걸까?

지구의 표면은 대기(공기)로 둘러싸여 있지만, 대기가 밖으로 빠져나가지 않도록 바깥 부분에 뚜껑이 있는 것은 아니다. 그럼에도 왜 대기는 우주 공간으로 발산되지 않을까?

지구에는 인력이 있어서 지구상의 모든 사물은 지구의 중심 쪽으로 끌어당겨지고 있다. 대기(공기)도 마찬가지다. 대기가 우주 공간으로 빠져나가지 않는 이유 중 하나는 인력 때문이며, 지구상의 온도와도 관계가 있다.

기체는 많은 분자로 이루어져 있고 각각의 분자는 여러 속도로 날아다니고 있다. 이 속도는 온도가 높을수록 빨라진다.

그러나 고도가 높아지면 인력이 약해지기 때문에 대기(공기)의 분자가 인력을 이겨내는 속도를 가지고 있으면 지구에서 도망칠 수 있다.

그러나 지구상의 온도로는 지구를 탈출할 수 있을 만큼의 속도를 얻을 수 없으며, 인력과 온도의 균형에 의해 대기(공기)는 지구의 표면에 머무는 것이다.

478 | 우리가 보고 있는 태양은 8분 전 태양이다?

태양 빛은 지구에 많은 혜택을 준다. 그러나 지구에 있는 우리는 실시간으로 태양 빛을 볼 수 없다. 지구와 태양의 거리는 약 1억 5000만 km나 떨어져 있어서 태양 빛이 도달하는데 시간이 걸리기 때문이다.

그럼 실제로 어느 정도의 시간이 걸릴까? 빛은 1초에 약 30만 km를 가니 태양에서 지구까지 빛이 도달하는데 8분 19초가 걸리는 셈이다. 즉 우리가 보고 있는 태양 빛은 항상 8분 19초 전 태양 빛인 셈이다.

479 | 남반구에서 태양은 서쪽에서 뜬다?

우리나라가 겨울일 때 호주는 여름인 것처럼 북반구와 남반구에서는 계절이 반대이다.

그럼 계절의 순서도 반대일까? 북반구인 우리나라에서 계절은 봄여름가을겨울 순서인데 남반구에서는 반대일까? 정답은 반대가 아니다. 북반구와 남반구에서 계절의 순환 순서는 똑같다.

그럼 태양이 뜨는 방향은 어떨까? 북반구와 남반구는 반대일까? 북반구인 우리나라에서 태양은 동쪽에서 뜨고 서쪽으로 지는데, 남반구에서는 반대로 서쪽에서 뜨고 동쪽으로 지지 않을까?

북반구와 남반구에서 계절이 반대인 이유는 지구의 자전축이 공전축에 대해 기울어져 있기 때문인데, 태양은 남반구와 북반구 모두 동쪽에서 뜨고 서쪽으로 진다.

다만 한낮의 태양이 지나가는 방향은 북반구와 남반구에서는 정반대이다. 북반구에서 태양은 남쪽 하늘을 지나가지만 남반구에서는 북쪽 하늘을 지나간다.

480 | 번개와 몸에 찬 금속류의 관계

번개가 칠 때는 시계와 같이 몸에 차고 있는 금속류를 빼는 편이 좋다는 게 정설이었는데, 최근의 연구에서는 거의 영향이 없다는 사실이 밝혀졌다.

만일 번개가 발생한 경우, 번개는 주변보다 높은 곳으로 떨어지는 성질이 있어서 바로 지면에 엎드려 몸을 낮게 하는 것이 최선책이다.

또 커다란 나무가 가까이 있다면 주의해야 한다. 나무에 떨어진 번개의 전기는 가까이에 있는 전기가 흐르기 쉬운 물체, 즉 인간의 몸을 향해 흐르는 경우도 있기 때문에 나무줄기에서 2m 이상 떨어진 장소에서 몸을 움츠린 채 번개가 그치기를 기다리는 편이 좋다.

481 | 아침보다 저녁에 노을이 더 붉게 보이는 이유

태양이 뜰 때와 질 때, 하늘이 빨갛게 보인다. 이를 아침노을과 저녁노을이라고 하는데 저녁이 아침보다 노을이 더 붉게 보이는 경우가 많다. 태양은 똑같은데 왜 저녁노을이 더 붉게 보일까?

아침노을과 저녁노을이 생기는 이유는 공기 중의 작은 입자와 운립(雲粒), 미세한 먼지 등의 영향 때문이다. 태양 빛은 백색광이라고 불리며 전체적으로는 하얀색을 띠고 있지만 여러 가지 색(빨주노초파남보)을 가지고 있다.

태양이 지평선 부근에 있으면 태양 광선은 낮보다 긴 공기층을 지나기 때문에 그만큼 공기 입자나 먼지 등과 많이 부딪힌다. 파장이 짧은 보라색과 파란색 빛은 이것들과 부딪혀 산란(散亂)되어 사라지고 비교적 파장이 긴 빨간색에 가까운 색의 빛만 지상에 이르게 되어 아침노을과 저녁노을이 붉게 보인다. 저녁노을이 아침노을보다 더 붉은 이유는 저녁이면 공기 중의 먼지와 구름의 양이 증가하고, 이로 인해 파란색 빛이 많이 산란하여 사라지기 때문이다.

482 | '여우비'가 내리는 이유

햇볕이 나 있는데 비가 내리는 경우가 있다. 이것을 '여우비' 또는 '호랑이가 장가를 간다'라고 한다.

비는 구름에서 내린다. 구름은 작은 물방울과 얼음 결정으로 이루어져 있는데 이 결정들이 커지면 공중에 떠 있지 못하고 구름이 되거나 비가 되어 땅으로 떨어진다.

비는 결정(結晶)의 크기에 따라 낙하하는 속도가 달라진다. 가령 약한 비의 경우, 결정의 크기는 직경 1mm이고, 이것이

1km로 떨어지는데 4분 정도의 시간이 소요되며 구름에서 떨어지는 비는 바람에 날린다.

햇볕이 나 있는데도 가까이에 구름이 있으면 구름에서 떨어진 비가 강한 바람에 날려 떨어지기도 하는데 이것이 바로 여우비이다.

483 | 빗방울의 크기를 알 수 있는 간단한 방법

빗방울의 크기를 알 수 있는 간단한 방법을 소개한다.

먼저 밀가루, 차 거름망(촘촘한 것이 좋다), 평평한 접시를 준비한다. 밀가루를 거름망에 넣고 채를 쳐서 덩어리를 제거한 후

접시에 담는다. 그리고 비가 내릴 때, 빗방울을 접시로 받으면 밀가루 위에 떨어진 빗방울이 밀가루와 함께 둥근 덩어리가 된다. 잠시 그대로 두었다가 차 거름망으로 채를 쳐서 둥근 덩어리를 꺼낸다. 이 덩어리를 재면 빗방울의 대체적인 크기를 알 수 있다.

이것은 처음으로 눈의 결정을 연구한 미국의 윌슨 벤틀리가 고안한 방법이라고 한다.

484 | 오존홀이 남극 상공에 생기는 이유

1980년 무렵부터 남극 상공에 오존량이 적은 구역인 오존홀이 관측되기 시작했다. 오존층의 파괴 원인은 프로판가스 때문이라고 하는데 그럼 왜 남극 상공에서 더 뚜렷하게 나타날까?

프로판가스(LPG)는 탄소에 염소와 불소 원자가 결합한 화합물의 총칭으로 성층권까지 상승하면 강한 자외선을 받아 분해되어 염소를 방출한다. 이 염소가 촉매 작용을 해서 오존을 파괴하는 것이다.

성층권에는 메탄가스, 질소화합물, 수증기 등이 부유하고 있는데 이 물질들이 프로판가스가 오존을 파괴하는 것을 막고 있다. 그러나 남극에서는 겨울에 강한 바람이 불어 상공의 성층권 대기가 상당히 차가워진다.

그래서 대기 중의 부유 물질은 얼음 알갱이(성층권 구름)가 되고 염소 및 염소와 반응하는 물질은 얼음 속에 갇혀 대기 중의 염소 농도가 증가한다. 그리고 봄이 되면 태양으로 인해 성층권의 얼음이 녹아서 대량의 염소가 방출되어 오존층이 파괴되는 현상이 일어난다고 한다.

485 | 금성은 황산 구름으로 덮여 있다

망원경으로 금성을 보면 한쪽 면이 새하얗게 보이는데 이 하얗게 보이는 것은 금성의 지표가 아닌 구름이다.

질소와 산소로 이루어진 지구의 대기와는 달리 금성의 대기는 대부분 이산화탄소로 이루어져 있다. 지표의 기압은 지구의 90배인 90기압이며, 지표의 온도는 460도의 불지옥이다. 그리고 금성의 상공 50~70km를 덮고 있는 구름은 짙은 황산으로 이루어져 있다. 고온의 지표면에서 황철석 등이 이산화탄소와 물에 반응해서 대기 중에 아황산가스를 증가시켜 짙은 황산 구름을 형성한 것으로 보인다.

사실 먼 옛날, 금성은 지구와 같은 환경이었다고 한다. 태양에 가깝기 때문에 바닷물이 증발하고 바다에 녹아 있던 이산화탄소가 대기 중에 방출되어 기온 상승이 반복되었다. 이렇게 보면 금성은 온난화가 진행되는 지구의 미래 모습이라고도

할 수 있다.

486 | 방귀와 향수에는 공통된 성분이 있다

냄새는 농도에 따라서 향이 완전히 달라진다. 농도가 짙으면 단지 자극적인 냄새가 되어 불쾌감을 주지만, 연하게 하면 좋은 냄새가 된다. 대표적인 것 중 하나가 방귀의 성분 중 하나인 '스카톨'이다.

농도가 진하면 변 냄새가 나는 스카톨이지만, 스카톨을 점점 옅게 만들다 보면 어떤 지점에서 갑자기 재스민을 떠오르게 하는 향기가 된다. 그렇기 때문에 스카톨은 향수의 성분으로 없어서는 안 될 물질이 되었다.

이와 마찬가지로 바닐라아이스크림의 바닐라 성분은 농도가 진하면 낡은 종이 냄새가 나고, 연하게 하면 바닐라 향이 난다고 한다.

487 | 컴퓨터의 '버그'는 실제로 '곤충'이었다

컴퓨터가 오작동을 일으키는 것을 '버그(bug)'라고 하는데 이 말의 어원은 실제 '곤충(bug)'에서 왔다.

컴퓨터가 처음 나왔을 무렵, 하버드대학교에서 전자계산기의 하드웨어가 잘 작동하지 않아 원인을 조사했더니 기계 내부에 나방이 걸려 있었다는 사실을 알게 됐다. 이후 컴퓨터가 원인 불명의 이상 작동을 하는 것을 '버그'라고 부르게 됐다고 한다.

참고로 버그를 발견하고 수정하는 것을 디버그(de-bug)라고 하는데 이것은 '곤충 잡이'라는 의미이다.

488 | 삼각자에 둥근 구멍이 뚫려 있는 이유

삼각자는 왜 중앙에 둥근 구멍이 뚫려 있을까?

구멍이 뚫려 있는 데에는 여러 이유가 있다. 먼저 종이와 삼각자가 밀착하면 손으로 잡기 어려워지는데, 구멍을 통해 종이와 자 사이의 공기를 빼서 들거나 잡기 쉽도록 하기 위해서다. 또 변형을 방지하는 효과도 있는데 자가 온도 변화로 수축해서 눈금이 달라지지 않도록 구멍을 뚫어 수축을 억제한다고 한다.

구멍 모양이 둥근 이유는 디자인적인 의미도 있지만 사각 구멍이면 각에 부담이 가해져서 깨지기 쉽기 때문에 둥근 모양으로 압박을 분산하고 있는 것이다.

489 | 목성과 토성의 하루는 10시간이다

지구의 하루 길이가 24시간인 이유는 지구가 약 24시간 동안 자전을 하기 때문이다. 즉 하루의 길이란 그 혹성이 1회 자전하는 시간이 기준이 되기 때문이며, 이는 혹성마다 크게 차이가 난다.

예를 들어 수성의 경우는 자전 주기가 늦어서 하루의 길이는 지구 시간으로 약 59일이다. 또 지구의 바로 안쪽을 공전하는 금성의 크기와 질량은 지구와 거의 같지만, 공전 주기가 255일임에 비해 자전 주기는 243일이기 때문에 하루가 1년보다 길다.

한편 목성과 토성의 자전은 빠르기 때문에 하루가 지구 시간으로 약 10시간이 된다.

PART 07

알면 도움이 되는 음식 상식

490 | 세계에서 알코올 도수가 가장 센 술은?

알코올 도수는 술의 종류에 따라 다양하다. 예를 들어 맥주는 5도 정도, 일본 술은 15~18도, 소주는 20~30도, 워커와 같이 40도 정도의 독한 술도 있다. 그런데 세계에는 이보다 더 독한 술도 존재한다.

현재 세계에서 도수가 가장 높은 술은 폴란드의 '스피리터스'로 도수가 96%라고 한다. 그리고 역사상 가장 알코올 도수가 높았던 술은 예전에 러시아에서 만들어지던 '에스토니아'로 도수가 98%였다.

참고로 알코올 1도 미만의 경우는 주류가 아니라 청량음료수이며, 아이들도 마실 수 있는 '감주(甘酒)'가 이에 해당한다.

491 | 레몬을 넣으면 색이 연해지는 홍차의 메커니즘

한눈에 색의 차이를 알 수 있는 홍차와 녹차는 같은 찻잎으로 만들지만 만드는 법에 따라 색이 달라진다.

홍차의 색이 붉은 것은 찻잎을 발효시키는 과정에서 잎에 포함된 카테킨이 산화해서 생기는 테아플라빈이라는 물질이 원인이다. 테아플라빈은 중성일 때 붉어지고 산성이 강하면 색이 연해지는 특질을 가지고 있다. 그래서 홍차에 레몬을 넣으면 레몬의 구연산에 반응해서 색이 연해진다.

또 홍차에 벌꿀을 넣으면 색이 조금 검어지는 이유는 벌꿀의 철분이 홍차에 포함된 떫은맛을 내는 성분인 타닌과 결합하기 때문이다.

492 | 우유는 왜 씹어서 마시면 좋을까?

우유는 잘 씹어서 마시라는 말이 있다. 왜 씹어서 마시라는 걸까? 우유를 씹으면 침과 잘 섞여서 소화가 잘된다는 생각 때문인 듯한데 이는 사실일까?

답을 먼저 말하면 이 말은 옳지 않다. 우유는 침과 섞여도 소화가 촉진되지 않는다. 우유의 소화에는 락타아제라는 효소가 관여하고 있다. 락타아제가 있는 곳은 소장 부분이며, 정확히 말하면 십이지장에서 공장(空腸) 위쪽 부근까지다. 락타아제는 이곳에만 있으며 침 속에는 없다.

따라서 잘 씹는다고 해도 또 침과 잘 섞여도 우유는 소화되지 않는다. 단지 씹어서 마시면 차가운 우유의 온도가 올라가기 때문에 냉기로 배가 아픈 것을 피할 수 있다.

또 씹어서 마시면 조금씩 배 속으로 들어가기 때문에 락타아제가 기능하기 수월해진다. 우유를 씹어서 마시면 좋다는 말은 바로 이 때문이다.

493 | 세계 최고급 커피는 사향고양이의 배설물이다

주로 인도네시아 수마트라, 자바, 발리섬에서 나는 '코피 루왁(kopi luwak)'은 그 희소가치로 인해 세계 최고급 커피 원두로 알려져 있다.

'코피'란 인도네시아 말로 커피, '루왁'이란 말레이시아 사향고양이란 뜻이다. 인도네시아 커피 농장에서는 롭스타(Roubstar)종 커피나무가 재배되고 있는데 이 열매가 바로 야생 사향고양이의 먹이다. 열매는 사향고향이의 영양분이 되지만 종자에 해당하는 커피 원두는 소화되지 않고 21시간에 걸쳐 체내에서 자연 발효된 뒤 배출된다.

그 사향고양이의 똥 속에 있는 커피 원두를 채취하여 씻어서 건조시킨 뒤에 고온에서 볶은 것이 바로 코피 루왁이다.

494 | 사과에 숨겨진 '힘'

어떤 과일은 성장이 끝난 시점에 에틸렌이라는 가스를 분비하는데 이 가스를 통해 다른 과일의 성장이 촉진된다고 한다. 과일 중 특히 사과는 에틸렌을 강하게 분비하는데, 사과의 이러한 특성 때문에 수확 뒤에 다른 과일을 더 빨리 익게 만드는 데 사용되기도 한다.

성장 효과가 있다는 것은 반대로 노화를 빨리 촉진시킨다는 말과 같으니 사과를 냉장고에 보관하는 경우, 봉지에 넣지 않으면 다른 야채의 신선도를 떨어뜨리기 때문에 주의가 필요하다.

495 | 재미있는 독일식 맥주 감정법

예전 독일에서는 재미있는 방식으로 맥주의 품질 검사를 했다. 중세시대 도시의 맥주 제조자들은 조합을 만들어서 출하하는 맥주의 품질 검사를 실시했다. 그리고 불합격인 경우에는 해당 맥주를 폐기했다.

시 당국에서 임명한 3명의 맥주 감정관이 검사를 하기 위해 방문하면 제조자는 책상과 긴 나무 벤치를 준비한 후 벤치 위에 검사를 받을 맥주를 부었다. 사슴가죽 바지를 입은 감정관은 그 위에 앉아서 1시간(지방에 따라서는 3시간) 동안 맥주를 마시면서 맛을 검사했다. 그리고 소정의 시간이 지나 일어설 때, 바지가 벤치에 잘 들러붙으면 합격을 시켰다.

바지와의 끈적거림을 판별 기준으로 한 이유는 끈적거리지 않는 경우에는 맥아의 사용량이 적고, 싱거운(물을 탄) 맥주라고 판단했기 때문이다.

496 | 위스키를 숙성하면 맛있어지는 이유

갓 빚은 위스키는 알코올 특유의 자극적인 냄새와 맛이 난다. 그러나 몇 년의 숙성 과정을 거치면 이런 냄새가 사라지고 맛이 부드러워진다. 그럼 숙성을 하면 위스키에 어떤 변화가 일어날까?

알코올과 물은 서로 잘 섞이는 물질이다. 그런데 분자 차원에서 보면 알코올과 물의 분자는 그리 잘 섞이지 않는다. 갓 빚은 위스키의 알코올 분자는 이웃한 알코올 분자와 결합하며, 물 분자도 서로 잘 결합한다.

그런데 몇 년 동안 위스키를 숙성시키면 알코올 분자는 물 분자들과의 결합이 끊어지고 물속으로 스며든다. 숙성이 더 진행되면 개개의 알코올 분자는 물 분자에 둘러싸인 형태가 된다. 그래서 숙성시킨 위스키는 알코올의 자극적인 냄새가 사라지고 맛이 부드러워진다.

497 | 찻주전자에는 왜 작은 구멍이 있을까?

차를 마실 때 사용하는 찻주전자에는 작고 둥근 구멍이 뚫려 있다. 주전자 뚜껑에도 똑같이 작은 구멍이 있는데 무엇 때문일까?

아마 증기를 배출하기 위한 구멍이라고 생각하는 사람이 많지 않을까? 주전자 구멍의 경우는 그런 역할도 하지만 그것 때문만이 아니다. 찻주전자로는 물을 끓이지 않으니 일부러 구멍을 뚫어서 증기를 분출시킬 일은 없다.

그럼 왜 찻주전자와 주전자 뚜껑에는 구멍이 있을까? 그것은 구멍이 뚫려 있지 않으면 안에 들어 있는 찻물이 잘 나오지 않기 때문이다. 찻주전자에 뜨거운 물을 넣고 구멍을 손가락으로 막은 후에 찻잔에 따르면 잘 나오지 않는다.

이것은 찻주전자 안의 위에 있는 공기 압력이 외부의 공기 압력보다 작아졌기 때문으로 구멍에서 손가락을 떼면 구멍을 통해 공기가 들어가서 외부의 공기 압력과 같아지고 찻물이 잘 나온다.

498 | 와인을 옆으로 눕혀서 보관하는 이유　　　🍴

와인은 온도 변화가 적고 빛이 닿지 않는 시원한 장소에 보관해야 한다. 온도가 낮으면 와인의 성분과 병 속에 있는 산소가 일으키는 화학반응이 억제되어 품질을 유지할 수 있기 때문이다.

그럼 병을 옆으로 눕혀서 보관하는 이유는 무엇일까? 와인으로 코르크를 적시기 위해서다. 코르크 마개는 탄력성이 좋고 공기가 적설히 통해서 와인의 숙성에 적합하며 잘 부패하지 않는다는 장점이 있다. 그러나 건조되면 수축해서 탄력성을 잃고 딱딱해져 버린다. 건조된 코르크는 공기가 대단히 잘 통하기 때문에 와인이 산화를 일으키고 마개를 뺄 때 코르크가 잘 부서지기도 한다.

499 | 왜 풋콩은 오후에 수확하면 맛있을까?

같은 풋콩이라도 수확하는 시간에 따라 맛에 차이가 있다. 아침에 수확한 풋콩보다 정오에서 저녁 사이에 수확한 풋콩이 더 맛있다.

일본 농림수산성 식품종합연구소가 아침에 수확한 풋콩과 순무, 또 정오에서 저녁까지 수확한 풋콩과 순무의 성분 차이를 조사했다.

연구 결과에 따르면, 풋콩의 경우 변화가 두드러진 성분은 단맛의 원료가 되는 자당(蔗糖)과 알라닌이며, 감칠맛의 원료가 되는 글루타민이었다.

이 중 자당과 알라닌의 함유량은 일몰 무렵, 또 글루타민은 정오 무렵이 가장 많았다고 한다. 순무 역시 같다.

왜 오후가 되면 맛의 성분이 많아질까? 자당은 광합성으로 만들어지고 글루타민도 광합성 후의 대사를 통해 생성되기 때문에 햇빛을 많이 받는 낮에 성분이 증가하는 것이다.

500 | 뽀빠이는 시금치가 아닌 양배추를 먹었다?

시금치를 먹으면 힘이 세지는 뽀빠이. 뽀빠이는 엘지 크라이슬러 세거라는 만화가가 1929년 신문 연재만화인 '골무 극장'에 처음으로 등장시킨 선원 캐릭터였다.

세거가 죽은 후 1933년 플라이셔 형제가 단편 애니메이션 영화 시리즈를 제작했는데, 이때 뽀빠이가 시금치를 먹으면 괴력이 생긴다는 점을 강조했다.

하지만 뽀빠이가 만화에 처음 등장했을 때, 그가 먹었던 것은 시금치가 아닌 양배추였다. 초기 만화에서 뽀빠이는 위험에 직면하면 동료가 던져주는 양배추를 먹고 괴력을 얻었는데, 아무 데서나 양배추가 생기는 것이 너무 부자연스러웠기 때문에 가지고 다니기 편한 시금치 통조림으로 바뀌게 되었다.

501 | 고추가 비만 예방에 효과가 있는 이유

고추를 먹으면 몸이 뜨거워지고 땀을 흘리는데 이것은 고추의 매운맛 성분인 캡사이신이 몸의 지방을 태워서 열에너지를 만들기 때문이다.

고추를 먹으면 캡사이신이 소장 등에서 흡수되고 혈액에 녹아 전신으로 운반되어 중추신경을 자극한다. 또한 교감신경을 통해 부신수질(副腎髓質)을 자극해서 아드레날린과 놀아드레날린(noradrenaline) 등의 호르몬 분비가 활성화된다.
이 호르몬들은 전신에 분포하고 있는 지방조직의 중성지방을 분해해서 열에너지를 산출하는 효과가 있다. 즉 고추를 먹으면 체지방이 분해되어 비만 예방의 효과가 있다.

502 | 노란 버터와 하얀 버터의 차이

《구약성서》에 의하면 셈족은 우유와 치즈를 먹었다고 한다. 인류가 우유와 유제품을 이용한 역사는 오래됐고, 최초로 우유를 사용한 사람은 기원전 4천 년 무렵 메소포타미아 지방의 수메르인이며, 기원전 3천 년 무렵에는 버터를 만들었다고 한다.

버터는 하얀색과 노란색이 있는데 왜 그럴까? 버터는 우유의 지방분을 모아서 숙성한 것인데, 버터 색의 차이는 소가 먹는 풀 때문이라고 한다.

푸르고 싱싱한 풀을 많이 먹은 소의 우유로 버터를 만들면 노란 버터가 만들어진다. 푸르고 싱싱한 풀에는 황색과 오렌지색 색소인 카로티노이드가 많이 들어 있어서 우유(지방)와 잘 섞이고, 이런 우유로 만든 버터는 노란색이 된다.

한편 건초를 먹은 소의 우유로 버터를 만들면 하얀색이 되는데, 건초에는 카로티노이드 색소가 그다지 들어 있지 않기 때문이다.

503 | 마카로니 구멍은 어떻게 뚫을까?

마카로니의 가운데 구멍은 대체 어떻게 뚫는 것일까? 마카로니는 보통 기계로 만드는데 방법은 다음과 같다.

밀가루에 물과 소금, 달걀 등을 넣고 반죽을 한 후에 기계에 넣는다. 마카로니를 만드는 기계의 입구는 깔때기 모양의 큰 구멍이 있고 출구 방향으로 갈수록 점점 좁아지는 형태이며 중간에는 핀이 달려 있다.

반죽을 구멍에 넣고 압력을 가하면 핀을 통과할 때 3개로 분리되었다가 다시 붙는데, 중심부는 핀 때문에 기계에서 나올 때에는 가운데가 빈 막대기 모양이 된다.

---

504 | 카레는 하룻밤 동안 숙성하면 왜 맛있을까?

카레는 갓 만들었을 때보다 하룻밤 동안 숙성한 것이 더 맛있다고 하는데 그 이유는 무엇 때문일까?
먼저 재료에 포함된 당질이나 단백질, 아미노산 등의 성분이 서로 어울리면 독특한 깊은 맛이 생기기 때문이다. 또 남은 열로 은근히 가열하면 스파이스의 거친 맛이 줄어들어 전체적으로 균형이 잡히기 때문에 숙성된 깊은 풍미를 낸다고 한다. 더욱이 감자의 전분이 녹으면서 카레에 걸쭉함이 생겨 먹었을 때 식감이 좋아진다. 이런 연유로 카레 특유의 맛을 한층 강하게 느낄 수 있는 것이다.

---

505 | 오징어 먹물과 문어 먹물

오징어 먹물은 스파게티와 같이 다양한 요리에 사용된다. 문어도 먹물을 가지고 있지만 요리에는 사용되지 않는데 왜 그럴까?

오징어 먹물과 문어 먹물의 주성분은 단백질로 만들어진 멜라닌의 일종으로 큰 차이는 없다. 그런데 왜 오징어 먹물 스파게티는 있는데 문어 먹물 스파게티는 없을까?

이유는 문어 먹물이 맛이 없기 때문이다. 오징어 먹물에는 아미노산이 많이 들어 있어 맛이 있는데 반해 문어 먹물에는 소량밖에 들어 있지 않다. 문어 먹물에 들어 있는 아미노산의 양은 오징어 먹물의 30분의 1에 불과하다.

또 오징어 먹물은 점액이 많아서 점성이 있지만 문어 먹물에는 점성이 없어 스파게티와 잘 섞이지 않는다. 이런 이유로 문어 먹물은 요리에 사용되지 않는다.

506 | 감자의 비타민C는 열에 강하다

비타민C는 열에 약해서 날것인 채소와 과일에서밖에 얻을 수 없다고 생각하는 사람이 많다. 그러나 불로 가열해도 함유된 비타민C가 잘 파괴되지 않는 채소가 있다.

주인공은 바로 감자다. 감자나 고구마에는 의외로 비타민C가 많이 들어 있는데 감자 100g에는 비타민C 23mg이 들어 있다. 또 감자와 고구마에 들어 있는 비타민C는 열에 강하다. 보통 채소를 삶으면 비타민C가 삶은 물속에서 유출되지만 감자와 고구마는 가열해도 비타민C가 손실되지 않는데 왜 그럴까?
감자와 고구마에는 전분이 많아서 가열을 하면 전분이 녹아 걸쭉한 막이 생기는데 전분은 이 막으로 감싸져 있기 때문에 비타민이 잘 파괴되지 않는다.

507 | 썩지 않았는데 왜 '두부(豆腐)'라고 부를까?

두부는 대략 2200년 전, 중국의 회남왕(淮南王) 유안(劉安)이 발명했다고 전해진다. 우리나라에 두부가 전해진 정확한 시기는 알 수 없으나《목은집》의 〈대사구두부래향(大舍求豆腐來餉)〉이라는 시에 처음 '두부'의 명칭이 나오는 것을 미루어볼 때 고려 말에 원나라로부터 전래되었을 것으로 추측된다.
중국어로 '부'는 '뭉실뭉실한 것'을 의미하며 '뭉실뭉실한 콩'이라는 뜻에서 '두부'가 된 것이지 절대로 '썩은 콩'이 아니다.

508 | 밤에 씨앗이 없는 이유는?

사과, 감, 배, 포도 등의 과일은 씨앗이 중심부에 있다.
우리가 먹는 바나나에 씨앗이 없는 이유는 인공적으로 도태시켜 씨앗을 없앤 품종이기 때문이며 야생 바나나 또한 씨앗이 있다. 귤, 매실, 비파 등에도 씨앗은 있다.

그럼 밤은 어떨까? 밤은 가시로 덮여 있고 가시 안의 열매는 딱딱한 껍질로 싸여 있다. 껍질 안쪽에는 또 한 꺼풀의 떫은 껍질이 있어서 밤은 총 세 겹의 껍질로 구성된다.

떫은 껍질을 벗기면 드디어 열매가 나타나는데 거기에는 씨앗이 없다. 이렇게 밤에 씨앗이 없는 이유는 무엇 때문일까? 실은 우리가 밤의 열매라고 알고 있는 것이 밤의 씨앗이다. 즉 우리는 밤의 씨앗을 먹고 있는 것이다.

509 | 과일 색이 물들어가는 과정

과일은 익지 않은 상태에서는 초록색을 띤다. 사과, 귤, 감 등과 같이 대부분의 과일은 초록색인데 익을수록 색이 변한다. 가령 사과는 초록색에서 빨간색으로 변한다. 그럼 왜 과일은 처음에 초록색이었다가 익어가면서 다른 색을 띠게 될까?

과일이 초록색을 띠는 것은 엽록소 때문인데 익으면 엽록소가 활력을 잃어버려서 그때까지 다른 부분에 감춰져 있던 색소가 나타나기 때문이다.

또 색의 변화는 식물이 살아가는 데 있어 큰 의미를 지닌다. 과일 안에는 씨앗이 들어 있는데 식물은 번식을 위해 씨앗이 땅에 떨어져서 발아해야 한다. 그 매개자는 바로 새와 같은 동물이기 때문에 열매의 색과 향으로 그들을 유혹한다.

그러나 씨앗이 성숙하지 않은 동안에 새가 열매를 먹으면 아무 소용이 없다. 그래서 아직 씨앗이 완전히 자라지 않은 시기에는 새들에게 발견되지 않도록 숲의 색과 같은 초록색을 띤다.

510 | 잡은 생선을 바로 죽이는 이유는?

잡은 생선을 맛있게 먹기 위해서는 살아 있을 때 순간적으로 죽이는 편이 좋다. 어선에서 잡은 생선을 어조에 넣으면 펄떡이는데, 생선은 놀라거나 고통스러우면 펄떡이며 날뛴다. 이런 생선은 맛이 떨어진다고 하는데 왜일까?

생선이 움직이는 데에는 에너지가 필요한데, 그 에너지는 ATP(아데노신삼인산)라는 물질을 통해 생성되며 어획한 생선이 펄떡이는 것은 ATP의 소비를 의미한다.

ATP는 맛의 성분인 IMP(이노신산)의 원료로 ATP가 분해해서 IMP가 된다. 따라서 생선이 날뛰면 ATP가 소비되고 IMP도 적어진다. 그래서 어획한 생선은 어조에 넣어 살려두기보다 바로 죽이는 편이 맛있다고 한다.

---

511 | 장어와 부채의 신기한 관계

장어를 숯불에 구울 때 부채질을 하며 굽는 모습을 본 적이 있을 것이다. 게다가 옆이나 아래가 아닌 위에서 부채질을 하는데 왜 그런 것일까?

장어는 지방분을 많이 함유하고 있기 때문에 아래에서 열기나 불이 직접 장어에 닿으면 금방 타버린다. 또 불 위에 떨어진 기름에서 발생한 연기가 탄 냄새를 장어에 스며들게 해서 맛이 떨어지기 때문에 부채로 바람을 보내 숯불의 강도를 조절하는 것이다. 부채로 부치면 맛에 영향을 끼치는 연기도 날려 보낼 수 있다.

꽁치 역시 지방분이 많기 때문에 숯불에 구울 때에는 부채로

부치면서 불을 어떻게 조절하는가가 포인트라고 한다.

512 | 카페오레와 카페라테의 차이는?

카페오레는 프랑스어, 카페라테는 이탈리아어로 모두 '우유가 들어간 커피'라는 의미다. 이 둘의 가장 큰 차이는 커피로, 비교적 살짝 볶은 원두를 내린 드립커피를 사용하는 것이 카페오레이며, 오래 볶은 원두를 높은 압력으로 추출한 에스프레소 커피를 사용하는 것이 카페라테다.

커피와 우유의 양에 있어서도 카페오레는 50대 50으로 거의 같은 양을 넣는데 비해 카페라테는 에스프레소를 사용하기 때문에 20대 80의 비율로 우유의 양이 많은 점이 특징이다.

513 | 크루아상은 왜 반달 모양일까?

버터의 달콤함이 그대로 살아 있는 빵인 크루아상의 최대 특징은 반달 모양이 아닐까?

크루아상은 오스트리아의 수도 빈에서 처음 만들어졌다. 17세기 후반, 오스트리아는 오스만튀르크와 전쟁 중이었고, 빈을 포위한 오스만튀르크군은 빈을 함락시키기 위해 지하도를 파고 있었다. 그런데 어느 날, 지하의 공방에서 일을 하던 빈의 제빵사가 수상한 소리를 듣고 군대에 알렸다. 그 소리는 오스만튀르크군이 터널을 파는 소리였고, 그의 제보 덕분에 오스만튀르크군을 격퇴할 수 있었다.

오스트리아 황제는 제빵사의 공을 칭송했고 기쁨에 찬 제빵사는 전승을 기념해서 오스만튀르크의 국기에 그려진 반달 모양의 빵을 구웠는데 후일 이것이 프랑스에 전해져서 현재의 크루아상이 되었다고 한다.

514 | 주스에서 볼 수 있는 '농축 환원'의 의미는?

편의점이나 슈퍼마켓에서 파는 과일이나 채소 주스에는 '스트레이트 주스', '농축 환원' 등과 같은 표시가 있다. 각각 어떤 특징이 있는 걸까?

우선 스트레이트 주스는 짜낸 과즙을 농축하지 않고 그대로 사용한 것이다. 일반적으로 가격은 농축 환원보다 비싸다.

한편 농축 환원은 '농축 과즙을 환원'한 주스를 말한다. 농축 과즙이란 과일 등에서 짜낸 과즙의 수분을 증발시켜 농축한 것으로, 예를 들어서 원래 과즙의 5분의 1 농축 과즙을 물로 5배 희석시키면 100% 농축 환원 주스가 된다.

일반적인 농축 방법으로는 감압한 장치 안에서 과즙을 가열하여 수분을 증발시키는 '진공농축법'이 있다. 이 방법을 쓰면 저온에서 단시간에 농축할 수 있다.

515 | 레드와인 잔이 화이트와인 잔보다 큰 이유

레드와인은 화이트와인보다 크고 넓은 잔을 사용한다. 레드와인은 공기와 닿는 면적이 크면 클수록 향이 잘 나기 때문으로 잔 속의 향을 즐기기 위해서는 용량에 충분한 여유가 필요하다.

그에 비해 화이트와인은 공기와 접하면 맛이 바뀌기 쉽기 때문에 비교적 작고 볼이 가는 잔을 사용한다. 또 화이트와인은 조금 낮은 온도로 제공되는 경우가 많은데 이는 와인의 온도가 올라가지 않도록 하기 위해서라고 한다.

---

516 | 세계에서 가장 영양가 없는 채소는 오이?

여름 채소를 대표하는 오이는 딱히 눈에 띄는 영양 성분이 없어서 '세계에서 가장 영양가 없는 채소'로 기네스북에 오른 적이 있다.

오이는 90%가 수분이어서 먹으면 몸의 열을 식혀주기 때문에 체온 조절에 뛰어난 효능이 있다. 또 비타민C를 파괴하는 성분이 포함되어 있어서 다른 채소와 함께 먹을 때에는 주의가 필요하다.

단 이 성분은 가열하거나 산이나 식초에 담그면 사라지기 때문에 볶거나 절이면 문제가 없다.

---

517 | 만두 형태의 기원은?

반달처럼 독특한 모양을 한 만두는 예전 중국에서 대량 거래나 해외무역 결제에 사용되던 말굽 모양의 은인 '마제은(馬蹄銀)'에서 유래한다.

당(唐) 혹은 송(宋) 시대 무렵에 지금의 만두 형태가 완성되었고, 옛날부터 복을 부르는 음식으로 축하연 등에서 먹었다고 한다.

미식가로 알려진 중국 청나라의 서태후는 미용을 위해 진주 가루를 만두에 섞어서 먹었다고 전해진다.

518 | 멜론 빵의 원조는 어디일까?

멜론 빵은 이탈리아 밀라노에서 탄생했다. 예전 밀라노의 사원에서는 여러 가지 빵을 만들었는데 멜론 빵도 그중 하나였다. 제1차 세계대전 전후 무렵, 이탈리아의 멜론 빵이 일본에 전해졌고 그것을 모방한 일본이 오늘날과 같은 멜론 빵을 만들기 시작했는데 1955년부터 일본에서 큰 인기를 얻었다.

오늘날 멜론 빵의 독특한 식감과 맛은 바로 일본에서 만들어진 것이 원조이다.

519 | 레몬의 신맛은 비타민C 때문이 아니다

레몬에는 비타민C가 함유되어 있다. 그래서 흔히 레몬이 신 이유가 이 비타민C 때문이라고 생각한다. 실제로 비타민C를 많이 핥으면 신맛이 나지만 레몬 100g에는 비타민C가 45mg 밖에 함유되어 있지 않아서 그 정도 농도로는 신맛을 전혀 느낄 수 없다.

사실 신맛의 진짜 원인은 구연산이다. 귤이나 오렌지와 같은 감귤류는 구연산을 함유하고 있는데 레몬은 구연산 함유량이 많아서 신맛이 강한 것이다. 또한 구연산의 '구연'은 한자로 '枸櫞'인데 이것이 바로 '레몬'을 가리킨다.

520 | 씹는 껌은 고대 마야인이 발명했다?

수많은 사람이 씹는 껌의 기원은 300년 무렵 멕시코 남부에

있는 유카탄 반도에서 번성했던 마야 문명까지 거슬러 올라간다.

마야 주민들은 입 안의 위생을 위해 사포딜라라고 불리는 커다란 나무에서 채취한 수액을 끓인 '치클'을 씹었는데 이것이 씹는 껌의 기원이라고 추측된다.

그 뒤 마야 문명은 쇠퇴했으나 치클을 씹는 습관은 멕시코 인디오에게 전해졌고 16세기에 에스파냐가 이 지역을 정복했을 때, 에스파냐계 이주민들 사이로 퍼져나갔다.

521 | '한 줌'은 대체 어느 정도의 양일까?

요리의 레시피에는 조미료의 양을 '한 큰술', '한 컵' 등처럼 계량기를 사용해 나타내는 것 외에도, '소금 한 자밤', '설탕 약간'처럼 표현하는 경우가 있다.

이 가운데 '한 자밤'이란 엄지와 검지, 중지 세 손가락으로 한 번에 쥘 수 있는 분량인데 작은 수저 4분의 1과 같은 정도(약 1g)라 여겨지고 있다. 또한 '약간'은 엄지와 검지로 집은 분량을 말하는데 작은 수저 8분의 1 정도쯤 된다.

참고로 '한 줌'은 검지에서 새끼손가락까지 네 손가락을 접어 한 번에 가볍게 뜰 수 있는 분량으로 소금인 경우에는 대략 40~50g이다. '한 방울'은 기름 따위가 든 용기를 1초 정도 기울여 나오는 양(5ml 정도)쯤 된다.

522 | 키위나 파인애플로 젤리를 만들지 않는 이유

젤리를 만들 때는 동물성 단백질의 일종인 젤라틴이 온도에 따라서 녹기도 하고 굳기도 하는 성질을 이용한다.

그런데 젤라틴을 이용해서 키위나 파인애플 젤리를 만들 수는 없다. 그 이유는 액티니딘이라는 단백질 분해 효소가 다량 함유되어 있기 때문으로, 두 성분이 섞이면 젤라틴의 동물성 단백질이 응고 작용을 잃고 만다.

그래도 시중엔 키위나 파인애플 젤리가 판매되고 있는데 이는 젤라틴이 아닌 우무나 당 등을 사용해서 굳힌 것이다.

523 | 설탕에는 유통기한이 없다

식품위생법에 의하면 설탕에는 유통기한이 정해져 있지 않다. 그 이유는 설탕은 야채처럼 수분을 많이 포함하고 있지 않아서 세균으로 인해 '썩지 않기' 때문이다. 보존 상태에 따라 다르지만 잘 관리하면 몇 년은 먹을 수 있다고 한다.

너무 건조한 장소에 두면 수분이 증발해서 딱딱해지는 경우도 있는데 다시 종이 위에 펼쳐서 물을 분무하거나 부셔서 사용하면 문제는 없다. 흑설탕은 수분이 많아서 맛과 냄새가 변하는 경우도 있기 때문에 유통기한이 표시된 것도 있다.

524 | 흰색 달걀과 갈색 달걀은 영양가가 다르다?

슈퍼마켓의 달걀 판매대에 가면 흰색과 갈색 달걀이 있다. 일반적으로는 날개가 갈색인 닭이 갈색 달걀을 낳고, 날개가 흰색인 닭이 흰 달걀을 낳는다고 알려져 있는데, 실제로는 닭의 품종에 따라 껍데기의 색이 결정된다고 한다.

그런데 달걀의 색에 따라 영양가에도 차이가 있을까? 사료 등의 조건이 똑같다면 껍데기 색의 차이와 영양가는 관계가 없다.

525 | 핫도그의 '도그'는 '닥스훈트'이다

'핫도그'는 1860년대 미국에서 독일 이주민이 팔던 프랑크프루트 소시지를 빵에 끼워서 먹던 음식에서 기원한다. 당초는 가늘고 긴 모습 때문에 닥스훈트(Dachshund) 소시지라고 불렸다.

1901년, 뉴욕의 야구장에 경기를 보러 왔던 만화가 토마스 알로이시우스 도건은 이 음식을 팔던 아이가 "뜨거운(Hot) 닥스훈트 소시지 팔아요!"라고 외치는 모습을 스케치해서 신문에 실었다. 그때 도건은 닥스훈트의 스펠링을 알지 못해서 '핫도그(Hot Dog)'라고 줄여서 썼는데 현재까지도 이 이름이 그대로 사용되고 있다

526 | 그릴, 소테, 로스트……, 고기 굽는 법의 차이는?

고기를 굽는 법에는 그릴, 소테, 로스트 등 여러 가지 방법이 있다. 이들은 과연 어떻게 다른 것일까?
우선 그릴은 '석쇠'에 굽는 것이다. 표면이 물결무늬인 철판이나 격자 모양인 철망 등을 사용해서 표면에 탄 자국을 내고 여

분의 기름은 아래로 빼낸다. 겉은 바삭하고 향기로우며, 안쪽은 부드럽게 익히는 것이 요령이다.

소테는 프라이팬 등에 버터, 혹은 식용유를 두르고 짧은 시간 동안 고기를 익혀 수분을 날리는 조리법이다. 굽는 것이 아니라 가볍게 볶는 느낌이다.

로스트는 커다란 고깃덩어리를 꼬챙이에 끼워 불에 직접 닿게 하여 굽거나 오븐의 방사열을 이용해서 가열하는 방법이다. 원시인이 꼬챙이에 끼운 고기를 불에 직접 굽는 것과 같은 이미지에 가깝다.

527 | 평소 마시는 음료수에는 위험 수준의 설탕이 들어 있다?

세계보건기구(WHO)의 지침에 따르면 적정 설탕 섭취량(주식은 제외)은 성인 기준으로 하루 25g(티스푼 6숟가락 분량)이다.

25g이라고 하면 많다고 여길지도 모르겠으나, 사실은 평소 마시는 음료수만으로도 충분히 기준치를 넘을 수 있다. 예를 들어서 작은 캔 커피에는 11.2g, 350ml짜리 탄산음료에는 약 40g의 설탕이 포함되어 있다고 한다.

영국의 전문가 그룹인 '액션 온 슈가'의 2016년 2월의 보고에 의하면, 영국의 대로변에 있는 커피숍에서 판매하는 플레이버드링크 가운데 98%가 섭취량을 줄여야 하는 '레드 레벨' 수준이었다고 한다.

528 | 맥주병은 왜 갈색일까? 🍴

맥주는 섬세한 술이다. 장시간 햇빛에 놓아두면 홉(Hopfen)이 화학반응을 일으켜 악취가 나고 풍미가 떨어진다.

맥주병의 대부분이 짙은 갈색인 이유는 빛을 잘 차단하고 맛과 품질을 유지하는데 이상적인 색이기 때문이다. 빛에는 여러 가지 파장이 있는데 그중에는 광산화를 일으키기 쉬운 파장도 존재한다. 그 파장을 가장 잘 차단하는 색이 갈색이며, 검은색보다 갈색이 빛의 차단율이 높다고 한다.

맥주는 맥아에 포함된 효소 일부가 산화하기 때문에 25~30도를 경계로 급속하게 열화(劣化)한다. 또 얼 정도의 저온에서도 열화가 진행되기 때문에 빛의 차단뿐 아니라 온도 관리도 중요하다. 적당한 온도는 12도 전후라고 한다.

529 | 군고구마는 왜 달까? 🍴

군고구마가 단맛을 내는 비밀은 고구마에 많이 포함된 베타아밀라아제라고 하는 효소에 있다. 베타아밀라아제는 가열하면 전분을 맥아당이라고 하는 당분으로 분해하는데, 65도 정도에서 가장 활성화된다. 군고구마는 천천히 시간을 들여 굽기 때문에 맥아당이 많이 만들어져서 고구마가 단 것이다.

530 | 아이스크림은 언제까지 보관 가능할까?

아이스크림은 영하 18도 이하에서 잘 냉동 보관하면 오히려 미생물은 줄어들고 증가하지 않는다. 보관 상태만 좋으면 장기간 동안 보관해도 품질 면에서 문제는 없기 때문에 유통기한 표시가 생략되어 있다.

531 | 우유를 데우면 생기는 막의 정체는?

우유를 냄비나 전자레인지에서 40도 이상으로 데우면 표면에 얇은 막이 생긴다. 이를 람스덴(Ramsden) 현상이라고 하는데 처음에는 육안으로 보이지 않지만 가열하는 시간과 온도에 비례해서 막이 두꺼워진다.

우유를 가열하면 표면에 수분이 증발하고 단백질을 주체로 한 농축 응고가 일어난다. 이때 주위에 있는 지방이나 유당을 감싸듯 막이 생기는 것이다. 처음에 생기는 막은 지방이 70%

이상, 단백질이 20~25% 정도인데 가열하는 시간이 길어질수록 단백질 비율이 올라간다.

참고로 표면에 생긴 막에는 단백질과 지방, 칼슘 등의 영양이 응축되어 있어서 맛이 없다고 버리기는 아깝다.

532 | 납작 초콜릿에 있는 '줄'의 역할

납작한 초콜릿에는 대체로 '줄'이 있어서 줄에 따라 쪼개면 편리하게 먹을 수 있다. 그런데 이 줄은 먹기 쉽도록 만든 게 아니라 제조 효율을 좋게 하기 위해 탄생한 것이다.

납작 초콜릿은 액체 상태의 초콜릿을 금형으로 식혀서 굳히는데 평면인 금형에서는 중심부에 열이 전해지기 쉽고 굳히는 데도 시간이 걸린다. 그래서 틀에 접하는 면적을 늘리기 위해 울퉁불퉁한 줄을 넣은 것이다. 이 줄 덕분에 초콜릿이 빨리 굳고 완성하는 데 낭비를 줄일 수 있게 되었다.

533 | 회전초밥은 왜 시계 방향으로 돌까?

회전초밥은 1958년 일본에서 탄생했는데 1970년 오사카 만국박람회 출품을 계기로 일본 전국으로 보급됐다.

대부분의 회전초밥 레인이 시계 방향인 오른쪽으로 도는 것은 오른손잡이가 왼손잡이보다 월등히 많기 때문이다. 보통 오른손으로 젓가락을 잡기 때문에 남은 왼손으로 접시를 집으려면 시계 방향으로 회전하는 편이 좋다는 이유에서다.
또 왼손으로 접시를 집는 경우, 오른쪽 회전 방향에서 다가오는 초밥이 자신이 좋아하는 것인지 아닌지 판단하는 시간을 길게 가질 수 있는 점도 이유라고 한다.

534 | 보졸레 누보는 왜 11월 셋째 주 목요일에 출시할까?

세계적으로 유명한 와인인 보졸레 누보(Beaujolais Nouveau)는 매년 11월 셋째 주 목요일에 출시되는데 본래 출시일은 11월 11일이었다.
보졸레 누보는 프랑스 부르고뉴 지방 남부에 있는 보졸레에서 1800년대부터 사랑받아 온 와인이다. 이 지방에서 가장 수확이 빠른 포도로 만든 와인이 숙성되는 날이 11월 11일 무렵이었는데, 마침 이날이 '모든 성인(聖人)의 날(All-Saints Day)'이어서 시판일을 11일로 정했다고 한다.
그 뒤 11월 15일로 시판일이 변경되었는데, 15일이 토요일과 겹치면 와인 운반업자가 쉬기 때문에 1984년 프랑스 정부가 시판일을 매년 11월 셋째 주 목요일로 정했다고 한다.

535 | 물구나무를 서서 먹으면 음식물이 역류할까?

입으로 들어간 음식물은 식도를 통해서 위로 옮겨지는데 그 원동력이 되는 것은 중력만이 아니다.

식도는 단순한 관이 아니라 그 안쪽이 여러 종류의 근육으로 구성되어 있다. 음식물이 식도로 들어오면 이들 근육이 수축을 되풀이하면서 음식물을 위로 옮긴다. 소화관 전체에서 볼 수 있는 '연동운동'이라 불리는 운동이다. 이 연동운동 때문에 누워서 먹어도, 물구나무를 서서 먹어도 음식물이 역류하는 일은 없으며 위장 쪽으로 옮겨지게 된다.

536 | 세계에서 가장 지독한 냄새를 풍기는 통조림 '수르스트뢰밍'이란?

한국에서 지독한 냄새를 풍기는 음식의 대표라면 '홍어'를 들 수 있지만 세상에는 그보다 더 지독한 냄새를 풍기는 음식이 존재한다. 그 가운데서도 '세계 제일'이라고 누구나 인정하는 음식이 바로 북유럽 스웨덴의 통조림인 '수르스트뢰밍'이다.

'수르스트뢰밍'은 청어를 소금에 절여 발효시킨 보존식품이다. 통조림의 뚜껑을 여는 순간 홍어의 수십 배나 되는 강렬한 냄새가 풍긴다.

실내에서 뚜껑을 따면 며칠 동안 냄새가 남기 때문에 반드시 사람이 없는 실외에서 비닐봉투 등을 씌운 뒤 따야 한다. 혹시 내용물이 옷에 튀면 그 악취를 완전히 제거할 수는 없다고 한다.

537 | 귤의 '회복력'

귤을 나무에서 따면 신맛이 나던 귤이 달게 변한다고 하는데 이것은 당분이 증가하기 때문이 아니라 귤의 '회복력'과 관계가 있다.

귤을 따서 가벼운 충격을 가해 상처를 내면 귤은 상처를 회복하기 위해 '구연산'을 소비한다. 구연산은 '산성'이기 때문에 결과적으로 신맛이 줄어드는 만큼 달게 느껴지는 것이다. 그런데 이 방법은 시기만 하고 단맛이 전혀 없는 귤에는 사용할 수 없으니 주의가 필요하다.

538 | '파르페'와 '아이스크림선디'의 차이는?

어린이들이 좋아하는 '파르페'와 '아이스크림선디'. 이 둘의 근본적인 차이점은 그 유래를 더듬어 올라가면 알 수 있다.

우선 '파르페'라는 이름은 프랑스어로 '완전한'을 의미한다. 이 프랑스의 '파르페'란 아이스크림 상태의 냉과에 과일 등을 곁들여 접시에 제공하는 디저트다. 한편 '아이스크림선디'는 1890년 무렵 미국에서 일요일 한정으로 판매되었던 초콜릿을 더한 아이스크림이 기원이다. 이름 역시 '일요일'에서 유래했다. 이처럼 서로 다른 유래를 가지고 있지만 지금은 내용물도 거의 같기 때문에 커다란 차이를 찾아볼 수 없다.

539 | 커피를 너무 많이 마시면 죽는 경우도 있다?

집중력을 높여주는 효능이 있는 카페인은 일상적으로 먹는 음식이나 음료에도 폭넓게 포함되어 있다. 단, 다량으로 섭취하면 중독을 일으켜 최악의 경우에는 사망할 수도 있다.

미국식품의약국(FDA)의 가이드라인에 의하면 카페인의 안전한 섭취량은 하루 약 400mg까지다. 이를 커피로 환산하면 일반적인 커피 잔으로 약 4잔 정도가 된다.

커피를 정기적으로 마시지 않으면 두통이 생기거나 집중력이 떨어지고 마음이 차분해지지 않는 경우는 만성 카페인 중독일 가능성이 있으니 주의가 필요하다.

540 | 알루미늄 포일의 한쪽 면이 반짝이는 이유

주방에서 랩(wrap)과 함께 빼놓을 수 없는 용품 중 하나인 알루미늄 포일을 보면 한쪽 면은 반짝거리는 데 비해 다른 한쪽 면은 광택이 없다.

왜 그럴까? 단순히 앞뒤를 구분하기 위해 표면에 광택을 준 것일까, 아니면 음식을 포일에 넣고 조리할 때 잘 구워지기 때문일까?

두 가지 모두 아니다. 그 이유는 알루미늄 포일의 제조상에 있다. 가정용 알루미늄 포일의 두께는 약 15미크론(1미크론은 1000분의 1mm)으로 알루미늄 판을 몇 번이나 롤러에 넣어 필요한 두께가 될 때까지 늘린다.

이때 시간을 절약하기 위해 2장을 겹쳐서 작업한다. 이렇게 하면 롤러에 접한 면은 연마가 돼서 면이 반짝반짝 빛이 나는 것이다.

541 | 깨지 않고도 달걀의 신선도를 알 수 있는 비법

달걀은 산란 직후부터 신선도가 조금씩 떨어진다. 달걀을 깨지 않고 그 신선도를 알 수 있는 가장 간단한 방법은 빛에 비춰보는 것이다. 이때 맑게 보이면 신선한 달걀이고 거뭇하고 불투명하게 보이면 오래된 달걀이다.

또한 10%의 식염수에 달걀을 넣어보는 방법도 효과적이다. 신선한 달걀은 물에 넣으면 밑으로 가라앉아 옆으로 눕는 데 비해서 오래된 달걀은 위로 서거나 물에 뜬다.

이런 차이가 생기는 원인은 달걀은 오래될수록 흰자에 포함되어 있는 수분 등이 빠져나가고, 달걀의 둥근 부분에 있는 공기주머니가 커지기 때문이다. 완전히 물에 뜨는 달걀은 가능한 한 먹지 않는 것이 좋다.

542 | '피넛'은 '넛'이 아니다

'피넛(peanut=땅콩)'은 '넛(nut=견과)'이라는 이름이 붙어 있지만 엄밀히 말하면 '넛'이 아니다.

본래 '넛'이란 호두나 아몬드와 같이 먹을 수 있는 나무 열매를 말하는데 피넛은 콩과 식물의 낙화생(落花生) 열매이다.

피넛은 남아메리카가 원산지인데 탐험가 크리스토퍼 콜럼버스가 원주민인 인디언에게 이 식물의 이용법을 배워서 에스파냐로 가지고 돌아온 뒤 아프리카와 아시아로 퍼졌으며, 흑인 노예의 이주를 계기로 아메리카에 퍼졌다고 한다. 그래서 피넛을 '구버(goober)'라고도 하는데 이는 아프리카 말이 기원이다.

543 | 밀가루를 종이봉투에 넣어 파는 이유는?

쌀이나 설탕은 폴리에틸렌 포장에 넣어서 파는데, 밀가루는 종이로 만든 봉투에 넣어서 파는 이유가 무엇일까?

사실 이것은 밀가루가 호흡을 하고 있기 때문이다. 밀가루는 폴리에틸렌 비닐과 같은 밀폐 상태면 호흡을 할 수 없고 열을 방출하지 못해 눅눅해지기 쉽다.

그렇다고 통기성만을 중시하면 습기를 흡수해서 변질되기 때문에 습기는 통하지 않고 공기만 통하는 특수한 종이 포장을 하는 것이다.

최근에는 폴리에틸렌 봉투에 넣은 밀가루도 팔고 있는데, 가정용 밀가루의 경우 소량에다 보존기간이 비교적 짧아서 통기성은 크게 문제가 되지 않기 때문이다.

544 | 껌과 초콜릿을 동시에 입에 넣으면 어떻게 될까?

껌은 타액의 수분으로는 녹지 않는 초산비닐수지라는 유기물을 원료로 만들기 때문에 입 안에서 아무리 씹어도 녹지 않는다. 하지만 같은 유기물인 유류와 섞였을 때는 이야기가 달라진다.

초콜릿에는 코코아버터라고 하는 입 안 온도로 녹는 부드러운 유지(油脂)가 포함되어 있어서 껌을 씹으면서 초콜릿을 먹으면 이 유지가 껌을 부드럽게 만들어 녹여버린다.

이와 똑같은 원리로 머리카락에 껌이 붙었을 때, 물로 씻으면 껌이 없어지지 않지만 무스와 같이 유지로 된 제품을 뿌리면 손쉽게 제거할 수 있다.

545 | 도넛의 중앙에는 왜 구멍이 있을까?

도넛의 가운데에 구멍이 있는 이유에 대해서는 여러 가지 설이 있다.

네덜란드에서 탄생한 반죽 한가운데에 호두가 들어간 튀김 과자가 미국에 전해질 때, 호두가 들어 있지 않아 구멍을 뚫었던 것에서 'dough(밀가루 반죽) nut'이라는 이름이 됐다는 설이 있다. 또 선원 그레고리의 어머니가 튀김 과자를 만들 때, 늘

가운데가 덜 튀겨진 상태여서 구멍을 뚫었다는 설도 있다. 이외에 미국 원주민의 화살이 날아와서 튀김 과자의 한가운데에 꽂혀 구멍이 생겼다는 믿지 못할 설도 있다.

546 | 장어와 매실장아찌는 정말 궁합이 안 맞을까?

'장어와 매실장아찌'나 '수박과 튀김' 등처럼 예로부터 피해야 한다고 알려진 음식의 궁합은 고대 중국의 '음양오행설'에서 유래했다. 그러나 이와 같은 음식의 궁합은 어디까지나 미신이다. 위생 상태가 좋지 않았던 옛날과 지금의 상황은 다르며, 의학적인 근거도 존재하지 않는다. 단, 먹으면 소화가 잘 되지 않는 음식이나 몸을 차게 하는 음식, 그리고 궁합이 잘 맞아서 과식할 가능성이 있는 조합도 있으니 참고가 되는 부분도 있는 듯하다.

547 | 생선은 신선한 게 맛이 없다?

갓 잡은 신선한 생선이 맛있다고 생각하기 쉽지만 실은 그렇지 않다. 생선의 신도를 나타내는 탱탱한 식감과 단맛이 일정 기간 반비례한다는 것은 과학적으로 증명된 사실이다.
즉 절인 직후의 생선살은 탱탱하지만 오히려 단맛이 적고, 시간이 흐르면 오히려 탄력이 줄고 단맛이 증가한다. 이것은 바로 '숙성'이라는 현상이다. 일반적으로 생선은 클수록 숙성에 시간이 걸리고 충분히 절인 생선일수록 단맛이 오래간다.

548 | 환타는 코카콜라의 대체 음료였다?

탄산음료 '환타'는 제2차 세계대전 중인 1940년 독일에서 탄생했다. 본래 독일에서는 코카콜라가 큰 인기를 끌었는데 전시 중에 재료가 부족해지자 독일의 코카콜라 회사가 콜라의 대체 음료로 환타를 개발한 것이다.

당시 환타는 현재의 환타와 맛은 물론 공통된 부분이 거의 없었다. 주로 우유 찌꺼기와 사과술을 빚고 남은 섬유소, 과일주스를 섞은 탄산음료였는데도 사람들에게 큰 인기를 끌었다. 그리고 제2차 세계대전이 끝난 뒤 코카콜라의 해외 부문이 상표를 사들여 1955년 이탈리아에서 판매하자 유럽 전역에서 유행했고 이후 세계로 팔려 나갔다.

알면
도움이 되는
역사 상식

사회생활 | 신체의학 | 세계 | 동물·곤충식물 | 예술스포츠 | 과학수학 | 음식 | **역사**

549 | 중세 유럽에서는 동물도 재판에 회부되었다?

재판이라고 하면 원고가 되는 것은 인간이다. 그런데 과거 유럽에서는 13~18세기에 걸쳐 '동물 재판'이라는 것이 널리 행해졌다. 이는 인간에게 위해를 가한 동물 등에 대한 법적 책임을 묻기 위한 재판이었다. 동물 재판의 원고가 된 동물은 돼지나 코끼리, 심지어는 빈대까지 아주 다양했다. 어쨌든 온갖 동물들이 그 대상이 되었다.

1519년 이탈리아 북부의 마을에서는 쥐가 수확물을 먹어 치운 죄로 재판에 회부되었다. 쥐는 마을에서 떠나라는 언도를 받았으나 쥐 측 변호인의 변호 덕분에 도망갈 때 쥐를 잡아서는 안 된다, 쥐가 강을 건너기 위한 다리를 놓아야 한다는 조건이 받아들여졌다고 한다.

550 | 불과 40분 만에 끝난 사상 최단 전쟁

1896년 8월 27일, 영국과 잔지바르 사이에 전쟁이 발발했다. 아프리카 대륙의 동해안인 인도양 위에 위치한 잔지바르섬은 1890년 영국과 독일 사이에 체결된 협정에 의해 영국 보호령이 되었다. 1896년 8월 25일 쿠데타로 친영 술탄(이슬람 군주)으로부터 실권을 빼앗은 새로운 술탄은 영국의 퇴위 요구를 거절하고 군사를 모으는 한편 구식 전함을 배치해서 궁전을 요새화했다.

전쟁이 시작된 것은 8월 27일 아침 9시. 영국 함대가 궁전에 집중포화를 가하자 잔지바르 전함은 침몰하고 눈 깜짝할 사이에 궁전도 파괴됐다. 전쟁은 이렇게 불과 40분 만에 영국의 압도적인 승리로 끝나고 말았다.

불과 40분 만에 끝난 이 전쟁은 '사상 최단 전쟁'으로 기네스북에도 올랐다.

551 | 배의 진수식에서 샴페인을 깨는 이유

서양에서는 배를 완성하면 진수식을 하는데, 이때 샴페인 병을 뱃머리에 던져서 깨트리는 것이 관습이다.

배가 항해할 때 만나는 최대의 적은 이상 기후와 같은 기상 변화였는데 해상에서 폭풍우를 만나면 배는 좌초되기 십상이었다. 예전 사람들은 폭풍우를 신의 노여움이라 여겼고 그것을 진정시키기 위해서 사람을 제물로 바쳤다. 그러나 폭풍우를 만난 후 제물을 바치면 너무 늦기 때문에 항해에 나서기 전에 제물을 바닷속으로 던졌다고 한다.

점차 사람을 제물로 바치는 관습은 야만적인 행동이라는 인식이 퍼졌고, 사람(인간의 피) 대신 레드와인을 배에 걸게 되었다. 이후 샴페인이 만들어진 뒤부터는 샴페인을 사용하게 되었다고 한다.

552 | 아인슈타인은 노벨상 상금을 이혼 위자료로 썼다?

상대성이론 등으로 유명한 알베르트 아인슈타인은 1921년에 노벨물리학상을 받았다.

그런데 아인슈타인은 그 상을 자신이 받게 될 것이라 예상하고 있었는지, 그 상금을 위자료로 건네주겠다는 조건으로 1919년에 첫 번째 부인인 밀레바와 이혼했다. 아인슈타인이 바람을 피워 부부 사이의 신뢰 관계는 이미 깨졌으나 아내인 밀레바도 아인슈타인이 노벨상을 받을 것이라 믿고 있었던 듯, 상대성이론의 논문 작성을 돕기까지 했다고 한다.

553 | 베토벤의 부스스한 머리에 담긴 의미는?

바흐와 모차르트 등 근대에 활약한 음악가들의 초상화를 보면 모두 한결같이 하얀 가발을 쓰고 있다. 근대 유럽에서는 태양왕이라는 이명으로 알려진 루이 14세가 가발을 애용한 이래로 왕후 귀족들 사이에서 가발을 쓰는 관례가 정착했다. 왕후 귀족들이 후원한 궁정 음악가인 바흐 등도 그들처럼 가발을 썼던 것이다.

그런 추세 속에 베토벤은 가발을 착용하지 않고 특유의 부스스한 머리를 고수했다. 그는 왕후 귀족의 주문에 응해서 작곡을 하는 것이 아니라 자신이 만들고 싶은 곡을 만들고 그 곡을 원하는 사람에게 팔았다. '독립자존'의 삶의 방식을 추구한다는 의사 표시로 그와 같은 머리 형태를 하고 있었던 것이다.

554 | 에디슨은 모스신호로 여성에게 프러포즈했다

미국의 발명왕 에디슨(1847~1931)은 축음기와 백열전구, 활동

사진을 비롯해서 1300개나 되는 발명을 한 인물로 알려져 있다. 이 위대한 발명왕은 청혼을 할 때 평범함과는 약간 거리가 먼 프러포즈를 했다고 한다.

첫 번째 아내인 메리를 병으로 잃은 반년 뒤, 38세인 에디슨은 지인에게 여성을 소개해줬으면 한다고 부탁했다. 그 사람이 3명의 여성을 소개해줬는데 에디슨은 그 가운데 18세인 밀러를 선택했다.

여름이 끝날 무렵, 에디슨은 밀러의 손바닥에 모스부호로 프러포즈했다. 모스부호란, 2종류 소리의 조합으로 문자를 보내는 신호다. 밀러는 얼굴을 붉히며 그 프러포즈를 받아들였다고 한다.

555 | 손수건을 정사각형으로 결정한 사람은 마리 앙투아네트?

손수건이 언제부터 사용되었는지는 분명하지 않지만, 기원전 3000년경에 살았던 이집트 공주의 무덤에서 발견된 정교한 마 조각은 땀을 닦는 일 등에 쓰였던 손수건이었을 것이라 추측된다.

서양에서는 손수건이 16세기 무렵에 사용되기 시작했는데 당시에는 정사각형 이외의 모양도 있었다고 한다. 요즘의 손수건은 전부 정사각형이지만, 처음으로 '손수건은 정사각형'이라고 포고하여 국내외에 퍼뜨린 사람은 18세기 말 프랑스 궁정의 패션 리더로 군림했던 왕비 마리 앙투아네트였다. 이것이 정사각형 손수건의 기원이 되었다.

556 | 일주일의 시작은 왜 일요일일까?

달력을 보면 일주일의 시작은 일요일로 되어 있다. 그러나 고대에는 일주일이 토요일에 시작되었다. 참고로 이집트 사람(혹은 메소포타미아 사람)이 처음으로 요일을 사용했다고 한다.
로마 시대의 역사가인 카시우스가 쓴 역사책에는 지구에서 본 혹성과 태양, 달의 순서를 근거로 해 요일의 순서가 '토일월화수목금'이라고 소개되어 있다.
일주일의 시작이 일요일이 된 것은 기독교의 보급과 관계가 있다. 예수가 부활한 날이 일요일이어서 그날을 신과 함께 보내는 '안식일'로 정하고 일주일의 시작이 되었다고 한다.

557 | 예전에는 눈병 치료에 모유를 사용했다

예전 유럽에서는 맞아서 눈이 충혈되거나 아플 때, 눈에 모유를 넣으면 낫는다고 믿었다. 즉 모유가 눈병 치료에 사용되었다. 특히 모유에 꿀과 수선화 즙을 섞은 것이 큰 효과가 있다고 믿었다.

기원전 1세기 로마의 박물학자인 플리니우스의 《박물지(Natural History)》에는 여성의 모유를 이용하는 다양한 방법이 소개되어 있다.

책에 의하면 여성의 모유는 열병과 배의 병에 크게 효과가 있고, 특히 단유(젖떼기)를 한 여성의 모유는 효과적이라고 한다. 또 모친과 딸의 모유를 섞어서 갈면 눈병에 전혀 걸리지 않으며, 소량의 기름을 섞은 모유는 귓병에도 효과가 있다고 한다.

558 | 아이섀도는 '제충'을 위한 것이었다?

눈가에 음영을 주어 얼굴 전체를 입체적으로 보이게 하는 효과가 있는 아이섀도. 그 역사는 오래되어서, 기원전 3500년경의 이집트 여성들은 이미 아이섀도를 사용했다고 한다.

당시 이집트의 나일강에서는 파리가 대량으로 발생하여 사람의 눈에서 나오는 수분을 먹기 위해 모여들었기 때문에 눈병에 걸리는 사람들이 줄을 이었다. 이에 파리가 눈에 들어오는 것을 막기 위해 사람들은 눈 주위에 아이섀도를 바르게 되었다. 아이섀도에는 벌레를 쫓는 것 외에, 마귀를 쫓는 역할도 있었다고 한다.

아이섀도를 하는 풍습은 그리스, 로마 시대까지 계승되었고, 훗날 베일로 얼굴을 가리는 아라비아 여성의 화장으로 계승되었다. 일반에게 보급된 것은 20세기 중반에 접어들어서다.

559 | 중국은 기원전부터 열기구를 사용했다?

열기구는 1783년 11월, 프랑스의 제지업자인 몽골피에 형제가 최초로 개발했으며 피라드레드 로제라는 사람이 최초로 비행에 성공했다.
열기구가 본격적으로 만들어진 건 19세기에 접어들면서부터인데, 중국에서는 이미 기원전 2세기에 달걀 껍데기를 이용한 소형 열기구를 만들었다고 한다. 달걀에 구멍을 뚫어서 속을 제거한 후 건조한 쑥을 넣고 불을 붙이면 강한 기류가 발생하여 달걀이 공중에 뜨는 원리이다.

하지만 당시 중국은 이 열기구를 다른 곳에 응용하지 않았다고 한다. 그 후 13세기 중반, 몽골군이 용의 형상을 한 열기구를 만들어 신호나 군기(軍旗)로 이용했는데 이 열기구의 원형은 중국에서 배웠다고 한다.

560 | 세계 최초의 SOS 신호

1912년 4월, 호화 여객선 타이타닉호가 첫 항해를 하던 도중 빙하와 충돌해서 침몰했는데, 이때 세계 최초로 'SOS' 신호가 발신되었다. 당시 국제협정 조난신호는 CQD(Come Quick Danger)였는데 왜 SOS 신호를 발신한 것일까?

1908년 베를린에서 열린 제11회 국제무선전신회의에서 조난신호는 CQD로 결정되었다. 그런데 CQD의 모스부호는 큰 특징이 없어서 1912년 SOS로 바뀌었고 같은 해 6월부터 사용되었다.

타이타닉호가 침몰한 때는 같은 해 4월인데, 당시 조난신호는 CQD였기 때문에 통신기사는 처음에 CQD를 타전했으나 곧 SOS로 바꿔서 다시 타전했다고 한다.

561 연산기호의 본래 의미는?

사칙 연산에 사용되는 '+ - × ÷' 기호가 처음 등장한 것은 언제일까? 가장 오래된 기호는 '+'와 '-'인데, '+'는 라틴어로 '~과', '~을'을 의미하는 'et'이고, '-'는 마찬가지로 '빼다', '부족하다'를 의미하는 minus의 m이 변화한 것이다. 이 기호들은 1489년 독일의 수학자 비트만이 쓴 산술책에 처음 등장했다. 1631년에는 영국의 오트레드란 학자가 펴낸 《수학의 열쇠》 속에 '×'가 처음 등장한다. 그 유래는 분명하지 않지만 십자가를 기울인 것으로 추측된다. 그리고 마지막으로 등장한 기호가 '÷'인데 1659년 스위스의 요한 하인리히 란이 사용한 게 최초라고 한다. 이 나누기 기호의 유래는 여러 가지 설이 있지만 분수의 분자와 분모의 숫자를 '·'으로 대체했다는 설이 유력하다.

562 자유의 여신상의 모델은 아랍 사람이었다

뉴욕에 있는 자유의 여신상은 원래 아랍인 여성을 모델로 한 건조물 프로젝트에서 착상을 얻은 것이라고 알려져 있다.
프랑스인 조각가 프레데리크 오귀스트 바르톨디는 1869년에 이집트 정부로부터 수에즈 운하에 건설할 등대의 안에 대한

자문을 받았고, 거대한 여성상을 디자인했는데 그 원안 가운데 아랍인 농가 아낙의 데생이 있었다고 한다.

그 뒤, 미국 독립 100주년을 기념해 프랑스에서 보낼 조각상의 작가로 임명된 바르톨디는 그 디자인을 바탕으로 자유의 여신상을 완성했다.

563 | 에펠탑과 자유의 여신상의 관계

파리의 에펠탑과 뉴욕의 자유의 여신상은 서로 깊은 관계가 있다고 한다.

자유의 여신상이 완성된 때는 1886년이고 에펠탑은 그로부터

3년 뒤에 완성되었다. 에펠탑의 설계자는 구스타브 에펠인데 그는 자유의 여신상 제작에도 관여했다.

자유의 여신상은 프랑스가 미국 독립 100주년을 기념해서 보낸 것이라는 사실로 잘 알려져 있다. 자유의 여신상 디자인(조각)을 맡은 사람은 조각가 프레데리크 오귀스트 바르톨디인데, 여신상의 철 구조 설계와 시공을 담당한 사람이 바로 에펠탑의 설계자인 구스타브 에펠이다.

자유의 여신상이 비바람을 맞으며 오랜 세월을 견딜 수 있었던 것은 에펠이 만든 튼튼한 내부 구조 덕분이다.

564 | 암살자 '아사신(assassin)'의 어원은?

예전 이슬람교도는 대마초인 하시시(hashishi)와 마리화나를 진통과 흥분, 마취 등의 약으로 이용했다. 또 중세 이슬람 국가에서는 마약을 사용한 살인이 유행했는데, 죽이는 상대에게 마약을 사용한 것이 아니라 살인자에게 사용했다.

즉 살인자에게 마약을 흡입하게 해서 환각 상태나 흥분을 일으켜 위험을 두려워하지 않고 상대를 죽이게 했다. 이슬람 국가의 수장과 귀족들은 암살단을 조직하고 그들에게 대마초나 아편을 흡입시킨 후 암살을 지시했다.

대마초를 사용하면 망상, 환각, 환청과 같은 착란 상태에 빠져

폭력과 파괴 행위에 이르게 되는데 이런 효과를 이용해서 암살을 지시한 것이다.

참고로 암살단을 의미하는 아사신이라는 말은 암살단이 사용한 대마초, 즉 하시시에서 유래한다.

---

565 | 하이힐을 유행시킨 사람은 루이 14세?

하이힐은 중앙아시아 기마 민족의 구두가 기원이지만, 오늘날 하이힐의 원형은 17세기에 등장했다.

프랑스의 루이 14세는 160cm의 작은 신장을 커버하기 위해 하이힐을 즐겨 신었는데, 당시 패션 리더였던 남성 귀족들도 루이 14세를 따라 하이힐을 애용했고 이것이 유행하게 됐다고 한다. 또 당시 유럽은 하수도가 없었던 탓에 도로는 분뇨와 쓰레기로 넘쳐났고 이런 상황 속에 옷자락이 더러워지는 것을 막기 위해서라도 하이힐은 필수품이었다고 한다.

---

566 | 태양력은 언제부터 사용했을까?

오늘날 사용되는 태양력(서력)은 예수 그리스도가 태어난 해를 기원으로 하고 있다. 이를 'B.C.'라고 표기하기도 하는데 이는 'before christ'의 약자로 '그리스도 탄생 이전'을 의미한다. 그런데 이 태양력은 예수 그리스도의 탄생 이후 몇 세기가 지난 후에나 사용됐다. 태양력을 생각해낸 사람은 6세기 중반 수학과 천문학에 정통한 로마의 수도원장 디오니시우스다. 디오니시우스는 그리스도가 태어난 해를 기원(서력 1세기)으로 삼았는데 이것이 바로 오늘날 우리가 사용하고 있는 태양력의 시작이다.

태양력은 먼저 교회에서 사용되었으며 유럽 일반인들 사이에 정착한 것은 그로부터 몇 세기가 지난 후였고, 18세기에 접어들어 세계적으로 사용되기 시작했다.

567 | NORAD의 '산타 추적 프로그램'은 잘못 걸려온 전화가 계기였다

NORAD(북미항공우주방위사령부)가 '산타 추적'을 시작한 것은 1955년에 잘못 걸려온 한 통의 전화가 계기였다.

당시 콜로라도주의 양판점이 신문에 '산타와 이야기하자'라는 광고를 게재했는데 전화번호에 실수가 있어서 우연히 NORAD의 전신 조직으로 전화가 연결됐다.

그때 전화를 받은 대령은 "산타예요?"라고 질문하는 아이의 물음에 장난기가 발동해서 "레이더에 의하면 산타는 지금 북극에서 남쪽으로 향하고 있단다"라고 대답했고 아이는 크게 기뻐했다고 한다. 이 에피소드 이후로 NORAD는 매년 산타 추적 서비스를 하게 되었다고 한다.

568 | 유니언 잭의 어원

영국의 국기를 '유니언 잭(Union Jack)'이라고 하는데 '유니언'이란 연합, 결합(연합 왕국)이라는 의미이다.

영국의 국기는 잉글랜드, 스코틀랜드, 아일랜드의 국기를 합한 것인데, 잉글랜드의 하얀 바탕에 붉은 십자가 깃발, 스코틀랜드의 하얀 바탕에 붉은색의 대각선 십자가 깃발을 합쳐서 디자인했다.

그럼 잭은 무엇일까? 사람의 이름이라고 생각하기 쉬운데 잭이란 국적을 나타내기 위해 뱃머리에 다는 작은 깃발을 말한다. 영국은 뱃머리 깃발로 사용하던 것을 국기로 삼았기 때문에 국기를 '유니언 잭'이라고 부르게 되었고, 깃발이 영어로 플래그(flag)이기 때문에 '유니언 플래그'라고도 한다.

569 | 인류 최초의 동력비행은 라이트 형제 중 어느 쪽이었을까?

인류 최초의 동력비행에 성공한 인물로 알려진 라이트 형제. 이 형제가 형 윌버, 동생 오빌 두 사람이라는 사실은 잘 알려져 있지만, 기념해야 할 첫 비행에 오른 사람은 형제 가운데 과연 누구였을까? 같이 탔을까?

첫 비행은 그들이 도전을 시작한 이후 4년 뒤인 1903년 12월 17일이다. 첫 번째 비행은 12초 동안, 약 37m를 날았다. 두 사람은 비행기에 타는 순서를 동전으로 정했는데 기념해야 할 첫 비행은 동생인 오빌이었다. 참고로 마지막인 네 번째 비행에서는 형인 윌버가 비행기에 올랐는데, 59초 동안 256m의 비행을 기록했다.

한편 라이트 형제라고 하면 형제가 둘뿐이라고 생각하기 쉽지만 윌버와 오빌은 라이트가의 3남과 4남이었으며, 그들 외에도 형 2명과 여동생 1명이 더 있었다.

570 | 치맛자락이 넓은 스커트의 비밀

19세기 중반, 프랑스 여성들 사이에서 치맛자락이 넓은 스커트가 유행했다. 당초 치맛자락은 별로 넓지 않았지만 유행에 따라 점차 넓어져서 길이가 10m까지 될 정도였다.

크리놀린(crinoline)이라고 불린 이 스커트의 밑단을 넓게 펼치는 데에는 지지할 것이 필요해서 고래 뼈 등으로 새장과 같은 틀을 만들어 그 위에 스커트를 얹었다.

크리놀린의 유행은 한 연극에서 주연을 맡은 여배우가 치맛자락이 넓은 스커트를 입은 것이 계기였는데, 이 스커트에는 또 다른 용도가 있었다.

당시 프랑스에서는 불륜이 성행했는데 애인과 은밀히 사랑을 나눌 때, 남편이 돌아오면 아내는 크리놀린을 입고 그 속에 애인을 숨겼다고 한다. 또 크리놀린은 임신을 숨기는 데에도 도움이 되었다.

571 | 차의 '조수석'이라는 이름의 유래

운전석 옆을 '조수석'이라고 하는 이유는, 예전에 그 자리에 운전하는 사람의 조수가 앉았었기 때문이다. 조수가 있었던 이유에 대해서는 여러 가지 설이 있다.

예전의 차는 시동이 자동으로 걸리지 않았기 때문에 조수가 타고 있었다는 설과, 택시의 승객이 타고 내리는 것을 돕기 위해 조수가 타고 있었다는 설이 있다.

참고로 영어로 조수석을 'shotgun'이라고 하는데, 이는 미국의 서부 개척 시대에 도적이나 적의 습격에 대비해서 마차 운전석 옆에 샷건(shotgun=산탄총)을 가진 용병이 타고 있던 것에서 유래한다고 한다.

572 | 세계 최초의 스튜어디스는 간호사였다?

세계 최초로 비행기에 스튜어디스를 채용한 회사는 미국의 유나이티드항공이다.

아이오와주 출신의 엘렌 처치라는 간호사는 병원에서 근무했다. 비행기 조종 경험도 있던 그녀는 유나이티드항공의 조종사 모집에 응모했지만 떨어졌다. 그러나 그녀는 포기하지 않고 자신을 여객 승무원으로 채용해 달라는 편지를 보냈고, 유나이티드는 그녀를 채용했다.

1930년 5월, 캘리포니아주의 오클랜드 공항발, 샤이엔행 비행기에 탑승한 그녀는 최초의 스튜어디스로 11명의 승객을 돌봤다. 또 그녀는 나중에 채용된 7명의 스튜어디스 훈련도 담당했다고 한다.

참고로 당시 채용 조건은 나이 25살 이하, 체중 52kg 이하, 신장 163cm 이상이었으며 정규 간호사 자격도 필요했다.

573 | 서양에서 재위 기간이 가장 짧은 왕은?

왕위에 오른 지 불과 몇 분 만에 왕위에서 내려온 왕이 있다. 포르투갈의 루이스 필리페 황태자가 그 주인공으로 재위 기간은 불과 20분에 지나지 않는다.
1908년 2월, 포르투갈의 국왕 카를로스가 총에 맞아 쓰러지고 황태자인 루이스 필리페도 경동맥이 절단되는 중상을 입었다. 부친인 국왕이 죽자 루이스 필리페가 자동적으로 왕위에 올랐는데 그 역시 20분 만에 죽음을 맞이했던 것이다.

574 | 화이트하우스는 본래 하얀색이 아니었다

미국의 대통령 관저는 전체를 하얗게 칠한 모습 때문에 '화이트하우스'라는 별칭으로 알려졌는데, 완성 당시에는 하얀색이 아니었다.
화이트하우스는 1800년에 완성되었는데 영미전쟁(1812~1814) 때 대부분 소실되었다. 그래서 1815년에 전면 개축을 할 때,

화재로 검게 그을린 흔적을 숨기기 위해 전체를 하얀색 페인트로 칠했다고 한다.

또 화이트하우스라는 이름은 26대 대통령인 시어도어 루스벨트가 편지지에 '화이트하우스'라고 쓴 것을 계기로 공식 명칭이 되었다고 한다.

575 | 세계 최초의 타이어에는 물이 들어 있다?

자전거와 자동차에 사용되는 공기가 들어간 타이어를 발명한 사람은 아일랜드의 수의사인 존 보이드 던롭인데, 다음과 같은 에피소드가 전해진다.

던롭은 아들 조니에게 당시 유행하던 자전거를 사줬는데 바퀴가 무쇠와 나무로 만들어져서 탑승감이 좋지 않았다. 어느 날, 던롭은 정원에서 자전거를 타던 조니가 잔디 위의 구덩이들을 메우는 모습을 보고 타이어를 개발해야겠다고 생각했다. 던롭은 처음에 정원에서 사용하던 고무용 호스를 이용해서 안에 공기가 아닌 물을 넣었다. 이때, 환자용 부드러운 쿠션과 매트리스에 관해 풍부한 지식을 갖고 있던 던롭가의 주치의가 타이어에 공기를 넣으라고 조언했다.

던롭은 주치의의 말에 따라 공기를 넣은 고무타이어를 몇 개월에 걸쳐 개발했고 1888년에 특허를 냈다.

576 | 올림픽의 성화 릴레이는 히틀러의 음모에서 태어났다?

올림픽의 성화 릴레이는 개회식 분위기를 고조시키는 화려한 이벤트인데 이것이 시작된 것은 1936년 독일 베를린 대회에서의 일이다. 그 배경에는 당시 나치스 총통이었던 히틀러의 음모가 꿈틀거리고 있었다고 한다.

히틀러가 이끄는 나치스 독일은 올림피아와 베를린을 성화 릴레이로 연결함으로써 아리아인이 고대 그리스의 혈통을 이어받은 우수한 민족이라는 사실을 어필했다. 게다가 제2차 세계대전 때는 독일군이 이 코스를 반대로 거슬러 올라가며 침

공을 했기에 성화 릴레이에는 국위 발양과 전략상의 목적이 있었다고도 일컬어진다.

577 | 넥타이는 크로아티아 용병의 스카프가 기원이다

넥타이의 발상지는 동유럽의 크로아티아라고 한다. 일설에 의하면 17세기에 일어난 30년 전쟁 때, 크로아티아의 용병은 루이 13세가 이끄는 프랑스군에 종군했는데, 그들은 가족과 연인들이 무사 귀환을 빌며 준 스카프를 목에 두르고 있었다. 이것이 프랑스에서 패션으로 받아들여져서 유행하게 되었다고 한다. 이름도 '크로아티아인'을 의미하는 단어가 전와되어 '크라바트'라고 불렸는데 이것이 현재 넥타이의 기원이 됐다고 한다.

578 | 세계 최초로 택시가 운행된 나라는?

세계 최초로 택시가 운행된 나라는 독일의 슈투트가르트이다. 1896년 3월, 슈투트가르트의 디츠라는 사람이 벤츠 택시 2대를 가지고 영업을 시작했는데 이것이 바로 세계 최초의 택시이다.

마차 회사를 경영하던 디츠는 슈투트가르트에는 언덕이 많아서 마차보다 자동차가 더 적합하다고 여기고 택시 운행을 시작했다. 그러자 다음 해 5월에는 슈투트가르트의 다른 사람이 택시 영업을 시작했다.

또한 1896년 11월, 파리에서 벤츠 딜러를 하던 에밀 로제가 벤츠 1대로 택시 영업을 시작했으며, 1897년 8월에는 런던에도 택시가 등장했다.

579 | 링컨은 소녀의 조언을 듣고 수염을 길렀다

노예 해방 선언으로 유명한 에이브러햄 링컨은 1809년 2월 12일, 미국 켄터키주에서 태어났다. 그는 37살 때 연방 하원의원이 되어 정계에 진출한 뒤 51살에 공화당 소속으로 대통령 선거에 출마했다.

링컨은 대통령 선거 운동 중 11살 소녀로부터 편지를 받았다고 한다. 편지에는 "당신의 얼굴은 너무 말라서 수염을 기르는 편이 보기에 좋을 듯 합니다"라고 씌어 있었다. 링컨은 소녀의 조언에 따라 수염을 길렀는데 효과가 있었는지 선거에서 승리했으며, 미국 역사상 처음으로 수염을 기른 대통령이 됐다.

---

580 | 로켓은 11세기 중국에서 발명했다?

로켓을 20세기 발명품으로 생각하는 사람이 많은데, 실은 11세기에 중국에서 이미 발명되어 무기로 사용되었다.

중국인은 불꽃놀이에 쓰이는 화약의 원리를 응용한 로켓을 화살에 달아 사용했는데, 이를 '화전(火箭)'이라고 한다. 화전은 화살 끝에 흑색화약을 연료로 하는 추진 장치가 달려 있고, 휴대가 가능한 발사함에 넣어 적을 향해 쏠 수 있었다. 사정거리는 80m 이상으로 300m 부근까지 도달하는 것도 있었다.

중국은 14세기에 다단식 로켓화살도 만들었는데 무려 1.6km까지 날아갔다고 한다.

---

581 | 여학생 세일러복의 유래

여학생 세일러복의 등 쪽에는 사각형의 커다란 옷깃이 달려 있는데 이것은 머리카락이 닿는 부분이 더럽혀지지 않도록 하기 위해서라고 한다.

여학생 교복은 본래 영국 해군의 제복이었는데, 예전 영국 남성들은 여성처럼 뒷머리를 길게 길렀기 때문에 큰 옷깃이 필요했다. 또 사각형의 큰 옷깃을 세워서 바람을 막으면 동료의 목소리와 명령을 잘 들을 수 있는 효과도 있었다.

영국에서는 이런 해군의 제복이 남자아이의 옷으로 사용되었고 후일 여자아이도 입게 되었으며, 체조용 유니폼으로 사용되기도 했다.

582 | 동정을 끝까지 지킨 학자

'만유인력의 법칙'을 발견한 뉴턴은 평생 여성과 육체적인 관계를 갖지 않았다고 한다. 철학자 칸트와 미술평론가 존 라스킨 역시 끝까지 동정(童貞)을 지켰다고 한다.

존 라스킨에 관해서는 이런 에피소드가 전해진다. 라스킨은 뉴턴과 달리 결혼을 했는데 결혼 첫날밤, 아내의 음모를 보고 충격을 받았다고 한다. 당시의 그림이나 조각에서는 여성의 음모를 표현하지 않았기 때문에 라스킨은 여성에게 음모가 없다고 생각했던 것이다. 충격을 받은 라스킨은 그 이후로 아내와 육체적 관계를 갖지 않았다고 한다.

583 | 노벨상에 수학상이 없는 이유는?

노벨상은 다이너마이트를 발명한 스웨덴의 사업가 알프레드 노벨의 유언에 따라 제정되어 1901년에 최초의 수상식이 열렸다.

처음에는 물리학, 화학, 의학생리학, 문학, 평화, 이렇게 5개 부문만 있었는데 1969년에 경제학상이 추가되었다.

그런데 왜 노벨상에는 수학상이 없을까? 그 이유는 스웨덴의 수학자 미타그 레플레르와 노벨이 연적 관계였기 때문이라고 한다. 그러나 이것은 단순한 가십으로 역사적인 증거는 발견되지 않았다.

584 | 게티즈버그 연설의 원조는 링컨이 아니다

미합중국 대통령 에이브러햄 링컨이 펜실베이니아주 게티즈버그에서 한 "인민의, 인민에 의한, 인민을 위한 정치……."라는 연설은 너무나 유명하다.

그러나 사실 이 연설은 링컨이 원조가 아니다. 본래 1384년 종교가 존 위클리프가 발행한 성서의 서문에 나오는 말이었다. 그 후, 정치가 다니엘 웹스터와 목사인 테오도르 파커 등에 의해 소개되었는데, 링컨은 파커의 저서에서 인용했다고 한다.

585 일본 이민자가 알로하셔츠를 만들었다?

하와이에서는 결혼식 정장으로도 착용하는 '알로하셔츠'는 사실 일본인과 깊은 관계가 있다.

20세기 초, 하와이 농원의 노동자가 '파라카'라고 불리는 노타이셔츠를 입었는데, 일본에서 온 이주민들이 이를 보고 기모노나 유카타를 파라카풍으로 개조했다. 이것이 알로하셔츠의 원형이 되었다고 한다.

이렇게 만들어진 셔츠는 지역 사람들에게 인기를 끌었으며, 미국 본토와 하와이를 연결하는 여객선이 개설되어 관광지로 발전하자 토속품으로 알로하셔츠의 판매가 늘어났다.

586 | 'OK'의 정체

영어권뿐 아니라 비영어권에서도 동의나 양해를 표시할 때 'OK'라는 표현을 쓴다. 그런데 이 'OK'가 무엇의 약자인지는 명확하지 않고 여러 가지 설이 있다.

하나는 제7대 미국 대통령 앤드루 잭슨에서 유래한다는 설이다. 교양이 없었던 그는 'all correct'의 철자를 'oll korrect'로 잘못 알고, 승인한다는 의미로 서류에도 'OK'라고 썼는데 이것이 널리 퍼졌다는 설이나.

또 하나는 제8대 미국 대통령이던 마틴 반 뷰렌의 재선을 위해 만들어진 'OK클럽'이라는 정치 단체를 어원으로 한다는 설이다. 뷰렌의 고향이던 'Old Kinderhook'에서 연유한 'OK'를 선거 운동 슬로건으로 삼았는데 결과가 좋아서 그 뒤에 널리 퍼졌다고 한다.

587 | 7은 왜 행운의 숫자일까?

7이 행운의 숫자라고 생각하게 된 유래는 기원전 2세기까지 거슬러 올라간다.

구약성서에 나온 "신은 7일 동안 천지만물을 창조했다"라는 기술로 인해 7은 '완전'이라는 의미를 가지게 되었고, 또 신약성서에서는 신성시하여 행운을 부르는 숫자가 됐다고 한다.

또 1885년에 열린 메이저리그 야구 시합이 기원이라는 설도 있다. 우승이 걸린 중요한 시합에서 화이트 스타킹스의 선수가 7회에 쳐 올린 뜬 볼이 강풍을 타고 홈런이 되어 우승하자 '럭키 7'이라는 말이 유행했다고 한다.

588 | 고무지우개가 발명되기 전에는 무엇을 사용했을까?

16세기 중반 영국 컴벌랜드주에서 흑연이 발견되었는데, 이를 나뭇조각에 끼워서 사용한 것이 연필(흑연 연필)의 기원이라고 한다.

1565년 스위스 학자인 게스너가 출판한 화석에 관한 책 속에 흑연을 나뭇조각에 끼운 '연필'에 대한 내용이 나와 있는데 이는 연필에 관한 최초의 문헌적 기록이다.

고무지우개가 등장한 시점은 그로부터 200년 후인 1770년의 일이다. 산소를 발견한 사람으로 알려진 영국의 화학자 요셉 프리스틀리는 어느 날, 종이를 고무로 문지르면 연필의 글자가 없어진다는 사실을 알게 되었다. 이것이 고무지우개의 기원이다.

그럼 고무지우개가 등장하기 전까지 사람들은 연필로 쓴 글자와 그림을 어떤 방법으로 지웠을까? 손에 침을 묻혀 지웠을 지도 모르지만, 주로 빵 부스러기를 사용했다고 한다.

589 | 비행기 납치 '하이재킹'의 유래

비행기를 납치하는 '하이재킹(Hijacking)'이란 말은 1958년 2월 19일에 영국 신문인 '더 타임스(The Times)'에 처음으로 실렸다. 하이재킹의 어원에는 여러 가지 설이 있는데 '하이웨이(highway)'에 출몰해서 금품을 강탈하는 'Jack(영어에서 남자아이를 보통 잭이라고 한다)'에서 유래한다는 설과 납치범이 'Hi! Jack'이라고 소리치는 것에서 유래한다는 설 등이 있다.

또한 본래 하이재킹이란 1920년대 미국에서 밀주를 운반하는 트럭 등을 강탈하는 행위를 가리켰다.

590 | '보이콧'의 유래

집단적인 거부 운동을 의미하는 '보이콧(boycott)'이라는 말은 본래 사람의 이름에서 유래한다.

주인공은 영국 육군 대위 찰스 C. 보이콧이다. 은퇴 뒤에 아일랜드의 토지 관리인이 된 보이콧이 1880년 여름에 소작료를 올리자 소작인들이 그를 조직적으로 배척하는 운동을 벌였고, 그는 재산을 몰수당한 뒤 간신히 목숨만 건져 잉글랜드로 도망쳤다. 이 사건이 당시 신문에 보도된 것을 계기로 '보이콧'이라는 말이 널리 사용되었다고 한다.

---

591 | 만우절의 기원

매년 4월 1일은 만우절이다. 만우절의 기원에는 여러 설이 있지만 가장 유명한 것은 1564년 프랑스에서 달력을 현재의 태양력으로 바꿀 때, 신년을 봄(3월 25일~4월 1일)에서 1월 1일로 옮긴 데 대해 반발한 사람들이 '가짜(거짓말) 신년'이라고 소란을 핀 사건이 시작이라는 설이다.

또 인도의 스님들이 3월 마지막 날까지 수행을 하다가 4월 1일이 되면 다시 원래대로 돌아가는 모습을 비웃었던 것이 기원이라는 설도 있다.

---

592 | 돼지 저금통의 기원

저금통의 모양은 다양한데 그중에서도 가장 대표적인 것을 꼽으라고 하면 아마 '돼지 저금통'이 아닐까?

이 돼지 저금통의 기원은 중세 유럽이다. 19세기 무렵, 도자기는 'Pygg'라고 하는 점토로 만드는 경우가 많았는데, 어느 날 "Pygg 저금통을 만들어 달라"는 부탁을 받은 영국의 도자기 장인이 'Pygg'를 'Pig(돼지)'로 잘못 알아들어서 돼지 형상의 저금통을 만들어 건넸고 이 돼지 저금통이 큰 인기를 끌게 되었다고 한다.

593 | 손 키스는 어떻게 생겨났을까?

서양에서는 키스로 인사를 하는 풍습이 있다. 키스에는 볼과 손에 하는 키스 외에 손 키스도 있다. 손 키스는 떨어져 있는 상대에게 하는 키스인데 어떻게 생겨났을까?

영국의 동물행동학자 데즈먼드 모리스는 손 키스의 기원을 다음과 같이 설명한다.

"고대의 여러 종교에서 사람들은 신에 대한 경외심을 우상과 그 외의 상징에 키스를 하는 행위를 통해 표현하려고 했다. 우상과 우상물이 옆에 있으면 직접 키스를 할 수 있으나 보통 그것들은 높은 곳이나 물리적으로 접근할 수 없는 곳에 놓여 있었기 때문에 불가능했다. 그래서 멀리서 키스를 해야 했는데 입술로 키스를 하는 행위만으로는 시각상 불충분했던 탓에 손을 이용해서 키스를 날리는 손 키스를 하게 되었다."

처음에 손 키스는 숭배를 표하는 몸짓 중 하나였는데 시간이 흐르면서 조금씩 사용 범위가 넓어진 것이다.

594 | 왜 성병을 '프랑스병', '영국병'이라고 했을까?

성병 중 하나인 매독은 콜럼버스 일행이 첫 항해(1493) 때, 에스파놀라섬에서 옮아 유럽 전역으로 퍼졌다고 한다.

성행위를 통해 전염되는 매독은 그 원인을 입에 담기도 꺼려해서 이탈리아인과 영국인은 '프랑스병'이라고 했으며, 프랑스인은 '나폴리병', '영국병'이라고 불렀다. "매독과 같은 질병을 가지고 온 건 너희들이다"라고 서로 책임을 상대 국가에게 전가한 것이다.

영국과 프랑스 간의 이 싸움은 피임기구인 콘돔에서도 이어졌다. 이런 '불명예스러운 물건'은 우리나라의 발명품이 아니라는 의미에서 프랑스는 콘돔을 속어로 '영국인의 외투'라고 불렀으며, 영국에서는 '프렌치 레터(프랑스의 편지)'라고 불렀다. 또한 '프렌치 레터'라고 부른 이유는 콘돔 포장이 프랑스의 우편 봉투를 닮았기 때문이라고 한다.

595 | 'AM'과 'PM'은 무엇의 약자일까?

'오전, 오후'를 의미하는 'AM, PM'은 영어가 아니라 고대 로마에서 표준어로 사용되던 라틴어가 어원이다. 낮을 의미하는 'Meridiem'의 앞이 'Ante Meridiem'이며 그 이후가 'Post Meridiem'이다. 이 글자의 첫머리를 따서 'AM, PM'이라고 표기한 것이다. 또한 'AM, PM'은 시각 뒤에 표시하는 것이 올바른 사용법이라고 한다.

596 | 결혼 테스트 기간

예전 유럽에서는 시험결혼(시험혼)이란 것이 있었다. 이것은 실제 결혼을 한 부부 사이에 발생할지도 모르는 문제들, 예를 들어 어느 한 명이 문제가 있어서 불임일 경우 등을 미연에 방지하기 위해 시험결혼을 해서 서로에 대해 알아보기 위함이었다.

시험결혼은 19세기 무렵까지 영국의 요크셔 지방에서 행해졌다고 한다. 시험결혼을 한 후 아내가 임신을 하면 정식으로 결혼을 하고 임신을 하지 않으면 파혼을 했다. 또 남자가 성 불능이면 여자 쪽에서 일방적으로 결혼을 취소할 수 있었다고 한다.

---

597 | 안경은 악마의 도구였다?

안경이 발명된 시기와 장소는 분명하지 않지만, 13세기에 이탈리아에서 사용되었다고 한다.

안경은 편리한 물건이지만 발명 당시(13세기)에는 악마의 도구로 여겨졌다. 왜일까? 안경을 쓰면 갑자기 사물이 잘 보인다. 이것은 옛날 사람들에게는 대단히 신기한 일이었기에 안경에 어떤 초자연적인 힘이 작용하고 있다고 생각했다.

또 당시에는 신이 준 고통은 그 사람의 정신적 행복이기 때문에 참아야 하는 것이며, 그것을 방해하는 기계류는 악마의 행위라는 생각이 강했다. 그래서 사람들은 안경을 악마의 도구이자 악마가 만든 물건이라고 여겨 경원시했다.

598 | 깡통 따개는 통조림이 만들어지고 50년 뒤에 발명되었다?

영국에서 양철 통조림이 발명된 것은 1810년의 일이다. 그러나 깡통 따개가 발명된 것은 그로부터 반세기 가까이 지난 1858년 미국에서였다.

당초 깡통 따개는 현재의 것과는 달리 끝부분으로 뚜껑의 한가운데를 찌른 뒤 칼날을 컴퍼스처럼 돌려서 뚜껑을 따는 구조였다. 지금과 같은 깡통 따개가 발명된 것은 1861년 발발한 미국의 남북전쟁 뒤라고 한다.

599 | 오역에서 태어난 '제왕절개'

고대 로마의 장군 카이사르는 어머니의 배를 절개해서 태어났다는 전설이 있다. 그래서 이런 수술을 가리켜 라틴어로 '제왕절개'를 의미하는 'section caesarea'라고 명명했다고 하는데 이는 옳지 않다.

기원전의 의료 상황을 고려했을 때, 이것은 불가능한 수술이다. 또한 시저의 모친은 장수했다고 한다. 본래 'caesarea'란 '자르다'라는 뜻의 라틴어이다. 그러나 이 말을 독일어로 번역했을 당시, 카이사르(Caesar)를 'Kaiser(황제)'라고 오역했고 그 단어가 지금까지 사용된 것이다.

600 | 버터는 원래 '약'이었다

버터의 역사는 오래되었는데, 그 기원은 세계에서 가장 오래된 문명이라는 메소포타미아 왕조까지 거슬러 올라간다.
당시 버터는 음식뿐 아니라 약으로도 사용되었는데 연고나 고약으로 피부에 바르거나 안약이나 머릿기름 등으로도 사용됐다고 한다. 유럽에서는 6세기 프랑스부터 버터를 사용하기 시작했는데, 같은 시기에 인도에서 중국과 한국을 거쳐 불교와 함께 일본에도 전해졌다.

601 | 술주정뱅이를 연구한 최초의 인물은?

기원전 4세기 그리스의 철학자 아리스토텔레스는 술주정뱅이에 대해 연구한 최초의 인물이다.
그는 자신의 저서 《음주와 명정에 관한 제문제》에서 술 취한 사람은 왜 비틀거릴까, 술 취한 사람은 왜 섹스를 하지 못할까 등과 같은 문제에 대해 논했다.

여담으로 숙취에는 양배추가 좋다고 한다. 왜 양배추가 효과적인가 하면, 술은 습하면서 뜨거운 성질이라 술을 마시면 몸속에 습기가 많아져서 뜨거워진다. 그래서 양배추를 국물로 만들어 마시면 몸이 차가워지기 때문에 수분이 방광까지 운반되어 몸에서 배출되므로 숙취에 좋다고 설명하고 있다. 하지만 현대 의학의 관점에서 보면 이 이론은 옳지 않다고 한다.

602 | 영어 단어 '가이(guy)'의 기원은 폭파범이다

'터프 가이', '나이스 가이' 등 남자나 녀석을 의미하는 '가이'는 사실 1605년 영국 국회의사당을 폭파하려던 가이 포크스(Guy Fawkes)라는 인물에서 유래한 단어다.

성공회를 우대하는 국왕에 반발한 가톨릭 단체 회원이던 가이 포크스는 국왕의 암살을 시도하기 직전 발각되어 처형되었다. 본래 가이라고 하는 말은 이상한 남자, 나쁜 남자 같은 의미로 사용되었는데 언제부터인가 일반적인 '남성'을 가리키는 말로 사용되고 있다.

현재는 가이 포크스를 자유의 전사라고 영웅시하는 사람도 있으며, 그를 이미지화한 콧수염을 기르고 음험하게 웃는 얼굴의 가면은 어나니머스(anonymous)를 비롯한 해커 집단의 상징이기도 하다.

603 | 우주왕복선 발사를 연기시킨 범인은 딱따구리?

우주선 발사는 여러 상황의 변화에 의해 불가피하게 연기해야 하는 경우가 있다. 그런데 1995년 6월 8일 발사 예정이던 우주왕복선 '디스커버리'의 발사 연기 이유는 조금 특이하다. 당시 우주왕복선의 외부 연료 탱크를 덮은 단열재에서 135개의 구멍이 발견되었는데, 이 구멍을 뚫은 범인은 바로 딱따구리였다고 한다. 심지어 발사대에서는 둥지까지 발견되었다. NASA는 올빼미 모형과 피리를 사용해서 딱따구리를 쫓으면서 복구 작업을 서둘렀지만 완전 복구는 하지 못했고 결국 발사는 연기되고 말았다.

604 | 러닝머신은 형무소의 고문 기구였다

회전 벨트 위에서 걷거나 달릴 수 있는 친숙한 운동 기구인 러닝머신은 영어로 '트레드밀(treadmill)'이라고 한다.
이 트레드밀은 19세기 초 영국의 형무소에서 징벌로 사용되던 고문 기구에서 유래했다. 공중의 커다란 원통형 쳇바퀴 바깥쪽 발판에 사람이 손잡이를 잡고 걷는 구조로 되어 있는데, 1865년의 감옥법은 16살 이상의 죄인은 최초 3개월간 이 트레드밀 징벌을 받아야 한다고 규정되어 있었다.

1950년대에는 미국의 워싱턴대학교에서 심장과 폐의 질환을 진단하기 위한 의료용 트레드밀이 개발되기도 했으며, 한참이 지난 뒤 운동 기구로 보급되기 시작했다.

605 | '구구단'은 본래 9단부터 시작했다

구구단은 초등학교에서 배우는 산수의 기본이다. 현재 구구단은 '2단'부터 시작하는데, 본래 구구단은 9단부터 시작했다고 한다.

구구단은 이미 기원전 7세기인 중국의 춘추 시대부터 사용되었다. 고대의 구구단은 '구구 팔십일'부터 시작했다. 그 이유에 대해서는 여러 가지 설이 있는데, 상류 계급이 독점하기 위해 일부러 외우기 어렵게 했다는 말도 있다.

606 | 로마 황제는 소변에도 과세를 했다?

예전부터 국가는 이런저런 명목으로 다양한 대상에 과세를 해왔다. 러시아 황제 표도르가 얼굴에 난 수염에 세금을 과한 '수염세'는 유명하다. 그는 장화, 모자, 관(棺), 수박에도 세금을 물렸다. 하지만 별난 세금의 백미는 로마 황제 베스파시아누스가 과세한 소변세이다.

소변세란 소변을 본 사람에게 세금을 걷는 것이 아니라 공중화장실의 소변을 이용하는 사람에게 세금을 거두는 제도이다. 그럼 소변은 대체 어떤 사람이 이용했을까?

예전에 소변은 여러 가지 용도로 사용되었다. 당시 로마의 공중화장실 소변은 표백업자가 양털을 표백하는데 사용했다고 한다. 프랑스에서는 공중화장실을 베스파지엔(vespasienne)이라고 하는데 이것은 바로 베스파시아누스 황제의 이름에서 유래했다.

607 | 기원전을 의미하는 'A.D.'는 무엇의 약자일까?

그리스도가 탄생한 해를 기준으로 하는 서양력은 기원전 'B.C.'와 기원 'A.D.'로 표기한다. B.C.는 그리스도 탄생 이전을 의미하는 'Before Christ'의 약자이다. 그럼 A.D.는 무엇의 약자일까?

여기에 대해서는 그리스도 사후를 의미하는 'After Death'라고 생각하는 사람도 있는데, A.D.는 그리스도 탄생 뒤, 즉 기원 1년 이후를 나타낼 때 사용한다는 의미로 'After Christ'인 'A.C.'가 될 수도 있다. 하지만 A.D.는 라틴어로 '주(主)의 해', 즉 그리스도가 태어난 해를 의미하는 'annodomini'의 약자다.

608 | 이집트인이 신성하게 여긴 음식

고대 이집트에서는 한 음식을 신성시했다. 그 음식은 오늘날 우리가 흔히 먹는 것인데 과연 무엇일까? 바로 양파다.

양파는 중근동(리비아에서 아프가니스탄까지의 북아프리카와 서아시아 지역)이 원산지인데 이집트에 전해지면서 신성한 음식으로 여겨졌다. 이집트인은 양파의 자른 단면이 일정하고 규칙적으로 겹쳐져 있는 형태를 보고 완전하고 영원한 상징이라 여긴 것이다.

이집트에서 양파는 신에게 올리는 제물이었다. 또 사람이 죽으면 미라로 만들어서 보존했는데 사자의 혼이 영원히 살기를 바라며 미라의 손에 한 다발의 양파를 쥐여줬다. 또한 일상생활에서 빼놓을 수 없는 중요한 음식 재료 중 하나이기도 했다. 당시 피라미드 건설에는 많은 이집트인이 동원되었는데 그들에게도 마늘과 양파가 제공되었다고 한다.

609 | 훈족의 아틸라 대왕이 죽은 원인은?

5세기 중반, 중앙 및 동유럽 전토와 서러시아를 정복한 훈족의 대왕인 아틸라는 신혼 첫날밤에 급사했다.

452년, 아틸라는 북이탈리아를 침략했으나 로마 교황 레오 1세의 설득으로 철수한 다음 해 젊고 아름다운 처녀를 후궁으로 맞이했다. 아틸라는 평소 과식을 하지 않았는데 결혼식에서는 술과 음식을 많이 먹었다.

이후 두 사람은 침실로 들어갔는데 다음 날 아침, 아틸라는 죽고 말았다. 사인은 코피로 인한 질식사였는데 대량의 코피가 목으로 흘러들어 질식사한 듯하다.

그럼 아틸라는 왜 코피를 많이 흘렸을까? 과도한 섹스로 인해 혈관이 손상됐다는 견해도 있지만, 아틸라는 이전부터 코피는 흘리는 지병을 가지고 있었다고 한다.

610 | 크리스마스는 그네를 타는 날?

12월 25일은 그리스도 탄생을 축복하는 크리스마스인데, 본래 그리스도의 탄생일은 1월 6일이었다. 이것이 12월 25일로 바뀐 것은 서력 325년 이후의 일이고, 이날은 동지제(冬至祭)였다.

동지는 1년 중 태양이 약해지는, 즉 일조 시간이 가장 짧은 날이다. 그래서 태양에게 힘을 주기 위해 인도와 동남아시아, 유럽에서는 커다란 모닥불을 피우거나 그네를 탔다.

왜 그네를 탔는가 하면, 그네를 태양으로 간주하고 그네를 밀어 움직임으로써 태양을 되살리려고 했던 것이다. 그리고 그네를 타면서 태양을 암시하는 말을 반복해서 노래했다고 한다.

이 풍습은 지금도 세계 각지에서 행해지고 있는데, 크리스마스에 그네를 타는 곳은 이탈리아의 칼라브리아 지방과 스페인의 카디즈 지방이 유명하다.

611 | '7번째 달'을 의미하는 'September'가 왜 9월일까?

영어에서 9월은 'September'라고 한다. 'septem'은 라틴어로 '7'을 의미하며 'September'는 '7번째 달'이라는 뜻이다.

현재 달력의 기원은 기원전 8세기 무렵의 고대 로마에서 사용되던 로물루스력(曆)이다. 하지만 이 달력에서 1년은 'March', 즉 지금의 3월로 시작해 10개월뿐이었다. 'September'는 말 그대로 '7번째 달'이었던 것이다.

그러나 그 후, 태양의 주기에 맞춰서 12월이 있는 누마력이 채용되면서 1년의 시작에 뒤의 두 달이 더해져 'September'가 9월의 명칭이 되었다.

같은 이유로 10월(October=8번째 달), 11월(November=9번째 달), 12월(December=10번째 달)도 뒤로 밀리게 되었다.